外国退役军人
管理保障制度研究

WAIGUO TUIYI JUNREN GUANLI BAOZHANG ZHIDU YANJIU

★ 薛在兴 主编

中国社会出版社
国家一级出版社 · 全国百佳图书出版单位

图书在版编目（CIP）数据

外国退役军人管理保障制度研究 / 薛在兴主编. -- 北京：中国社会出版社，2022.12
ISBN 978-7-5087-6732-1

Ⅰ.①外… Ⅱ.①薛… Ⅲ.①退役-军人-保障体系-研究-国外 Ⅳ.①E123

中国版本图书馆 CIP 数据核字（2022）第 213908 号

出 版 人：程　伟
终 审 人：王　前
责任编辑：余细香
策划编辑：余细香
责任校对：卢光花
封面设计：时　捷

出版发行：中国社会出版社
地　　址：北京市西城区二龙路甲 33 号
邮政编码：100032
编 辑 部：(010)58124867
网　　址：shcbs.mca.gov.cn
发 行 部：(010)58124865；58124866
经　　销：新华书店

印刷装订：北京九州迅驰传媒文化有限公司
开　　本：170 mm×240 mm　1/16
印　　张：17.25
字　　数：280 千字
版　　次：2022 年 12 月第 1 版
印　　次：2022 年 12 月第 1 次印刷
定　　价：68.00 元

中国社会出版社微信公众号

中国社会出版社天猫旗舰店

前　言

我国退役军人为保家卫国作出过重要贡献，是社会主义现代化建设的重要力量，是党和国家的宝贵财富，值得倍加关心、倍加爱护。党和国家历来高度重视退役军人工作，特别是党的十八大以来，习近平总书记从党和国家事业发展全局的战略高度，亲自谋划组建退役军人管理保障机构；《中华人民共和国退役军人保障法》由十三届全国人大常务委员会第二十三次会议审议通过，自 2021 年 1 月 1 日起施行。我国退役军人工作迈上历史性新台阶。

在党的领导下，我国走出了一条有中国特色的退役军人管理保障道路。它为保障革命战争的胜利和社会主义现代化建设不断取得新成就，为维护退役军人合法权益发挥了重要作用。但是，主要依托计划经济体制建立起来的退役军人管理保障模式在市场经济条件下出现了很多不适应的情况，突出表现在：以计划安置为主的退役军人就业方式与市场经济“市场选择、择优录取”的就业原则相冲突，退役军人福利政策与已经发生了重大变革的社会保障制度越来越不适应，原来主要依靠公共部门和国有企业供给为主的社会优待遇到了各种挑战，等等。事实表明，我国退役军人管理保障制度亟须改革和调整。借鉴国外成熟的市场经济国家退役军人管理保障的经验、教训，对完善我国退役军人管理保障体制机制具有重要意义。

在市场经济条件下，退役军人管理保障在制度构建层面要解决的主要矛盾是市场经济的普遍性与退役军人管理保障特殊性之间的矛盾。普遍性是市场经济的一个基本特征，它要求所有市场主体都要受到公平对待、平等竞争。退役军人管理保障则必然要求对退役军人给予一些福利和优待。如何在遵循市场经济公平竞争基本法则的前提下维护退役军人合法权益是各国退役军人管理保障制度建设的核心命题。西方国家大多经历了一个从“有限福利”到“物质福利”再到“发展福利”的发展过程。在有限福利阶段，政府为退役军人所提供的福利是非常有限的，理由或者因为军人服兵役是法定义务，或者是已经享受较高水平的薪金待遇；“有限福利”遭到了退役军人的抵制，同时也影响了现役军人的士气和新兵招募，各国陆续增加许多退役军人福利项目，进入了以“物质福利”为主的阶段。丰厚的物质福利对于经济发展是不小的负担和冲击，西方国家第二次世界大战后开始采取措施协调二者之间的矛盾——推行积极的退役军人教育培训和就业政策，用“发展型社会政策”代替“消极的社会福利”。西方国家退役军人管理保障发展道路对我国退役军人管理保障制度改革是很有启发意义的。在制度运行层面，成熟的市场经济国家非政府部门为提升退役军人福利发挥着重要作用。政府部门和非政府部门如何定位和分工协作，如何激励和规范非政府部门，使其更好地为退役军人提供服务，如何提高退役军人服务机构的服务能力，等等，成熟的市场经济国家在这些方面的经验值得我们去研究和借鉴。

以上只是举了两个例子来说明成熟的市场经济国家退役军人管理保障经验对我国的借鉴意义。从更广泛的层面上来看，在我国退役军人事业发展的新阶段，探索退役军人管理保障的一般性规律，推动退役军人管理保障新学科的建立和发展具有重要意义。毋庸讳言，在很大程度上，我国退役军人管理保障实践走在了理论的前面，退役军人管理保障研究尚不足以为退役军人管理保障政策制定、难点破解、制度落地等提供充分的理论指导。以不同发展程度、不同军事制度下的各国退役军人管理保障为样本，通过比较分析得出退役军人管理保障发展的一般性规律，归纳退役军人管理保障的不同模式及其影响因素，探索不同国家在处理福利和市场、普惠和优待、政府和社会以及适度保障水平等这样一些核心问题上的政策取向，进而提炼出更具有概括性的退役军人管理保障理论，是退役军人管理保障学科建设的必由之路。

2021 年，中国社会科学院大学在全国率先设立了退役军人管理保障硕士学位二级学科；退役军人事务部和中国社会科学院大学共建退役军人思想政治和权益维护研究中心，这是退役军人事务部依托高校设立的首个智库；中国社会科学院大学亦是退役军人事务部在全国设立的首批 7 家退役军人事务研究基地之一。本书就是退役军人思想政治和权益维护研究中心和研究基地组织相关专家编写的，意在为退役军人管理保障学科建设提供基础性材料。本书从制度和国别两个层面对世界主要国家退役军人管理保障进行了比较。在制度层面，主要从兵役制度、福利待遇、就业安置和教育培训几个方面概括了各国退役军人管理保障的一般做法及其差异性；在国别层面，系统介绍了美国、俄罗斯、英国、德国、加拿大、澳大利亚、印度、巴西、阿根廷、墨西哥、古巴等几个国家的退役军人管理保障，分别介绍了这些国家退役军人管理保障的历史、管理架构、社会保障、就业安置、教育培训、社会服务和权益维护等几个方面的内容。相对于已有文献，本书的特色主要有：第一，既有国别比较，也有制度整体性比较。本书希望通过制度要素的比较，能够归纳出退役军人管理保障制度设计的一般性规律。第二，国别比较全，既有西方发达国家，也有发展中国家，还有转轨国家。本书认为，发达国家的经验当然值得我们学习，发展中国家，特别是转轨国家的经验也许对我国有着更为直接的借鉴意义。

他山之石，可以攻玉。但需要说明的是，退役军人管理保障制度是高度镶嵌于一国的政治、军事、经济制度和文化当中的。在一些国家行之有效的制度安排在另外一些国家未必行得通。这是我国在借鉴国外退役军人管理保障经验时需要特别注意的。另外，我国退役军人管理保障有很多非常好的传统，如由“军民鱼水情”所衍生出来的人民群众拥军优属的优良传统、“退役不褪色、退伍不退志”的优秀品格、崇高的荣誉感和坚强的吃苦耐劳精神等，都是我们在退役军人管理保障制度改革过程中必须坚持和发扬光大的。

本书是集体智慧的结晶，各章作者分工如下：

第一、第九章，由薛在兴（中国社会科学院大学教授）、王淑玥、谭志杰、曹力尹（三位均为中国社会科学院大学硕士研究生）编写；

第二章，由徐海燕（中国社会科学院大学教授，中国社会科学院政治学所研究员）编写；

第三章，由皇娟（中国社会科学院大学副教授）、苏畅（英国伦敦国王学院博士生）编写；

第四章，由张网成（北京师范大学社会学院教授）、肖芝（北京师范大学社会学院研究生）、牛雪霏（北京师范大学社会学院研究生）编写；

第五章，由庄琦（中国社会科学院大学副教授）编写；

第六章，由吴丽丽（中国社会科学院大学副教授）、张佳莹（中国社会科学院大学硕士研究生）编写；

第七章，由郭磊（中国社会科学院大学副教授）、胡雨薇（中国社会科学院大学硕士研究生）编写；

第八章，由徐帅（国防大学副教授）、房连泉（中国社会科学院社会发展战略研究院研究员）、刘双（中国社会科学院大学硕士研究生）编写。

感谢中国社会科学院大学“退役军人管理保障蓝皮书”基金项目支持，感谢中国社会出版社余细香编辑的辛勤付出。

退役军人管理保障研究在我国尚处于起步阶段，国外相关资料搜集不易，加之本人学识有限，本书错谬之处在所难免，望读者不吝赐教为盼。

主编　薛在兴

2022 年 8 月于北京

目　录

第一章　美国退役军人管理保障 …… 001
第一节　美国退役军人管理保障概况 …… 002
第二节　美国退役军人移交安置与就业培训 …… 008
第三节　美国退役军人社会保障 …… 020
第四节　美国退役军人社会工作与法律救济 …… 032
第五节　美国退役军人管理保障的特点 …… 040

第二章　俄罗斯退役军人管理保障 …… 043
第一节　俄罗斯退役军人管理保障概况 …… 044
第二节　俄罗斯退役军人管理体制、机构及职责 …… 046
第三节　俄罗斯退役军人的福利待遇 …… 052
第四节　俄罗斯退役军人安置措施 …… 060
第五节　俄罗斯退役军人教育培训与就业扶持 …… 064
第六节　俄罗斯退役军人政治待遇和权益维护 …… 069

第三章　英国退役军人管理保障 …… 071
第一节　英国退役军人现状 …… 072
第二节　英国退役军人服务保障的部门体系 …… 074
第三节　英国退役军人服务保障的制度体系 …… 083
第四节　英国退役军人服务保障的特点 …… 094
第五节　英国退役军人服务保障面临的主要问题 …… 097

第四章　德国退役军人管理保障 …… 101
第一节　德国退役军人管理保障概况 …… 102
第二节　德国退役军人移交安置与就业培训 …… 115
第三节　德国退役军人社会保障 …… 126
第四节　德国退役军人社会工作与慈善救济 …… 135

第五节　德国退役军人管理保障的特点 …… 140

第五章　加拿大退役军人管理保障 …… 145
第一节　加拿大退役军人管理保障概况 …… 146
第二节　加拿大退役军人教育培训及就业促进 …… 157
第三节　加拿大退役军人社会保障 …… 161
第四节　加拿大退役军人权利与法律救济 …… 169
第五节　加拿大退役军人管理保障的特点 …… 171

第六章　澳大利亚退役军人管理保障 …… 173
第一节　澳大利亚退役军人管理保障概况 …… 174
第二节　澳大利亚退役军人管理体制及特点 …… 175
第三节　澳大利亚退役军人的就业安置 …… 177
第四节　澳大利亚退役军人思想政治和权益维护 …… 181
第五节　澳大利亚退役军人的福利待遇 …… 183

第七章　印度退役军人管理保障 …… 189
第一节　印度退役军人管理保障概况 …… 190
第二节　印度退役军人管理体制、机构及职责 …… 192
第三节　印度退役军人的福利待遇 …… 195
第四节　印度退役军人安置措施 …… 201
第五节　印度退役军人教育培训与就业扶持 …… 202
第六节　印度退役军人思想政治和权益维护 …… 206

第八章　拉美国家退役军人管理保障 …… 207
第一节　巴西 …… 208
第二节　阿根廷 …… 218
第三节　墨西哥 …… 226
第四节　古巴 …… 234

第九章　退役军人管理保障政策国际比较 …… 241
第一节　退役制度国际比较 …… 242
第二节　退役军人福利待遇国际比较 …… 248
第三节　退役军人就业安置与教育培训国际比较 …… 257

第一章

美国退役军人管理保障

第一节　美国退役军人管理保障概况

一、美军的基本情况

美军现役部队人数约 140 万，其中陆军约 50 万人，海军约 37 万人，空军约 35 万人，海军陆战队约 18 万人，另有文职雇员约 70 万人，国民警卫队约 55 万人。[①] 美国现在实行的是“全志愿兵役制”。根据这一制度，服兵役相当于个人与军队达成就业法律协议。军方负责雇用并支付工资，保证福利待遇，进行业务培训；而军人则按照合同服役，在军队工作；合同期满后可续签合同，或按规定退役退休。与一般工作合同不同的是，签订合同后，没有特殊情况，军人不得随意中止合同离开服役岗位。

二、美国退役军人管理保障历史沿革

美国自建国以来，大大小小各类战争几乎就没有停止过，这就必然会导致大量军人伤残乃至死亡。第一次世界大战结束时，美国共有 20.4 万名军人受伤，1.6708 万名军人死亡，退役军人占总人口的比例达到 5%；第二次世界大战结束时，美国共有 67.1867 万名军人受伤，40.5399 万名军人死亡，退役军人占美国总人口的比例达到 13%。为了保障退役军人及其家属的基本生活，美国不断调整退役军人管理保障政策，目前基本形成了一套包括抚恤、就业、教育、保险和社会服务在内的“一揽子福利”模式。美国退役军人管理保障制度的变迁大体经历了以下四个阶段。

第一阶段：美国退役军人管理保障制度的形成时期。

美国大革命时期至南北战争前被认为是美国退役军人管理保障体制的形成时期。1776 年，大陆国会通过了一项决议，向在独立战争中伤残的军官和

① 章笑敏．美军军官队伍质量建设研究［D］．上海：复旦大学，2013：17.

士兵提供抚恤金。这标志着美国退役军人抚恤制度的建立。但当时抚恤金的给付是由各州负责的，直到1789年美国第一届联邦政府成立后才由联邦政府负责。后来，抚恤金受益对象陆续扩大到死亡退役军人的遗属、州军队以及民兵队伍中的退役军人。1818年，美国颁布法律，向大革命战争未伤残的退役军人提供抚恤金，但条件是他们生活困难，抚恤金申请者应提交有关个人财产和收入的证明文件，被核准后才可以享受抚恤金，由此建立了美国退役军人抚恤金资格审查制度。

除了抚恤金，美国当时还建立了军功授地制度。大革命战争时期的退役军人可获得西部的公共土地，从士兵获40.47公顷公共土地，按军阶逐步递增到少将获445.15公顷。这个制度既起到了奖励军人的作用，又吸引了大量退役军人到边疆定居，起到了开疆扩土的作用。但随着土地资源的日益减少，这项制度到1855年就终止了。①

另外，美国还为有需要的退役军人提供直接的医疗服务和社会服务，如在东海岸和密西西比地区建立了海军医疗系统，1834年建立了“年老和伤残海军退役军人之家”等社会组织。

第二阶段：美国退役军人管理保障制度的发展时期。

美国南北战争至第一次世界大战之前被认为是美军退役军人管理保障制度的发展时期。1861年，美国南北战争爆发。因为南北战争是美国内战，所以吸引适龄青年加入联邦军队而不是加入南方部队就成为一件非常重要的事情。为此，美国政府建立了两种类型的抚恤金制度：一种是一般抚恤金制度；另一种是《伤残法案》。一般抚恤金制度的受益对象是遭受永久身体损伤或因为履行军事义务而直接导致伤残的退役军人，因服役而导致死亡的士兵遗孀、16岁以下的子女以及相关抚养人。一般抚恤金的标准根据退役军人的伤残程度和退役前军阶而定。《伤残法案》的受益对象则不要求伤残必须是因服役产生的，但要求必须证明退役军人在南北战争中至少服役90天，并荣誉退役，已有的身体伤残不是因为不道德的习惯造成的。根据《伤残法案》发放的抚恤金是根据服役期限和伤残程度决定的。两种抚恤金在待遇水平方面差别很大，一般抚恤金的标准要比根据《伤残法案》发放的抚恤金优厚很多。比如，一名完全失明的退役军人根据一般抚恤金制度可以每月获得72美元抚恤金，

① 宋大振．美国退役军人权利法研究［D］．南京：南京大学，2014：22-23．

而根据《伤残法案》他则每月只能获得12美元抚恤金。

1904年，美国老罗斯福总统发布《养老金行政命令》：超过62岁的退役军人可以被视为一个半残疾人，并且有资格获得终身每月6美元抚恤金；在65岁之后，可以获得每月8美元抚恤金；在70岁之后，可以获得每月12美元抚恤金。此后，老年退役军人抚恤金水平不断提高，到1912年，一个年满75岁、服役满3年的退役军人，每月可获得30美元的抚恤金。①

美国在这段时期还建立了退役军人就业优先权制度。这项制度规定，在某些特殊时期或军事行动中曾服过现役的退役军人有权利在联邦雇佣计划和军队裁军留队中比其他非退役军人拥有优先权。另外，许多州也作出了类似的规定。

第三阶段：美国退役军人管理保障制度的改革时期。

两次世界大战时期是美军退役的改革时期。在这一阶段，美国退役军人管理保障从主要支付现金福利转向现金福利、直接福利和就业促进并重，重点加强了就业促进制度建设。第一次世界大战爆发后的1917年，美国国会通过《战争危险保险法》，该法的修正案规定，向退役军人提供政府补充人寿保险，退役军人因死亡、人身伤害或被敌方抓获都可以获得保险赔付。美国把保险机制正式引入了退役军人的保障之中。修正案还授权向患有精神分裂症、听力、视力和其他永久性伤残的退役军人提供康复和职业训练课程。1918年国会通过了《就业恢复法》，进一步授权建立了联邦职业教育委员会，向曾经在美国军队中服役的伤残军人提供再培训和安排生产性职业。1940年国会制定《选择性训练和服役法》，向所有离职参军的人员提供再就业机会。

为了克服抚恤金现金福利容易被滥用的问题，美国在两次世界大战期间更加注重退役军人的直接福利。1919年美国将向退役军人提供医疗服务的责任从军队医院转交给了公共卫生部门，组建新的独立医院，建立了全新的退役军人医疗保障体系。

第二次世界大战结束后，帮助庞大的退役军人群体顺利恢复平民生活成为当务之急。美国国会通过了《1944年军人权利法案》。这个法案向退役军人提供了广泛的福利，包括医疗、退役补偿、工作安排、失业保险、房屋、

① GLASSON W H. Federal Military Pensions in the United States [M]. New York: Oxford University Press, 1918: 246-249.

农场或企业贷款等。这个法案奠定了当代美军退役工作的标准框架。这个法案的出台，使很多退役军人受益。第二次世界大战结束5年后，每5名退役军人中就有4人因《1944年军人权利法案》中的3个主要计划，即提供学费、失业津贴和贴息住房贷款支持而受益。

这一时期美国还成立了独立的退役工作机构。1930年，国会授权合并退役军人局、抚恤金局和伤残志愿士兵之家成为一个独立的机构——退役军人署，负责向470万退役军人提供医疗服务、世界大战赔偿金和补助服务等。

第四阶段：美国退役军人管理保障制度丰富时期。

第二次世界大战结束至今是美国退役军人管理保障制度丰富时期。其一，扩大了就业促进制度的受益范围。《1950年就业恢复法案》向参加朝鲜战争的退役军人提供就业恢复并且将这项福利扩大到和平时期的退役军人。《1952年退役军人再调整援助法案》进一步规定，向退役军人提供失业保险、就业安置、住房贷款和与第二次世界大战退役军人类似的退役福利。其二，全面丰富了退役军人福利体系，包括为退役军人提供住房补贴、增加退役军人补偿金和提供退役军人教育福利金和失业补助金、建立军人遗属补贴制度等。其三，恢复教育福利制度。军人连续服役180天后退役，可以获得服役一个月给予一个月学习援助的教育福利，后来提高到服役一个月给予一个半月的学习援助。其四，增加医疗康复和精神康复福利。1979年，为帮助越南战争退役军人重新调整适应平民生活，退役军人署特别建立了一个中心，向患有创伤后应激障碍、酒精和药物依赖等一系列问题的越南战争退役军人提供帮助。1993年，美国规定可能罹患“海湾综合征”的海湾战争退役军人可以获得医疗援助。其五，私人市场参与退役军人管理保障。私人保险公司开始加入退役军人保险服务中来，但政府仍会支付一部分费用。

总体来看，美国退役军人管理保障制度的发展有以下规律：其一，保障内容从单一向多样发展。美国退役军人管理保障制度的内容最早主要是对伤残退役军人发放抚恤金，后来则逐渐发展到包括抚恤金、教育福利、医疗福利、就业促进和住房福利等在内的内容广泛的退役军人保障体系。其二，保障主体从片面依赖政府走向政府、社会和市场三足鼎立发展。其三，保障形式从消极福利向积极福利发展。向伤残退役军人提供抚恤金属于消极福利的范畴，仅提供抚恤金既满足不了退役军人的需要，同时还很容易产生“福利陷阱”。从两次世界大战开始，美国把重点更多放在了促进就业和教育福利这样的积极福利项目上面来，旨在把退役军人从“社会负担”转化为对社会有用的生产力。其四，保障的性质从救助向权利转变。特别是几个军人权利法案的颁布，把退役军人享受的保障待遇从自上而下的施舍转变为退役军人法定的权利。1988 年，美国更是成立了退役军人上诉法庭，使退役军人能够向一个独立机构就退役军人上诉委员会作出的决定进行申诉。其五，保障的目的既是为了解决退役军人的生活困难，更是为了满足战争的需要。美国一旦面临战争就会制定一个退役军人法案，这就是为了减少青年人服役的后顾之忧，提高军队的吸引力，保障兵源。其六，保障的管理体制从分散转向统一，最终成立了退役军人事务部，作为一个内阁部门全面管理美国的退役军人事务工作。

三、美国退役军人管理机构及其职责

美国退役军人事务方面履行管理职能的机构包括联邦政府机构、地方政府机构以及军队内部机构三个层级。联邦政府机构包括退役军人事务部、国防部、劳工部等内阁部门及其附属机构；地方政府机构包括州退役军人事务局、县市退役军人服务办公室等；军队内部机构则由各军种人力资源管理部门负责军人退役事务。

（一）联邦政府机构

美国有专门负责退役军人事务管理的退役军人事务部。该部负责实施面向退役军人及其家庭成员的福利项目，是美国内阁中人数第二多的政府部门。美国退役军人事务部的服务目标是：改善退役军人及其家属的生活；确保退役军人从军事岗位平稳过渡到平民生活；代表国家向退役军人表示敬意，向逝者表示怀念；通过高效管理、沟通和高超技术的应用，为退役军人及其家属提供优质服务；为美国的公众健康、危机管理、社会经济发展和历史作出贡献。① 它的工作职责包括向退役军人提供教育机会和康复服务，向伤残退役军人或战死的军人家属提供补偿金；另外，它还向退役军人提供购房贷款抵押、养老金、葬礼服务以及健康照料（包括养老院、诊所和医疗中心的服务）。②

---

① 王培志．走近美国退役军人事务部［J］．中国人才，2015（20）：24-27.

② U. S. Department of Veterans Affairs［EB/OL］. https://www.usa.gov/federal-agencies/u-s-department-of-veterans-affairs.

美国退役军人事务部设部长一名，部长为总统内阁成员；设助理部长六名；设管理部门三个：退役军人医疗管理局、退役军人福利管理局和国家公墓管理局。其中，退役军人医疗管理局管理着美国最大、最完整的医疗保健系统，包括 1700 余家医院、疗养中心、社区诊所等，还与全美医科大学及下属医院有合作关系。退役军人福利管理局主要为退役军人及其家属提供伤残赔偿金、抚恤金、就业和教育援助、住房贷款、人寿保险、安葬福利、遗孀福利等服务。国家公墓管理局负责退役军人的安葬事务和公墓的维护工作。

除退役军人事务部外，美国还有国防部负责军人退役前的指导、咨询和军地协调工作；美国劳工部退役军人就业与就业培训局负责为退役军人提供就业援助、就业咨询和就业培训等；联邦人事管理局负责落实退役军人优先雇佣权；美国社会保障署负责发放退役军人的退休金、伤残和遗属抚恤金；联邦小企业管理局负责管理退役军人创业项目。2009 年，美国成立了退役军人就业委员会，成员包括劳工部、退役军人事务部等 24 个联邦政府机构。其主要职责是：建议并协助总统协调政府各部门相关工作，通过加强就业招聘和培训，增加联邦政府聘用退役军人的数量；在全国范围内扩大退役军人在行政部门的就业机会；采用绩效评估措施，向总统提交有关情况的年度报告。

（二）地方政府机构

美国各州也都有自己的退役军人事务管理机构。这些机构和联邦退役军人事务部之间并不存在行政的隶属关系，而是在联邦政策的基础上，根据各州的实际，面向本州退役军人提供一些补足性的福利。比如，威斯康星州退役军人事务局就明确声明它们的使命是代表威斯康星州的退役军人社区——退役军人、他们的家人和幸存者——工作，以表彰他们为威斯康星州和美国所作的贡献和牺牲。该局实施的项目包括：威斯康星州退役军人之家、威斯康星州退役军人纪念公墓、退役军人管理局地区索赔办公室、军人葬礼荣誉计划、退役军人援助计划和威斯康星州退役军人博物馆等。这些项目旨在为美国武装部队的特定退役军人提供卫生、教育援助、经济援助和其他服务。

美国在各县和市普遍设有退役军人服务办公室，有的地方叫县退役军人援助委员会。该机构主要向退役军人提供相关项目的信息、权利和参考性指南，在向退役军人提供福利和服务方面发挥着重要的窗口作用。

（三）军队内部机构

在美国军队中有三个部门发挥着为退役军人服务的重要功能。第一个是退役军人过渡援助机构，为美国军官和士兵退休或退役提供规划设计和服务；第二个是伤亡人员援助办公室，为部队伤亡人员提供专业的服务；第三个是退休人员管理办公室，负责管理部队退休人员并提供服务。

除了上述政府管理机构外，美国还有大量的退役军人非政府组织为退役军人提供服务。美国退役军人协会成立于1919年，是全美影响最大的退役军人互助组织。该组织的主要目标是支持提高退役军人的医疗和教育福利，保障退役军人权益。美国伤残退役军人协会创建于1920年，该协会的宗旨是“履行我们对军人的承诺”“让退役军人过上高质量、有尊严的生活”。其主要任务是：向伤残退役军人及其家属提供免费、专业的帮助，助其重返平民生活；代表伤残退役军人及其家属向白宫、国会、国防部以及退役军人事务部提出索赔；帮助伤残退役军人享受退役军人事务部提供的免费医疗服务；借助志愿者和网络将服务拓展至社区等。另外，美国还有女性退役军人联盟、美国越南战争退役军人联盟、美国瘫痪退役军人联盟、海外参战退役军人联盟等。这些退役军人非政府组织都代表特定的退役军人群体，通过向国会和政府游说等手段争取退役军人权益，同时也向退役军人提供一些直接的服务。

第二节　美国退役军人移交安置与就业培训

一、美国退役军人移交安置

（一）美国军人退役退休条件

美国军人退役退休的条件分为伤残退役退休、自愿退役退休和强制退役退休三类。

1. 伤残退役退休

永久性肉体和精神损伤，且损伤程度达30%以上的现役军人，应做退役处理，但因胡作非为或玩忽职守造成肉体和精神损伤的除外。其中，非因公致残者，按伤残退役处理；因公致残者，按伤残退休处理。

2. 自愿退役退休

陆军军官至少服现役满 5 年，海军军官至少服现役满 6 年，空军军官至少服现役满 7 年，本人提出申请，经批准后可自愿退役；凡服役满 20 年（部分人员 15 年）以上的军人可提出申请，经批准后自愿退休。

3. 强制退役退休

中尉 29 岁、军龄满 7 年，上尉 35 岁、军龄满 14 年，若不能再晋升，则被勒令非自愿退役；少校 42 岁、军龄满 20 年，中校 49 岁、军龄满 28 年，上校 52 岁、军龄满 30 年，准将 52 岁、军龄满 30 年，少将 56 至 60 岁、中将 60 至 64 岁、上将 62 至 64 岁且军龄满 35 年，若不能再晋升，则被勒令非自愿退休（或命令退休）。

（二）从现役到退役

美国非常重视军人从现役到退役的移交安置工作。他们认为这是稳定军心、提高国民参军积极性的一项重要举措。美国退役军人移交安置工作有着详尽的法律规范和操作指南，有着明确的目标，即向退役军人提供确保其重新进入平民工作环境的技能、手段和必要的自信。美国退役军人移交安置不是要为退役军人安排工作，而是努力提高他们靠自己的努力找到工作、顺利进入平民社会的能力。美国退役军人移交安置离不开军地双方的紧密合作，军队中各军事基地都设立有过渡援助办公室，专门为计划退役的军人提供服务；在地方，劳工部设立有专门负责过渡援助计划的退役军人就业者训练服务部门。

过渡援助计划是美国为帮助退役军人进入就业市场，协助其找到合适工作的主要项目。项目一般由三个部分组成：退役前咨询、就业学习班和退役军人福利简要情况介绍。美国国防部《过渡援助计划》要求，各军种必须在退役前 90 天向所有军人提供退役前咨询，咨询内容应包括：教育、职业恢复方面的福利，选择性预备役，招聘会和工作查询及地点信息，搬家援助服务，医疗和牙科福利，职业变化影响的会议以及财力计划。压力管理、就业辅导和教育训练是《过渡援助计划》的三项核心内容。离开部队、回到地方对退役军人而言是一个巨大的转变，往往伴随着担心、失落、迷茫等一系列负面心理情绪。所以，《过渡援助计划》就要帮助将要退役的军人正确认识这些压力，并掌握一些必要的管理压力的技巧。就业咨询包括提供就业信息、进行就业能力评估等方面的内容。过渡援助办公室和教育中心会综合评估将要退役的军人的就业技能，包括主要军事工作经历和训练历史、可计算为大学学分的信息和与民用职业类似的行业名目，向退役军人提供国防部开具的军事经历和训练证明。这个证明有很强的权威性，地方雇主一般都认可这个证明。教育训练是过渡援助计划的另外一个重要内容，它会在对退役军人进行职业评估的基础上指导退役军人制订学习计划，对退役军人进行教育水平测试，作为其退役后申请高校入学的依据。

根据美国国防部、劳工部和退役军人事务部的备忘录，美国劳工部负责在各个军事基地向准备退役的军人开设《过渡援助计划》就业学习班。该学习班为期 2.5 天或 4 天，主要向准备退役的军人提供用于制订计划和成功找到工作所必需的基本知识和技能。首先，该学习班会对准备退役的军人进行个人评估，包括帮助准备退役的军人全面认识军事经历带来的优势和挑战，分析自己可用于不同工作的技能等。其次，进行职业研究。帮助准备退役的军人学习了解不同职业特点和要求等信息的方法，评估个人的目标工资，以便尽可能找到一个既能满足个人喜好和特点，又能符合职业要求的工作。再次，培训准备退役的军人找工作的有效策略，包括确立目标、安排时间、研究公司情况、善用资源以及学习撰写个人简历等。复次，帮助准备退役的军人掌握面试技巧，包括面试时的准备以及聆听和支持语言训练等。最后，对不同工作进行比较，通过比较不同工作的工作条件和工作要求，选出理想的工作。

退役军人福利的简要介绍是由退役军人事务部负责的。退役军人事务部会通过专场职业咨询说明会或者网站等形式宣传和介绍不同类别的军人退役后可以享受的福利，必要时可提供一对一的服务。

（三）美国军人退役安置

美国安置退役军人的方式主要有两种：退休和就业。因公致残或者是符合一定年龄、军龄和军衔的退役军人，可以按退休处理，每月领取退休金。其余大多数退役军人则要就业。由于受《公平就业机会法》等的限制，政府通常不能强制性安排退役军人到某个岗位工作。美国主要采取三种方式帮助退役军人就业。

第一，给予优先就业权。根据《退役军人优待法》，退役军人及符合条件的配偶、遗属，在政府部门工作有优先权；在职业竞争考试中，退役军人比其他人额外多加 10 分；残疾程度超过 30% 的，只要达到基本工作要求，可以免试；政府雇用警卫人员、电梯司机、通讯员、管理人员和其他勤杂人员时，首先从退役军人中招聘，只有当招收数量未达到指标时，才考虑非退役军人。

第二，就业指导。美国有为数众多的退役军人就业服务机构，既有政府举办的机构，也有专门为退役军人服务的非政府组织。这些机构会向退役军人提供就业咨询、职业能力评估、就业信息、简历撰写等全方位的服务。

第三，失业援助。美军规定，军人退役后 15 个月仍找不到工作的，可继续使用军方的住房和设施。劳工部规定，退役后几个星期还找不到工作的，可以享受政府提供的失业帮助，直到找到工作为止。退役军人事务部对经过职业培训后仍未找到工作和得到安置的退役军人，实施跟踪调查和帮助，有时还对他们进行职业再培训。该部还制订了无住房退役军人支援计划，成立无住房退役军人收容中心，收容无住房退役军人。

二、美国退役军人教育培训与就业扶持

（一）退役军人教育培训

自独立战争以来，美国就为受伤或残疾的参加过战争的退役军人提供福利。然而，在很长一段时间里，身体健全的退役军人并没有机会享受同样程度的福利。在第二次世界大战之前，“在整个美国历史上，贫穷、失业和不满的退役军人……导致了动荡和对叛乱的恐惧”①。1932 年，第一次世界大战后，美国政府召来军队强行驱逐 2 万名失业、经常无家可归的退役军人，并烧毁他们在国会大厦和白宫附近的营地。②

第二次世界大战期间，在美国军队服役的 1610 万人占 1947 年 4110 万劳

---

① DORHCH C. GI Bills Enacted Prior to 2008 and Related Veterans' Educational Assistance Programs: A Primer [R]. CRS Report for Congress, 2012.

② HUMES E. The Greatest Generation: The Accidental Remaking of America [M] //in Over Here: How the G. I. Bill Transformed the American Dream. 1st ed. Orlando, FL: Harcourt, Inc., 2006: 4-20.

动年龄男性（20 至 64 岁）的三分之一以上。第二次世界大战结束后，他们大多数回到了平民社会，美国因此面临着大规模失业的风险。第二次世界大战结束前，国会和美国退役军人协会成员共同努力通过了《1944 年军人权利法案》和《1944 年军人重新调整法案》。两个法案为退役军人提供了全面的资源，包括建造额外的医院，向非伤残退役军人提供教育援助，家庭、商业和农场贷款，工作咨询和就业安置服务以及失业救济金。

《1944 年军人权利法案》通常被认为是成功地避免了失业，提高了教育水平，从而提高了美国劳动力的生产力，并确认了美国人赋予参战军人的价值。[①]《1944 年军人权利法案》针对的对象是 1940 年 9 月至 1947 年 7 月在美国军队服役的退役军人。随后，美国针对历次战争又制定了若干退役军人权利法案。根据 1952 年的退役军人调整援助法，美国颁布了《朝鲜战争军人权利法案》。该法案的目的是为回国的退役军人进入职场做好准备。它授权提供与《1944 年军人权利法案》相同类型的在职培训、农场培训、函授课程和传统的大学教育，另外还增加了若干规定，以防止业余或娱乐性的教育活动，并确保所提供的教育质量。

目前，可以为退役军人、现役军人及其配偶和子女提供教育援助的法案和项目主要有：《后越南战争时期退役军人教育援助法案》、《蒙哥马利军人权利法案》、《预备役教育援助法案》、《幸存者和遗属教育援助法案》和《后“9 · 11”军人权利法案》。

1. 《后越南战争时期退役军人教育援助法案》

美军在越南战争后期实行了全志愿兵役制，参军入伍成为美国青年的一种职业选择，而不再是义务。全志愿兵役制在实施初期遇到了很多困难，如招募不到足够的新兵，兵员质量下降等。为了吸引优秀青年参军，美国向他们许诺了优厚的工资福利待遇和教育培训机会。1976 年 10 月 15 日，美国国会通过了《后越南战争时期退役军人教育援助法案》。该法案适用于 1976 年 12 月 31 日至 1985 年 7 月 1 日期间入伍的军人，既包括退役军人，也包括现

---

① U. S. Congress, House Committee on Veterans' Affairs, Readjustment Benefits: General Survey and Appraisal, A Report on Veterans' Benefits in the United States, committee print, prepared by The President's Commission on Veterans' Pensions, 84th Cong., 2nd sess., September 11, 1956, House Committee Print No. 289 [A]. Washington: GPO, 1956: 107-142.

役军人。目前大约有 100 人仍在从后越南战争时期退役军人教育援助计划中获得福利。

因为参加该计划的军人实行薪金制，且处于和平时期，所以，志愿参加该计划的军人要缴纳教育基金，标准为每月 25 ~ 100 美元，缴费总额不得超过 2700 美元，累计缴费 12 个月后，个人可以选择退出该计划，计划会将个人此前缴纳的教育基金退还给个人。退役军人教育援助计划的福利必须在退役之后 10 年内申请，教育时间为 36 个月。该计划提供的教育援助与军人服现役期间从工资中扣除的缴费挂钩。退役军人能获得教育援助的多少主要取决于个人、政府和国防部的缴费额、个人培训类型和个人训练时间。退役军人获得的教育资助金额是个人交纳的总金额、政府交纳的金额和国防部的额外补贴三个部分的总和。每月的教育援助则因教育培训类型时长的不同而不同，一般介于 100 ~ 1200 美元。对大学或职业训练学校而言，资助每月的费率是以资助额除以总月数。如果超过 36 个月，则除以 36。

2. 《蒙哥马利军人权利法案》

《后越南战争时期退役军人教育援助法案》实施效果并不理想，尽管它设置了现役军人缴费的规定，但这并没有显著地降低现役军人的退役率，美国招募和留住优秀退役军人仍然面临着很大的困难。只有 20% ~ 25% 新入伍的军人向后越南战争时期退役军人教育援助计划缴费，而且其中 40% 的人会选择取回缴费。尽管规定参加者的权利金额和期限都可以转移给他们的妻子和孩子，但这样的规定对于部队留住现役军人仍然无济于事。为了扭转这一局面，美国国会于 1985 年通过了《蒙哥马利军人权利法案》。该法案包括两个部分：《蒙哥马利军人权利法案（现役）》和《蒙哥马利军人权利法案（预备役）》。为了招募到有可能留在军队的更高素质的人，该法案所有的参与者都要具有高中或同等学力，或者是 12 学分的高等教育才有资格享受教育资助。该法案最早规定试用期三年，但实施三年后评估效果非常好。到 1988 年 5 月，陆军 91.9%、海军 72.1%、海军陆战队 74.0%、国防部范围 80.4% 的现役军人参与了该法案[①]，参与率显著高于《后越南战争时期退役军人教育援助法案》。于是，美国国会取消了试用期，使其成为一项永久性法案。《蒙哥马

---

① MONTGOMERY G V. Sonny Montgomery: the veteran's champion [M]. The University Press of Mississippi, 2003: 79-80.

利军人权利法案》采用全武装力量的概念，同时适用于现役军人和预备役。

接受《蒙哥马利军人权利法案（现役）》教育资助的人员主要有四类：第一类，1985 年 6 月 30 日之后首次服现役，连续服役 3 年（如最初规定服役期限不足 3 年的话，则要求为 2 年），如因残疾等原因而非本人主动退役者，累计服役 30 个月（如最初规定服役期限不足 3 年的话，则要求为 20 个月）；精选预备役和国民警卫队成员连续服现役 2 年、预备役和国民警卫队成员连续服役 4 年。第二类，在后越南战争时期退役军人教育援助计划下仍有未用完的权利期，且在 1985 年 6 月 30 日服现役的退役军人。第三类，因为军队精简等原因，服役期未满，就非自愿性退役的人员。他们在退役前已经参加了该项目并缴费 1200 美元以上。第四类，后越南战争时期退役军人教育援助计划的参加者，他们或者仍有剩余的权利期且在 1996 年 10 月 9 日在役，或者是主动选择转移到蒙哥马利军人权利计划且缴费 1200 美元以上。《蒙哥马利军人权利法案（预备役）》适用于包括国民警卫队在内的精选预备役队员，他们必须服役 6 年以上。

大多数蒙哥马利军人权利计划的参加者可以领取到缴纳学费、书费和补贴等的月津贴。退役军人可以得到最多 36 个月的教育资助，资助会按月发放给退役军人。教育资助的金额取决于：退役军人的服务年限、教育或培训计划类型、参与者类别、是否有资格申请大学基金或创业基金、在项目中的缴费额。教育资助额会根据美国高等教育学费标准的上涨而定期调整，1985 年最高月资助额为 300 美元，到 2012 年就提高到了 1564 美元。

3.《预备役教育援助法案》

《预备役教育援助法案》由 2005 财年《国防授权法案》确立，为永久性项目。该法案通过的目的是为了回应阿富汗战争和伊拉克战争后需要更多预备役、更长时间征召入伍的现实。预备役人员必须连续服现役 2 年以上才有资格享受《蒙哥马利军人权利法案（现役）》，不符合条件者可以享受《蒙哥马利军人权利法案（预备役）》，但待遇要低于前者。预备役教育援助项目则要向预备役人员提供与其现役服务相匹配、与常规军福利相当的福利。

该项目的目的是给在宣布战争或者全国紧急状态情况下应征入伍的预备役人员提供教育援助。和蒙哥马利军人权利预备役计划一样，这个项目也是一个由退役军人事务部管理的国防部项目。那些在 2001 年 9 月 10 日之后服现役至少连续 90 天的人，包括全日制国民警卫队的队员，都可以获得相应的福利。对于因受伤或患病而退出现役的人员，免除 90 天的服役要求。

预备役教育援助项目提供月资助，资助金额根据服役年限而获得相当于蒙哥马利军人权利现役计划提供的月资助的一定比例。服役至少连续 2 年或累计 3 年以上者可获得蒙哥马利军人权利现役计划最高月资助额的 80%；连续服役一年以上者为 60%；连续服役 90 天以上，或者因伤因病退役的为 40%。

4.《幸存者和遗属教育援助法案》

《幸存者和遗属教育援助法案》最早根据 1956 年的《战争孤儿教育援助法案》建立。该法案旨在帮助遗属和被抚养人在抚养人因战争原因残疾、失踪或死亡等情况下仍能维持一定的生活水平。

一个人如果符合下列条件之一，其孩子或配偶可以获得教育援助福利：（1）因服役相关残疾导致的死亡；（2）因服役相关残疾导致永久丧失劳动能力；（3）在服役相关残疾评估过程中死亡；（4）因参加军事行动而宣告失踪、被俘或者留置；（5）因服役相关永久残疾住院或正在接受门诊治疗，或有可能因残疾而退役者。

大多数遗属和被抚养人教育援助项目受益人会获得月资助，无高中或相当学历的个人可获得额外的援助。月资助额直接支付给受益人，可用于学费、书本费、设备费以及生活补贴等。国会会根据物价水平不定期调整资助标准。受益人根据是全职学习、半职学习或 1/4 职学习而享受不同比例的资助。受益人享受资助的有效期为自退役军人死亡或退役军人事务部告知受益人符合条件之日起 10 年。

5.《后“9·11”军人权利法案》

2001 年“9·11”事件使美国民众在经济及政治上的安全感均被严重削弱，同时激发了美国的“超级民族主义”情感。美国的全球安全战略从针对各种敌对国家的威胁，第一次转向了针对国际恐怖主义，从和平时期进入反恐战争状态。除正规军外，美国更加重视预备役和国民警卫队等在维护国土安全方面的作用。在此背景下，美国国会通过了《后“9·11”军人权利法案》，向退役军人提供条件更为宽松、待遇更为优厚的教育福利待遇，同时政策特别鼓励退役军人服预备役。后“9·11”军人权利计划主要是向在 2001 年 9 月 11 日之后入伍且服役时间总共达到 90 天，或者因与服役相关的伤残在服役 30 天之后退役的人提供福利。要获得后“9·11”军人权利计划的福利必须是荣誉退役。

要享受《后“9·11”军人权利法案》规定的教育福利，退役军人或其子女至少满足下列一项要求：（1）在2001年9月11日当天或之后累计服现役至少90天；（2）在2001年9月11日当日或之后获得紫心勋章（美国历史上最为悠久的军事勋章），则无服役时间的要求；（3）在2001年9月11日当天或之后连续服役至少30天，并因服役相关伤残光荣退役；（4）符合条件的退役军人或服役人员的子女，他们可使用转移的福利。

在2015年11月预备役教育援助项目结束时失去教育福利的预备役成员，可根据后“9·11”军人权利计划获得福利。同时有资格获得美国退役军人事务部其他教育福利的退役军人，必须选择其中一个，且不可变更。

后“9·11”军人权利计划提供最多36个月的教育福利，具体包括：（1）学费。最高的福利包括所有的公立高校州内学生标准的学费和其他费用。私立学校和外国学校的学费有上限设定，并每年更新。（2）房租（如果住校时间超过一半），根据学校所在地的生活费用来计算每月的住房补贴。（3）书籍和学习用品补贴，每学年最多可以得到1000美元。（4）从农村到学校交通补贴。对于住在每平方千米人口不到一个人的郡的退役军人，家庭离学校至少800千米，或者除了坐飞机去学校外别无选择者，则有资格获得500美元的一次性付款。

退役军人获得的具体金额取决于自2001年9月11日以来的现役服务数量。如果有90天的现役，则有资格获得最高金额50%的福利；如果服务3年，则有资格获得100%的福利。

以上福利项目都为符合条件的人提供了获得教育援助的权利。该权利可以用货币和时间——月和天数来衡量。货币价值也与权利的每个月和日期有关。教育援助支付还会每支付一笔减少一个月或按基本支付金额的比例减少剩余的权利期。符合资格的人可能会在权利期限届满之前耗尽货币权利，反之亦然。一旦两者用完了，全部权利就用完了。一般来说，一旦权利期或货币权利用尽，如果学期过半，符合资格的人将继续接受教育援助，直到本学期结束。如果不是在学期中，则继续接受教育援助的时间最长为12周。如果一个人因被征召服现役而必须停止学习，且未能获得学分或培训时间，那么权利期和货币权利都不会减少。

退役军人权利计划有两个特性一直为人们所津津乐道：它们以促进退役军人就业为目标，基本待遇是公平的。退役军人权利计划通过支持退役军人提高与工作相关的技能，进而帮助他们进入或重新进入劳动力市场。也正是因为这样一个目标，退役军人权利计划所提供的基本待遇并不和退役军人服役时的军衔或者职业专长相挂钩。与此相对照的是美国国防部的教育援助计划。这个计划的目标是为了吸引合格的青年人入伍，并尽可能长时间留在部队中。所以，这个计划所提供的福利向军衔高、服役时间长或紧缺职业的现役军人或招募对象倾斜。围绕退役军人权利计划也有一些争论，如退役军人需要缴费多少或服役多长时间才有资格享受教育资助，何种类型的服务是被认可的服役经历，以及福利的有效期等。

（二）退役军人就业扶持

在大多数人的印象里，美国退役军人都是自主就业的。但事实上，美国政府仍然有一些旨在帮助那些需要寻找工作的退役军人就业的项目。美国劳工部的补助项目通过购买岗位的形式支持各州提供就业外展和援助服务，帮助退役军人找到工作。另外，联邦政府部门还有一些政策帮助退役军人在联邦政府或联邦合同商那里就业。

1. 退役军人州补助项目

美国劳工部退役军人就业和培训办公室通过退役军人就业州补助项目向寻找工作的退役军人提供帮助。美国各州设有伤残退役军人外展项目专家和地方退役军人就业代表两类职位，它们都是州政府的岗位，但由联邦政府通过退役军人就业州补助项目拨款来购买。外展项目专家为那些就业有更大困难，需要更多就业服务或培训的伤残退役军人提供外展服务；地方退役军人就业代表的服务对象包括但不限于伤残退役军人，他们除了帮助退役军人就业外，还负责做商业公司的工作，鼓励它们招聘更多的退役军人。

2. 退役军人劳动力投资项目

退役军人劳动力投资项目也是由美国劳工部负责的。该项目向符合条件的州和地方劳动力投资委员会、州或地方机构、非营利组织提供资助。资助的目的是帮助退役军人重新进入劳动力队伍，发展服务递送系统解决退役军人进入劳动力队伍存在的障碍，加强与退役军人相关的劳动力投资活动，以及开展外展活动、提供公共信息来促进退役军人就业。

3. 美国英雄在工作计划

患有外伤性脑损伤或创伤后应激障碍的退役军人即使就业也往往很难保

住工作。为此，美国劳工部实施了“美国英雄在工作计划”。该计划研究和验证患有外伤性脑损伤或创伤后应激障碍的员工在工作中取得成功的最佳实践经验，包括雇主在他们的公司里如何安排患有外伤性脑损伤或创伤后应激障碍员工的经验，然后把这些经验传播出去。[①]

4. 美国劳工部负责的其他退役军人就业促进项目

除了上述项目外，美国劳工部还负责以下旨在帮助退役军人就业的项目：（1）开展雇用退役军人优先运动，鼓励雇主雇用退役军人；（2）通过《无家可归的退役军人重返社会法案》向那些无业退役军人提供资助；（3）向退役军人和雇主提供有关再就业权利的信息，这些权利是由《1994 年军警人员就业和再就业权利法案》规定的；（4）凡是由美国劳工部资助的劳动力发展、工作培训或安置项目，必须优先向退役军人及其符合条件的配偶提供服务。

5. 联邦就业优先项目

联邦政府有三项政策优先为退役军人提供就业：雇佣加分优待制度；特别委任授权；平权行动。[②]

（1）雇佣加分优待制度。退役军人因为服役而失去了一些接受教育和积累工作经历的机会，因此要求他们与非退役军人在同等条件下竞争就业机会其实是不公平的。为此，美国设定了雇佣加分优待制度。只有荣誉退役或者一般退役的退役军人才可以享受加分优待。总体上，美国退役军人优先资格包括他们服役的时间、获得的奖章以及患有服役相关的伤残等。就业优待分三种类型：伤残优待（适用于加 10 分的退役军人）、非伤残优待（适用于加 5 分的退役军人）以及孤亲遗属优待（适用于 0 分优待的退役军人）。在某些军事行动中或某些特殊时期，退役军人比非退役军人在申请就业时，其招聘考试成绩可予以加 5 分优待；如果具有与服役相关的伤残或者获得特殊荣誉等，则可予以加 10 分优待。0 分优待是指在 2008 年 8 月 29 日之后，以“唯一生存者”身份而从军队退役的退役军人。当某现役军人的父亲或母亲或一个或多个兄弟姐妹在军队服役，并被杀害、因病死亡、处于被俘或失踪状态或永久 100% 伤残，该军人成为家中唯一的生存者时，可申请退役，这种退役被称为“唯一生存者”退役。加分优待主要用于公务员考试，它既适用于专

---

① 有关该项目的更多信息见 http://www.americasheroesatwork.gov/。

② http://www.opm.gov/veterans/html/vetsinfo.asp.

门委任的岗位，也适用于面向社会招聘的岗位。加分优待的使用不限次数，即退役军人如果使用加分优待在联邦政府就业后辞职，下次求职仍然可以使用这个优待。但退役军人加分优待不适用于内部招聘，即晋升、调动、调任和复职等。

（2）特别委任授权。与退役军人有关的联邦政府机构有三种特别委任授权：退役军人招募委任、退役军人就业机会授权、30% 及以上伤残退役军人授权。

第一，退役军人招募委任。拥有退役军人招募委任资格的退役军人，只要符合空缺岗位任职条件，就可以被联邦机构以直接委任的方式录用。被录用的退役军人与其他通过竞聘上岗的员工享受相同待遇，同样可能被提升、调任或调动。经过两年满意的服务，退役军人可以转为职业条件雇员①。教育程度低于 15 年的委任人员必须完成机构制订的培训计划。以下退役军人有可能获得委任资格：伤残退役军人；在战争期间，或在获得战役徽章授权的战役或远征中，在武装部队服现役的退役军人；在武装部队服现役期间参加美国军事行动并获得武装部队服役勋章的退役军人；最近离职的退役军人。除满足上述资格外，退役军人还必须是荣誉退役或一般退役。

第二，退役军人就业机会授权。《1998 年退役军人就业机会法》及其修订版提供竞争性服务委任授权，该授权只能在填补长期竞争性服务职位时使用。它允许符合条件的退役军人申请对“身份”有要求的竞争性服务职位。这里的“身份”通常包括“现任和前任竞争性服务雇员”。也就是说，退役军人即使无竞争性服务的经历，仍然可以凭竞争性服务委任授权申请这类职位。

第三，30% 及以上伤残退役军人授权。30% 及以上伤残退役军人授权允许联邦机构非竞争性地委任任何一位因服役伤残程度 30% 及以上的退役军人进入永久性、临时性（一年及以下）或有期限的（1 至 4 年）竞争性服务职位。伤残退役军人如获安置永久性职位，可以安排不超过 60 天的试用期。

（3）平权行动。根据美国《1973 年康复法案》，联邦机构必须有一个专门为伤残退役军人制订的平权行动方案。当某联邦机构中退役军人比例过低

---

① 永久雇员分为职业雇员和职业条件雇员，两者都属于无期限就业。正式的职业雇员享有联邦政府终身复职资格，而职业条件雇员复职资格期限为两年。完成三年实质性连续服务的职业条件雇员可以转为职业雇员。

时，该机构要采取平权行动招聘、安置或者提拔更多的伤残退役军人。与联邦政府有超过10万美元合同额的承包商或分承包商，同样也要采取平权行动，保证雇用一定比例的伤残退役军人。

6. 其他联邦援助

《2003年国防部拨款法案》授权国防部向军事招募、评估和退役军人就业中心转移资金，用于帮助退役军人通过“从头盔到安全帽”计划在建筑行业就业。教育部向国防部转移资金，支持“从部队到教师”计划可为符合条件的退役军人提供高达5000美元的津贴，帮助他们接受师范培训，获得初级、中级或职业/技术证书的退役军人可以到贫困地区高中教书。

7. 创业援助

美国小企业管理局在全美各州设有90个区域（地区）办公室以及分支机构，帮助那些有开办小企业意愿或已开办小企业的退役军人及伤残退役军人获取企业计划援助、企业咨询援助、低息贷款援助以及经营管理培训服务等方面的支持。该局向有合作关系的商业贷款机构申请贷款，对符合条件的退役军人小企业予以担保。如产生坏账，该局将在担保范围内赔偿企业损失。小企业管理局还设立“爱国引导贷款”计划，退役军人可将该计划提供的贷款用于小企业的启动资金以及购买设备、设立营销网点、支付人工费用；创建学习中心网站，为退役军人安排小企业启动、计划编制、经营管理、融资会计、营销广告、电子商务、联邦税收等方面的在线学习。

第三节 美国退役军人社会保障

美国退役军人享受广泛的社会保障待遇。除了可以享受面向普通美国人的社会保障待遇外，美国政府还为退役军人设置了多项社会保障项目，覆盖养老、伤残、医疗、救助和住房等各个方面。

一、美国退役军人退休及退役金

美国实行募兵制，军人被视为一种职业。职业军人服现役期间会得到比较高的工资，服役满20年经批准就可以办理退休，享受退休金待遇；不符合退休条件的也有可能领取到退役金。

1. 退休金

美国现在共有 5 种退休金计划，两种是规定受益模式，一种是一次性支付加规定受益，一种是规定受益和规定缴费结合，还有一种是专门针对伤残退役军人的。

（1）以退休前工资为基数的退休金计划。这个计划主要适用于 1980 年 9 月 8 日前入职的预备役成员。它是一个规定受益模式的退休金计划，退休金等于服役年限×退休前工资×2.5%。

（2）以退休前工资最高的 36 个月的平均工资为基数的退休金计划。这个计划主要适用于初始入职日期为 1980 年 9 月 8 日当天或之后至 2018 年 1 月 1 日之前的退役军人。它也是一个规定受益模式的退休金计划，退休金等于服役年限×退休前工资最高的 36 个月的平均工资×2.5%。

（3）《1986 年军事人员退休改革法案》。1986 年 7 月 31 日至 2018 年 1 月 1 日前入伍的军人可选择这个退休法案。选择这个法案的军人在服役 15 年时可获得一次性职业地位奖金 30000 美元，但必须同意服役满 20 年。如果服役未满 20 年，则要求退回奖金。2017 年 12 月 31 日后退休的军人不能再享受职业地位奖金。

选择该法案退休的退役军人 62 岁前的退休金计发公式为：（服役年限×2%+服役超过 20 年低于 30 年的年限×1.5%）×退休前工资最高的 36 个月的平均工资；62 岁及以后的退休金计发公式为：服役年限×2.5%×退休前工资最高的 36 个月的平均工资。

（4）混合退休计划。这是 2018 年 1 月 1 日当天或之后入伍的军队人员唯一适用的退休金计划。2017 年 12 月 31 日当天或之前入伍的军队人员如果符合以下两个条件之一也可以选择这个退休计划：截至 2017 年 12 月 31 日，服现役且服役时间少于 12 年，在可选期间选择转入混合退休计划；截至 2017 年 12 月 31 日，服预备役且退休点数（根据服役时间长短而定，影响预备役人员领取养老金的资格和多少）少于 4320，在可选期间选择转入混合退休计划。

混合退休计划是规定受益和规定缴费两种模式的混合。规定缴费部分规定：所有参保人员在进入部队服役后 60 天内，将获得相当于基本工资或非现役薪金 1% 的政府缴费，存入税收优惠退休账户。此外，参保人员能够从服务第二年起至服务第 26 年止，从政府获得高达 4% 的额外对等缴费。规定受益部分规定：符合其他退休计划要求的服役年限的参保人员，同时获得规定受益模式退休金，等于服役年限×2.0%×退休前工资最高的36个月的平均工资。

（5）伤残退休金。经医学鉴定不适合继续服役，国防部伤残评定伤残率至少为30%的伤残退役军人可以办理伤残退休，不受服役年限的限制。伤残退休金的数额等于退休金基数×乘数百分比。其中：1980年9月8日前入伍的伤残军人的退休金基数为退休前工资；1986年7月31日至2018年1月1日入伍的伤残军人的退休金基数为退休前工资最高的36个月的平均工资；2018年1月1日当天或之后入伍的伤残军人的退休金基数则采用混合退休计划模式。乘数百分比可以是由军事部门决定的伤残比例，也可以是认可服务年限×2.5%（在伤残前参加了遗产退休计划）或2.0%（在伤残前参加了混合退休制度）。但无论是哪种计算方法，乘数百分比都不能超过75%。

2. 退役金

已服役满6年但不足20年，非自愿退役或者被拒绝继续志愿服务的现役及后备役军人，不符合退休条件，但可以获得一笔一次性支付的退役金。要获得非自愿退役金资格，服役人员应为非自愿退役，退役性质必须为“荣誉”或“一般”，并且必须同意在退出现役或现职务后继续提供不少于3年的预备役服务。领取非自愿退役金并随后有资格领取退休工资、保留工资或伤残赔偿金的军人，将相应扣减其退休工资、保留工资或伤残赔偿金，直到扣减的总金额等于他领取的非自愿退役金的总金额。以唯一生存者身份退役（自愿或非自愿）的退役军人有资格获得完全非自愿退役金，并免除其完成初始服役义务（累计服役6年以上，并在预备役部队服役）的要求。

非自愿退役金分全额退役金和半额退役金，全额退役金等于服役年限乘以服役人员在退役或结束服务时有权获得的每月基本工资的12倍的10%，半额退役金为全额退役金的50%。两者的区别在于：领取全额退役金者应为非自愿地被相关军事服务单位要求退役，或者是因为被拒绝延长服役年限，或者是因为被拒绝继续服现役或履行现职务。领取半额退役金者非自愿退役的原因或者是因为参加的是有关军种部长确定的半酬服务特定计划，或者是由于被视为不具备继续服现役职务的完全资格。一些被认为“不完全合格”的情况包括但不限于体重控制失败、家庭护理计划缺陷、安全许可问题、不构成伤残的精神或身体状况以及酗酒或药物滥用康复失败。

二、美国退役军人伤残抚恤金

（一）普通伤残抚恤金

在服役期间因受伤或患病致残的退役军人可享受伤残抚恤金。伤残必须是与服役相关的，即符合以下五种情形之一：（1）由于服役期间发生的事情导致现在的伤亡；（2）伤残虽然在服役之前就存在，但是在服役期间进一步恶化了；（3）伤残在服役期间虽然没有显现出来，但根据法规或规章推定伤残已经存在；（4）由于服役期间主要的医疗条件导致的伤亡；（5）由于退役军人事务部卫生保健、训练以及康复服务或者治疗方案导致的伤亡。① 伤残抚恤金按月支付，其额度取决于退役军人伤残等级和被退役军人抚养的人数。下表以伤残程度30%~60%、有子女伤残退役军人为例说明美国伤残抚恤金的标准。

表 1-1　美国伤残程度 30%~60%、有子女伤残退役军人伤残抚恤金标准

（单位：美元/月）②

抚养人情况	30%	40%	50%	60%
只有一个孩子	476. 35	681. 77	963. 04	1216. 39
有配偶和孩子	532. 35	756. 77	1056. 04	1328. 39
有配偶、父母单亲和孩子	574. 35	812. 77	1126. 04	1412. 39
有配偶、父母双亲和孩子	616. 35	868. 77	1196. 04	1496. 39
有父母单亲和孩子	518. 35	737. 77	1033. 04	1300. 39
有父母双亲和孩子	560. 35	793. 77	1103. 04	1384. 39
每位年龄不满 18 岁的孩子增加	26. 00	34. 00	43. 00	52. 00
每位年龄超过 18 岁的在读孩子增加	84. 00	112. 00	140. 00	168. 00
配偶需救济和照料增加	48. 00	64. 00	81. 00	96. 00

（二）特殊伤残抚恤金

在美国，退役军人养老金由国防部发放，而伤残抚恤金则由退役军人事务部提供。对伤残退役军人来说，他们如果领取了伤残抚恤金，就要相应地

---

① 罗保华. 美国退役军人权益保障制度研究［M］. 北京：法律出版社，2018：99.

② GUINA R. 2021 VA Disability Compensation Rates-Updated Veterans Compensation Benefits Rate Tables［EB/OL］. https://the-military-guide. com/va-disability-compensation-rates/#VA_Disability_Compensation_Rates_-_10_-_20_No_Dependents.

减发养老金。为了弥补伤残退役军人的损失，美国国防部设立了退休和伤残抚恤金并行支付项目来对冲掉退役军人因领取伤残抚恤金对养老金的不利影响。这个项目通过10年的时间，逐步抵消因领取伤残抚恤金带来的养老金损失。有资格领取退休和伤残抚恤金的人为从现役退休的军人或者年满60岁的预备役成员，他们同时被退役军人事务部评定为因服役导致50%及以上伤残。按军事伤残退休的人要求服役20年以上才可以领取退休和伤残抚恤金。现在有超过27500名退休者正在领取退休和伤残抚恤金，每月支付超过2.41亿美元。退休和伤残抚恤金不需要退役军人个人申请，国防部财会处会自动决定谁具备领取退休和伤残抚恤金的资格，对财会处决定不服的退役军人可以向军事部门或者财会处提出质疑。退休和伤残抚恤金为应税收入，领取退休与伤残抚恤金支付项目的退役军人应该按规定纳税。

特殊抚恤金与退休和伤残抚恤金支付项目相似，也是为了弥补退休伤残军人因领取退役军人事务部的伤残抚恤金而抵销的退休金。与退休和伤残抚恤金并行支付项目不同的是：第一，特殊抚恤金的对象限于领取退役军人事务部因战伤残抚恤金的军事退休人员，不包括预备役人员；第二，特殊抚恤金没有过渡期，从获准领取特殊抚恤金起领取的就是被抵销的退休金的全额；第三，退役军人领取特殊抚恤金要主动提出申请，退休和伤残抚恤金并行支付项目则是由国防部财会处自动认定的；第四，特殊抚恤金为免税项目，即受益者不用为特殊抚恤金纳税，而退休和伤残抚恤金并行支付项目则是应税项目。同时符合这两个项目条件的退役军人只能选择其中之一，不能同时享受。目前，超过5万名退役军人正在领取特殊抚恤金，每月支付金额超过5900万美元。

三、美国退役军人被抚养人和遗属福利

（一）死亡抚恤金

军事部门向在服现役期间（包括退役后120天之内）因服役相关的伤害或疾病死亡的军人的直系亲属支付12万美元的死亡抚恤金。如果亡者无在世的配偶或子女，则其父母或兄弟姐妹可作为第二顺位的死亡抚恤金领取人。

（二）遗属抚恤金

退役军人的遗属要获得遗属抚恤金，退役军人的死亡应符合以下条件之

一：（1）在服役期间患病或受伤而死亡；（2）在训练期间因公负伤、心脏病发作、心脏骤停或中风而死亡；（3）服役相关的残疾导致的死亡。

1993 年 1 月 1 日之后死亡的退役军人的配偶，如符合领取遗属抚恤金的资格，则除了能够获得基础抚恤金外，还有可能获得额外补助，条件是他们有被抚养子女，或者他们因病需要他人照料。因病需要他人照料分两种情形：一是受身体条件限制只能居住在家中而不能外出，二是居住在照料之家。前者领取居家福利，后者领取协助和看护福利。

四、美国退役军人救助年金

（一）退役军人救助年金

低收入的退役军人如果永久性完全残疾，或者是年满 65 周岁，而且服役 90 天以上，其中至少一天在战争时期，则可以申请退役军人救助年金。因战伤残而退役的退役军人不受服役 90 天条件的限制。退役军人不能是非荣誉退役，也不能是因个人主观过失导致的伤残。

在美国，国会设定了一个退役军人应该达到的收入水平，国会设定的限额被称之为最高年金。最高年金根据退役军人的家庭负担及个人情况而定。2021 年无抚养人的退役军人最高年金标准如表 1-2 所示。年金支付的目的就是提高生活困难的退役军人的收入水平，使其总收入，包括退休金和社会保障收入，达到国会设定的水平，个人自付的医疗支出则不包含在收入之内。符合条件的退役军人实际领取的年金额等于退役军人的可计算收入与最高年金之间的差额。

表 1-2　2021 年美国无抚养人的退役军人最高年金标准①

个人情况	最高年金（美元）
既不符合居家福利条件，也不符合协助和看护福利条件	13931
符合居家福利条件	17024
符合协助和看护福利条件	23238

① U. S. Department of Veterans Affairs. 2021 VA Pension Rates for Veterans [EB/OL]. https://www.va.gov/pension/veterans-pension-rates/.

（二）遗属救助年金

战争时期死亡的退役军人的遗属，如果符合低收入的标准，则可以领取遗属救助年金。与退役军人救助年金的要求一样，死亡的退役军人必须不是非荣誉退役，至少有90天的军队服役时间，其中至少有一天在战争时期，因战伤残而退役的退役军人不受上述限制。符合条件的遗属可以是死亡退役军人的配偶，也可以是其子女。配偶要求没有再婚，子女要求年龄未满18周岁，如果正在读书则要求未满23周岁，或者是在18周岁前永久残疾丧失自我照料能力。

遗属救助年金的计发办法同退役军人救助年金的计发办法是一样的。首先要根据死亡退役军人的配偶有无被抚养子女、本人是否需要照料等情况决定其最高年金，其次计算其净收入（包含社会保障收入等，但要扣除个人自付的医疗费用），最后用最高年金减去其净收入，就是由退役军人事务部支付的遗属救助年金，但要平均到每月来支付。遗属救助年金最高标准见表1-3。

表1-3　美国遗属救助年金最高标准①

受益人情况	最高年金（美元）
遗属无被抚养的子女	7933
遗属有被抚养的子女	10385
永久性不能外出，无被抚养的子女	9696
永久性不能外出，有被抚养的子女	12144
需要定期地协助和看护，无被抚养的子女	12681
需要定期地协助和看护，有被抚养的子女	15587
每增加一名需要抚养的子女	2020
每位遗属子女的年金	2020

五、美国退役军人保险

（一）社会保险

美国现役军人和其他有工资收入的劳动者一样参加美国的老年、遗属和

① U. S. Department of Veterans Affairs. Federal Benefits for Veterans, Dependents & Survivors (2011 Edition) [A]. 2011: 106.

残障社会保险，以其薪金收入为基数缴纳养老保险费，达到法定退休年龄退休或者残疾可领取相应的年金，亡故其遗属可领取遗属抚恤金。65 岁以上退役军人，失明或其他伤残的退役军人，如果他们只有很少收入或没收入的话，可以有资格获得每月的补充保险收入。各州也会在联邦保险的基础上向符合条件的退役军人提供补充保障。①

（二）人寿保险

美国退役军人事务部的地区办公室和保险中心负责管理退役军人和现役军人的人寿保险计划。该中心直接管理着 6 个保险计划：美国政府人寿保险计划、现役军人团体人寿保险计划、退役军人团体人寿保险计划、退役军人特殊人寿保险计划、服役致残退役军人保险计划、退役军人抵押人寿保险计划。该中心同时还监管着服役人员团体人寿保险和退役军人团体人寿保险计划。②

现役军人团体人寿保险是上述 8 个计划中规模最大的一个，它由美国保诚保险公司根据与退役军人事务部的合同管理。根据规定，现役军人团体人寿保险的保费由部队从服役人员的工资中扣除，并转交给退役军人事务部。退役军人事务部将这些资金存入美国财政部的现役军人团体人寿保险周转基金，并按月将处理和支付索赔所需的款项转移给保诚保险公司。不需要支付的资金由退役军人事务部和保诚保险公司保留在储备金中。

退役军人团体人寿保险则是现役军人团体人寿保险的延续。现役军人退役后，可以在 120 天内选择将原保险转到退役军人团体人寿保险，不必进行体检，继续享受保险所提供的保障。退役军人团体人寿保险提供许多私人人寿保险市场无法提供的福利：保费率仅以年龄为基础，不考虑性别、吸烟史、工作或娱乐活动，所有这些都可以增加私人市场的保费。退役军人团体人寿保险的最高保额和现役军人团体人寿保险相同，都是 40 万美元。

六、美国退役军人医疗保障

美国退役人员医疗保障的显著特点是，退役军人事务部拥有全美范围内最大、最完整的医疗保健系统，它们以免费或低价格向退役军人提供医疗服

① 总政治部联络部．美军退役工作研究［M］．北京：解放军出版社，2010：274.

② 同①：256.

务，这被认为是“美国退役军人获得的最大福利之一”。

（一）退役军人事务部提供的医疗保障

退役军人事务部向所有登记注册的退役军人提供医疗福利一揽子计划，向大多数退役军人提供常规内科和外科服务，主要包括 4 个方面的内容：预防性医疗服务、门诊及住院诊断治疗服务与药物及医疗用品、持久的医疗设备、假肢和矫正设备。退役军人事务部根据需要将退役军人划分到 8 个优先组，以此来平衡退役军人对医疗资源的需求。除此之外，退役军人事务部还提供一些有特殊要求的福利计划，主要是为失明、截瘫、截肢、酒精中毒、吸毒等退役军人提供服务。在退役军人事务部注册时，退役军人需要填写家庭的总收入，退役军人事务部会与国税局以及社保局核实其填报的收入。退役军人事务部按照服务对象的身体条件和对军队的贡献对退役军人进行分组，不同组别的退役军人享受的医疗待遇不同。排在前面组的退役军人可以免费，后面组的则需要自己支付一定的费用。①

目前，退役军人事务部管理和运营着 1700 多个医疗机构，是全美最大的医疗服务系统，包括 171 家医院、135 家疗养院、795 个流动医疗和社区门诊部、6 个独立门诊部、45 家康复治疗中心、207 家退役军人中心（提供咨询服务的非医疗机构）和 92 家综合家庭护理计划中心等。

退役军人事务部的医院已经成为全美地区最大、条件最好，集科研、教学、门诊为一体的综合医院。退役军人在退役军人事务部的福利系统注册后，可以获得退役军人事务部医院提供的一系列服务。退役军人获得服务的条件是必须证明其在军队中至少服役 24 个月，如果退役军人在 24 个月服役期满之前永久伤残，也有资格获得退役军人事务部的医疗服务。退役军人获得医疗服务的资格及程度主要是根据退役军人服役记录、伤残情况和收入情况来确定。

退役军人事务部开设的疗养院主要是面向所有因公致残、有护理需求的退役军人，或是因公致残率达 70% 以上需要护理的退役军人。除此之外，如果疗养院条件允许的话，退役军人事务部还将向其他退役军人提供疗养院护

① 史如松，皮星．美国退役军人医疗系统的特点与启示［J］．中国卫生质量管理，2016（2）：117.

理服务，但优先向与服役相关的伤残退役军人提供疗养院护理。此外，退役军人事务部医院与社区疗养院保持着稳定的联系，退役军人事务部也通过这些社区疗养院向需要长期护理但又不想离开自己所处社区和家庭的退役军人提供护理服务。与服役相关伤残的退役军人和低收入退役军人可以享受免费的医疗服务。

社区门诊部系统提供基本护理服务，使得退役军人能在居住地更便利地获得基本护理。基本护理包括在生理上和病理上必须要进行的、又不需要特殊护理或住院的治疗。护理目标是促进健康、预防疾病，处理急性或慢性疾病并进行用药管理咨询。除了基本护理之外，社区门诊部还提供精神医疗服务。每个社区门诊部都配有至少一名心理咨询师，大多都是心理学家。

退役军人中心是一个咨询机构，主要向符合资格的退役军人提供多种形式的咨询、扩展服务，以帮助退役军人向平民生活过渡时能制订一个有效的调整计划。所有注册的退役军人家庭成员都同时有资格获得退役军人中心的服务。

1990 年，美国国会通过了《1991 年退役军人之家法案》，在华盛顿的陆军与空军之家、密西西比的海军之家的基础上，建立了独立的退役军人之家。加入退役军人之家的退役军人应满足以下条件之一：年满 60 岁，服现役 20 年以上；因服役伤残无法独立生活；因非服现役导致伤残无法独立生活，但有参战经历；于 1948 年前服役的女性退役军人。申请者必须无毒品/酒精嗜好、无精神障碍、无犯罪记录。申请人在提交申请时必须能够生活自理，加入退役军人之家后可以获得生活上的协助和长期护理。退役军人申请加入退役军人之家需要承担一定的费用：能够生活自理的，费用为总收入的 35%，但每个月不超过 1035 美元；需生活护理的，费用为总收入的 40%，但每个月不超过 1553 美元；需长期护理的，费用为总收入的 60%，但每个月不超过 2588 美元。

（二）国防部提供的医疗保障

国防部主要是通过其自身拥有的 51 家医院、381 家诊所、247 家牙科诊所和遍布在全世界范围内的 530 家陆军、海军、空军军队医疗机构向退休军人和某些符合资格的退役军人提供医疗服务。海军、陆军、空军的每个医疗机构都设有普通外科医生直接提供医疗服务和咨询。国防部下属的医疗机构既为现役军人服务，也为退役军人服务。退休军人及其家庭成员自愿选择加入军队医疗保险计划，每年交纳一定的医疗保险费，到国防部指定的医疗机构就医时可以享受门诊费用报销 15%～25% 的福利待遇。另外，国防部下属医疗机构还向退役军人提供创伤后压力障碍和创伤性脑损伤服务、过渡精神健康辅导与支持服务。

根据美国 2017 财年和 2019 财年《国防授权法案》，美军从 2018 年开始对军队卫生系统进行“美军卫生系统有史以来最全面彻底的一次改革”。作为改革的一部分，美军 2017 年 10 月开发了新型电子健康档案系统，它不仅包括平时保障对象在军队医疗机构的医疗信息，还包括战时伤员从受伤地点到军队医疗机构所有救治阶段的医疗信息。它整合了军队卫生系统和退役军人事务部的医疗信息系统，为现役军人、退役军人及其家属提供统一的健康档案，实现不同医疗机构之间的医疗数据无缝共享，减轻患者负担，避免重复检查，从而提高医疗保障效率和水平。[①]

（三）各州提供的医疗保障

除了联邦之外，美国各州也会为本州退役军人提供各种医疗服务，主要包括州退役军人疗养院、伤残退役军人收容所以及州退役军人之家。其中，伤残退役军人收容所主要向身体、精神或心理上刚刚从创伤中恢复，只需要最小限度医疗服务的退役军人提供短期康复和长期医疗护理服务，许多伤残退役军人收容所的病人在经过一段时间的治疗后又能重返社区。伤残退役军人收容所也向无家可归的退役军人提供康复服务。此外，退役军人事务部向每年全部家庭收入不超过退役军人事务部抚恤金最高年费率的退役军人，或是由退役军人事务部认可的没有充分供养财产的退役军人，提供伤残退役军人收容所医疗服务。目前，退役军人事务部主要是通过向州属伤残军人机构拨款的方式，为伤残退役军人和无家可归退役军人提供必要的服务。

七、美国退役军人住房贷款担保

美国退役军人事务部向符合资格的退役军人提供住房贷款担保，帮助退役军人向私人贷款人（如贷款公司、银行）贷款购买住房。通过退役军人事

---

① 李丽娟，楼铁柱，王磊．美军卫生系统改革进展［J］．军事医学，2020（8）：574.

务部住房贷款担保购买住房还有以下好处：零首付；较低的贷款利率；当贷款人还款出现问题时，退役军人事务部会协助解决以免房屋被贷款人没收。

（一）资格条件

退役军人要获得住房贷款担保首先必须是荣誉退役；其次必须在规定的时期有足够的服役时间。为了保证贷款安全，退役军人事务部也会对申请人的信用情况进行评估，要求申请人必须有良好的信用等级、足够的收入、有效的资格证明和居住协议，另外申请人每月的收入债务比也是一个重要的考量因素。

（二）担保金额

退役军人事务部住房贷款担保额在贷款本金的25%和最高担保额度之间，最高担保额度因贷款额度和不动产的地理位置而不同。符合条件的借款人如希望获得退役军人事务部贷款担保来买房，借款最高可达房屋价值的95%。所有符合条件的借款人都可以使用退役军人事务部担保降息再融资贷款对现有贷款进行再融资，以降低利率和付款额度。

（三）利息费用

除了那些向伤残退役军人和因服役而死亡的退役军人遗属提供贷款外，其他退役军人贷款都要按约定偿付贷款利息费用。表1-4为不同贷款种类下的利率标准。

表1-4　美国不同贷款种类的利率标准①

贷款种类	现役和退役军人	预备役和国民警卫队员
用于购买或建造房屋的贷款（定金少于5%）、再贷款和装修费用	2.15%	2.4%
用于购买或建造房屋的贷款（定金5%或以上，至10%）	1.5%	1.75%
用于购买或建造房屋的贷款（定金10%及以上）	1.25%	1.5%

① U. S. Department of Veterans Affairs. Federal Benefits for Veterans, Dependents & Survivors (2011 Edition) [A]. 2011: 58.

续表

贷款种类	现役和退役军人	预备役和国民警卫队员
建造房屋贷款	1%	1%
利率降低贷款	0.5%	0.5%
退役军人事务部担保可转让贷款	0.5%	0.5%
第二次或后来在没有定金的条件下适用贷款担保	3.3%	3.3%

第四节　美国退役军人社会工作与法律救济

一、美国退役军人社会工作

在美国，社会工作有着悠久的服务退役军人的历史。早在第一次世界大战期间，为帮助精神病专家治疗患有心理疾病的退役军人，美国开设了一个社会工作者培训项目，这也是美国社会工作发展史上最早的正式培训项目之一。① 1930 年，美国退役军人事务部雇用的医院社会工作者有 97 人；到 1989 年，有超过 3000 名社会工作者在 175 家退役军人事务部所属医院为退役军人提供心理和精神健康服务。② 时至今日，美国退役军人事务部已经成为全美雇用硕士层次社会工作者最多的雇主。③

（一）美国退役军人社会工作的服务领域

美国社会工作者为退役军人及其家属提供各种服务，包括资源链接、危机干预、倡导、福利援助，以及针对抑郁症、创伤后应激障碍、吸毒和酗酒等心理健康治疗。退役军人协会的社会工作者还通过入院、评估、治疗和后

① BLOESER K J, BAUSMAN M. A Scoping Review of Contemporary Social Work Practice With Veterans [J]. Research on Social Work Practice, 2020, 30 (1): 40-53.

② MANSKE J E. Veteran Services. In T. Mizrahi & L. E. Davis (Eds. - in-Chief), Encyclopedia of social work [M]. 20th ed. Washington, DC, and New York: NASW Press and Oxford University Press, 2008: 255-257.

③ FRANKLIN E. The Emerging Needs of Veterans: A Call to Action for the Social Work Profession [J]. Health & Social Work, 2009, 34: 163-167.

续过程确保护理的连续性，为退役军人及其家属提供评估、危机干预、高危筛查、出院规划、病例管理、宣传和教育等服务。下面介绍几个重点项目。

成人日间保健计划。该计划是退役军人可以在白天参加的一项计划，用于社交活动、同伴支持、陪伴和娱乐。该计划适用于在日常生活方面需要帮助的退役军人，包括帮助洗澡、穿衣或安排膳食。成人日间保健计划可与其他家庭和社区服务结合使用。该计划也提供健康护理服务，例如护士、治疗师、社会工作者和其他人的护理。成人日间保健计划可以为家庭需要护理的人员提供临时护理，还可以帮助退役军人及其护理人员获得在家护理服务对象的技能。该计划可以由退役军人事务部的医疗中心、州退役军人之家或社区组织提供。

看护者支持计划。社会工作者在照顾家庭和社区的退役军人方面发挥着重要作用。看护者支持计划设有热线，退役军人家庭照料者可以拨打这个热点分享他们的照料经历；每个退役军人服务机构每年都要组织照顾者和家庭资源博览会，目的是将护理人员和家庭与当地可用的服务和支持联系起来；举办年度照顾者峰会，将美国退役军人事务部、当地非营利组织和社区机构聚集在一起，以协作服务、信息共享和建立网络。

社区生活中心。社区生活中心是美国退役军人事务部疗养院，全美有100多个社区生活中心。与过去的疗养院不同，社区生活中心尽可能地类似于“家”。退役军人可以按照自己的风格装饰他们的房间，也可以带宠物住在社区生活中心。在这里，退役军人可以获得疗养院级别的护理，包括日常生活活动（例如洗澡和穿衣）的帮助以及熟练的医疗护理。社区生活中心的使命是让每个退役军人恢复到他的最高幸福水平。

社区疗养院。社区疗养院是退役军人可以全天生活并在任何时间都能接受熟练护理的地方。退役军人事务部与社区疗养院签订合同以照顾退役军人。许多社区都提供社区疗养院计划，因此退役军人可以在他们的家和家人附近获得护理。

老年研究、教育和临床中心。老年研究、教育和临床中心是退役军人健康管理局专注于老龄化的卓越中心，旨在改善老年退役军人的健康和保健。该中心在全国有20个医疗机构，每个机构都与一所主要的研究型大学相连。它有三个主要任务：通过研究建立老年护理的新知识；通过开发创新的临床护理模式来改善老年退役军人的医疗保健；为医疗保健学科的学生和美国退役军人事务部工作人员提供有关照顾老年人的培训和教育。

无家可归退役军人医疗保健。该项目的重点内容有三个：开展协调外展活动，主动寻找需要帮助的退役军人；将无家可归和有风险的退役军人与住房解决方案、医疗保健、社区就业服务和其他所需的支持联系起来；与联邦、州和地方机构合作，联系雇主、住房提供者和非营利组织，帮助无家可归的退役军人扩大就业，提供负担得起的住房选择。

住房和城市发展—退役军人事务部支持性住房。这是住房和城市发展项目与退役军人事务部支持性住房项目之间的一项合作计划，将住房和发展项目住房券与美国退役军人事务部的支持服务相结合，以帮助无家可归的退役军人及其家人找到永久住房。通过公共住房当局、住房和城市发展项目为有资格获得退役军人事务部医疗保健服务且正在经历无家可归的退役军人提供私有住房的租赁援助券。美国退役军人事务部个案经理可以将这些退役军人与支持服务（例如医疗保健、心理健康治疗和药物使用咨询）联系起来，以帮助他们进行康复过程并提高他们在社区中维持住房的能力。

喘息计划。退役军人护理特别是伤残退役军人护理是一项非常耗费精力的工作。当家庭护理人员需要休息、跑腿或出城几天时，喘息计划会为他们提供替代性服务。喘息计划有两种类型：一种是家庭喘息护理，一种是疗养院喘息护理。在护理人员需要休息或外出时，前者由喘息计划购买服务，安排人进入退役军人家中提供服务；后者则将退役军人临时安置在疗养院内，疗养院暂托服务可能在退役军人事务部社区生活中心或社区疗养院进行，每年最多可提供 30 天的喘息服务。

女性退役军人计划。美国退役军人事务部专注于女性退役军人的需求和文化转型，目标是提供一个没有骚扰的环境。退役军人事务部推出了白丝带项目，这是一项消除性骚扰、性侵犯和家庭暴力的全国性行动，它通过惩处实施性骚扰或性侵犯者来构建没有性骚扰和性侵犯、无须担心报复的文化。

（二）社会工作者服务退役军人的一般程序

社会工作者在服务退役军人时有一套通用的流程，主要包括以下步骤：

1. 评估

第一步通常是让社会工作者与退役军人及其家人见面。社会工作者会询问服务对象的健康、生活状况、家庭和其他支持系统、军队经历以及需要帮助的事情等。然后，社会工作者将撰写一份评估报告，以帮助退役军人和退役军人的医疗保健团队制订治疗计划。

2. 危机干预

在危机情况下，社会工作者可以提供辅导服务来帮助退役军人度过危机。然后，社会工作者将帮助退役军人满足更多的长期需求。社会工作者可以帮助退役军人在社区向美国退役军人事务部申请所需的服务和计划，以满足服务对象的紧急需求。

3. 高危筛查

社会工作者与那些处于高风险中的退役军人进行联系，例如无家可归的人、多次入院的人以及无法再照顾自己的人。

4. 出院计划

当退役军人住进美国退役军人事务部的医院时，社会工作者将帮助退役军人制订出院计划，以便回家或回社区。如果退役军人在家中需要服务，或者退役军人不能独自在家生活，社会工作者可以帮助退役军人安排所需的帮助。美国退役军人事务部的社会工作者负责通过入院、评估、治疗和后续跟进确保护理的连续性。这包括根据患者的临床治疗、社区健康和社会服务资源，协调出院计划和提供病例管理服务。

5. 案例管理

社会工作者通常为那些入院风险很高的退役军人、有非常复杂的医疗问题的退役军人以及需要额外帮助和支持的退役军人提供长期的案例管理服务。在退役军人需要时可以提供和协调可能需要的各种服务，包括咨询或支持服务，或者只是帮助退役军人弄清楚需要以及如何获得帮助。

6. 倡导

有时，退役军人很难为自己发声。社会工作者可以为退役军人代言，当退役军人自己做起来有困难时，社会工作者可以为退役军人提供支持。

7. 教育

社会工作者可以帮助退役军人和其家人了解退役军人的医疗保健状况、可以获得哪些服务和计划、如何过上更健康的生活、如何应对压力和损失，以及如何找到支持团体以及社区中的其他自助计划。社会工作者还向医疗中心和社区的其他工作人员介绍美国退役军人事务部的相关计划和服务，以及退役军人在个人生活中可能遇到的问题如何影响他们的健康等资讯。

8. 心理治疗

临床社会工作者可以提供个人治疗、团体治疗和家庭治疗，以解决服务对象的情绪、行为和心理问题。

美国退役军人事务部社会工作者可以为退役军人提供所有这些类型的服务。

（三）退役军人社会工作的特点

同其他领域的社会工作相比，退役军人社会工作有其独特性：（1）服务内容广泛，从对年轻退役军人的职业定位到老年退役军人的安葬服务都有；（2）服务对象差异性大，现在的退役军人在美国历史上是种族差异性最大的一群；（3）服务对象无家可归的比例高于普通人群；（4）退役军人的问题往往与其家庭和子女的问题交织在一起；（5）退役军人身体残疾和存在睡眠障碍、易怒等心理问题的比例比较高。

二、美国退役军人权利救济

权利救济是指运用某种积极方式恢复或者补救退役军人受损权益。

（一）退役军人救济途径

1. 行政救济

（1）更换军事奖章。退役军人或他们的亲属向原服役的军队提出申请，经国家人事档案中心核实，军队可以更换服现役时授予退役军人的奖章、勋章和奖状。

（2）更换军人记录。退役军人的退役文件一旦丢失，他们可以向国家人事档案中心提出申请，国家人事档案中心核实后会向退役军人提供退役文件复印件。

（3）退役复查。美国各军种都建立有退役复查委员会，复查退役军人被要求退役或开除问题，更正那些不适当的、不合理的退役决定。对退役有异议的退役军人或其亲属应在退役 15 年之内向退役复查委员会提出申请，超过 15 年的由军人记录校正委员会受理。

（4）军人记录校正。美国各军种都设立有军人记录校正委员会，以校正军人记录中的错误或纠正不公正的军人记录。军人记录校正委员会有多个小组，每个小组由 3 名高级文职人员组成。退役军人、配偶、亲属或合法代理人可以在发现军人记录有误之日起 3 年内向军人记录校正委员会提出校正申请和相关证据。军人记录校正委员会可通过法定程序更改退役军人的任何军事档案，更改后的档案为最终评定。

（5）退役军人申请复议。退役军人如果不满意当地退役军人事务部办公室作出的有关退役军人福利资格的决定，可以要求它们复查，也可以对决定提出上诉。退役军人首先要填写申请复查的表格，说明希望获得的福利，注明案件决定中的错误，并且解释不同意的理由。当地退役军人事务部的决定复查办公室负责对申请人的材料进行复查。决定复查办公室可以推翻之前的决定，作出同意退役军人福利的决定。但结果如果是维持原决定，决定复查办公室需向退役军人解释原因。退役军人如果对决定复查办公室的决定仍然不服，可以上诉至退役军人申诉委员会。退役军人申诉委员会的裁定为最终裁定。事实上，大部分退役军人的复议申请在地区办公室层次上就得到了解决，最后由退役军人申诉委员会来处理的不到 30%。如果退役军人不满意退役军人申诉委员会的最后裁定，可以指出在退役军人申诉委员会的决定中有很明显的错误而要求再复查；或者提交新的证据和材料证明，再重新开始一次请求，也可以向美国退役军人上诉法院提交上诉申请。

2. 司法救济

（1）退役军人申请上诉。美国退役军人上诉法院成立于 1988 年。当退役军人对退役军人申诉委员会的裁定结果仍然不服时，可以向退役军人上诉法院申请诉讼，但时间必须在退役军人申诉委员会作出决定之后的 120 天之内。美国退役军人上诉法院仅对退役军人申诉委员会建立的记录进行审理。2004 年至 2006 年，退役军人上诉法院推翻或退还退役军人申诉委员会裁定的案件占到总申请的 50% ~60%。

（2）退役军人申诉。在某些情况下，申请人或退役军人事务部不同意退役军人上诉法院的决定，可以申诉至位于华盛顿的联邦申诉巡回法院，然后向美国最高法院提出申请。联邦申诉巡回法院仅对由退役军人申诉委员会复查过的同一份记录进行复查。事实上，很少会有申诉案件递交到联邦申诉巡回法院，从 2002 年至 2006 年，提交申诉最多的一年也只不过提交了 410 件。

（二）退役军人的救济主体

如果退役军人对军事档案记载内容存在着申诉异议，可以向军队提起申诉；如果对退役军人事务部门的决定或行为不满，可以向退役军人事务部门、法院提起申诉。

1. 军队

军队负责处理退役军人申诉事项的主要机构是复查委员会和军人记录校正委员会。各军种的军人记录校正委员会负责更正或删除所有在军人记录中的错误和不公正的记录，以及超过 15 年申请期的退役军人类型审查。退役复查委员会则主要是对除了被军事法院判决退役或超过 15 年申请期之外的前军人的退役类型进行审查。

2. 联邦机构

当退役军人认为自己退役相关的权利受到侵害时，可以向退役军人事务部、人事部、法院乃至国会提请权利救济。

（1）退役军人事务部。退役军人事务部下设退役军人申诉委员会，它是退役军人事务部最高层的裁定系统，是一个半独立的法庭，直接对退役军人事务部部长负责。它代表退役军人事务部部长复查所有的退役军人福利资格的申请，包括与服役有关的申请、提高伤残等级的申请、个人无就业能力的申请，以及赔偿金、保险福利、教育福利、住房贷款、职业恢复、抚养人保险赔偿，还包括税收身份决定、婚姻身份、抚养人身份以及福利生效日期等申请。①

（2）人事部。联邦人事部门负责监督各联邦部门和机构采取积极行动招募、雇用伤残退役军人。各联邦部门和机构必须制定相应的措施，并上交人事部门存档。退役军人如果遭受就业歧视可以直接向人事部提出申诉，请求权利救助。

（3）退役军人上诉法院。1988 年之前，退役军人申诉委员会为退役军人福利申请的最终裁定机构，退役军人并不能够通过司法系统来获得法律援助。越南战争之后，大量的退役军人福利申请被驳回，越来越多的退役军人和退役军人组织要求增加司法审查程序，以解决退役军人事务部“既当运动员，

---

① 总政治部联络部．美军退役工作研究［M］．北京：解放军出版社，2010：326-327.

又当裁判员”的情况。1988 年，美国国会终于通过了《退役军人法院审查法》，并据此成立了退役军人法院。从此以后，对退役军人申诉委员会裁定不服的退役军人可以雇用律师作为代理人，向退役军人法院提起上诉。1999 年，退役军人法院更名为退役军人上诉法院。

（4）国会退役军人事务委员会。美国众议院和参议院都设有退役军人事务委员会，其立法权限包括退役军人的医疗、教育、就业、退役津贴以及国家公墓管理等方面。通常退役军人组织会代表退役军人在国会举行的退役军人事务听证会上，对有关机构在处理退役军人事务方面存在的问题提出质询。

3. 州机构

（1）州退役军人事务局福利服务部门。各州的退役军人事务管理部门，既是本州退役军人福利的提供者，也是退役军人联邦福利权利的维护者。它们会免费帮助本州退役军人和他们的家属整理汇集材料，申请联邦退役军人事务部的福利，帮助退役军人确认什么证据将更有利于申请被通过，对申请有问题的进行调解。当退役军人对退役军人事务部的决定不服时，帮助退役军人上诉。

（2）州人事委员会。关于退役军人就业优先权的任何指控，都可以通过行政听证会的形式向州人事委员会提出申请。

4. 退役军人组织

美国退役军人组织在退役军人权利维护过程中扮演着重要的角色。它们向退役军人及其家属提供免费的法律援助服务，帮助他们获取退役军人福利。为了帮助退役军人通过退役军人事务部的复审，美国伤残退役军人组织设立了国家申诉办公室，帮助退役军人为申诉准备非正式听证会预演，在条件允许的情况下全程陪同他们参加退役军人申诉委员会的复查听证会。为帮助退役军人及其家属赢得申诉，美国伤残退役军人组织成立了 91 个法院申诉办公室，对有关部门作出的退役军人福利申请裁决进行仔细审查，向美国上诉法院提出申诉。为了更好地帮助退役军人维护法律权益，4 家具有较大影响力的退役军人组织（美国军团、美国伤残退役军人协会、全国退役军人法律服务计划和美国肢瘫退役军人组织）于 1992 年成立了退役军人联合会。这个联合会的主要任务：一是招募和训练为退役军人提供法律援助的律师，二是为无法出席退役军人上诉法院审判的退役军人提供法律援助。在 2006 年，该联合会向 2349 位没有聘请律师的退役军人上诉人提供了免费法律援助，占美国退役军人上诉法院立案的63%。

第五节 美国退役军人管理保障的特点

一、“残补”+“发展”模式特点明显

美国退役军人管理保障具有典型的“残补”性质。美国认为，军人退役后就是普通公民，政府的职责是“帮助需要帮助的退役军人”，这与美国保守主义的社会思潮和“残补”的社会福利体系是一致的。比如，美国没有普遍性的就业安置制度，但对伤残退役军人等就业困难群体有较多的就业支持项目；救助年金制度是美国退役军人社会保障体系重要组成部分，它主要采取“差额补助法”来为贫困退役军人提供经济援助，最高年金根据退役军人是否需要护理、是否有被抚养人而定。美国退役军人管理保障又具有典型的“发展”性质。美国《退役军人权利法案》通过向退役军人提供学费等款项资助退役军人完成大学学业，被认为是退役军人最好的福利。《1944年军人权利法案》颁布前的1943年，美国适龄人口中大学生的比例只有17.55%。该法案颁布后的1945年，这一比例达到17.55%，1946年达到28.2%。[①] 至1956年该法案结束时，大约有780万退役军人接受了教育培训。该法案实行后的第11年，美国当时增添了45万名训练有素的工程师、24万名会计师、23.8万名教师、9.1万名科学家、6.7万名临床医生、2.2万名牙医，以及其他领域的100多万名受过大学教育的人。他们从需要安置的潜在失业者转变为高素质的社会财富的创造者，教育资助制度发挥了关键作用。

二、多政府部门分工协作，非政府组织发挥重要作用

美国虽然成立了独立的退役军人事务部，但实际上很多其他联邦政府部门都根据其职责分工而在退役军人管理保障方面发挥着重要作用。除退役军人事务部外，国防部、劳工部、人事管理局、社会保障署负责发放退役军人的退休金，小企业管理局等也都负责一部分退役军人管理保障工作，而且职

① http://www.nationalreview.com/comment/wood200405060831.asp.

责规定非常明确。美国退役军人就业委员会负责协调24个联邦政府机构，直接向总统报告工作。涉及退役军人的相当一部分工作，比如就业创业工作，劳工部和小企业管理局掌握着更多的资源，在扶持就业方面比退役军人事务部更加专业，所以，将相关职责赋予它们对退役军人更有利。

除了政府部门外，美国大大小小十几个退役军人非政府组织也发挥着重要的作用。这些非政府组织有着明确的宗旨，既通过游说国会为退役军人争取更多权益，又提供一些直接服务。因为退役军人非政府组织之间存在竞争关系，它们要生存和发展就必须获得退役军人认可，必须给退役军人带来实实在在的利益。另外，退役军人非政府组织在退役军人相关立法方面的意见往往也不一致。比如，在《1944年军人权利法案》讨论过程中，有退役军人协会因担心普惠制的教育福利会占用伤残退役军人的福利资源而表示反对。所以，美国各类退役军人法案通常是各方利益协调的结果。

三、医疗机构独立且发达，社会工作者扮演重要角色

美国退役军人管理保障体系一个很独特的特点是拥有自己独立而庞大的医疗保健系统。与服役相关的伤残退役军人和低收入退役军人都可以享受免费的医疗服务，其他退役军人也可以得到程度不等的优惠，而且医疗服务的质量是很高的。这里有三个方面的因素：首先，美国常年战争，伤病员很多，为了救治这些伤病员，需要一个独立的医疗保健系统；其次，美国没有全民医疗保险制度，普通民众在美国看病的成本非常高，如果让这些退役军人完全自费看病的话，他们当中很多人会看不起病；最后，美国的兵役制度是募兵制，如果退役军人，特别是因战负伤的退役军人不能得到较好的医治的话，将严重影响青年人参军的积极性。

美国退役军人医疗保健系统不仅仅负责为退役军人治病，更是退役军人的健康维护系统，包括身体健康和心理健康。在这方面，社会工作者发挥着重要的作用。在美国，不管是医院，还是疗养院，都有专门的社会工作岗位设置。这些社会工作者属于政府雇员，他们参与为退役军人提供服务的团队，既发挥着退役军人和医疗保健机构之间沟通协调的作用，同时也负责退役军人的心理辅导和资源链接等方面的工作。大量社会工作者的存在，既保证了服务工作的精细化，也保障了服务工作的专业化。

四、法律规范健全，权利救济渠道顺畅

美国退役军人管理保障制度有着健全的法律规范体系。从《1944 年军人权利法案》开始，美国针对不同时期退役军人的需求制定了 10 多个退役军人法案，目前仍在施行的有 4 个。另外，美国有关退役军人就业优先制度、社会保障制度等也都有明确的法律规定。而且，这些法律规定大多列入了《美国法典》，保证了立法的权威性。另外，美国也会根据形势的需要及时修订相关法律，这一点从不同时期出台的军人权利法案可以清楚地看到。

美国有着相对完善的退役军人权利救济机制。一方面，美国针对退役军人权利诉求的不同情形，如对退役决定不服、对退役待遇不满或者是档案缺失等，规定了不同的权利救济渠道；另一方面，明确规定了退役军人权利救济的不同层级，每个层级的职责非常清楚。另外，美国在 1988 年后还加入了退役军人权益救济的司法渠道，有利于保证权益维护的公正性和权威性。

美国退役军人管理保障制度虽然富有特色，但同时也面临着很多挑战。随着高等教育的普及，军人权利法案所提供的教育福利的价值在衰减。特别是很多贫困的青年人为了教育福利而参军，这既改变了军队人员构成，限制了已经具有大学学历的高素质青年人参军，又强化了青年人参军的功利目的，不利于部队战斗力的养成。随着科技进步和战争形式的改变，越来越多的伤残退役军人活着回到了美国，他们的就业、康复、社会融入等都给美国社会带来了很大的压力。“海湾综合征”“阿富汗综合征”等蔓延，战争给退役军人带来的心理问题可能需要终生去面对，不少退役军人因此成为流浪汉。美国虽然有着发达的退役军人医疗保健系统，但为了维持这套系统也背上了巨大的财政负担。

第二章

俄罗斯退役军人管理保障

第一节 俄罗斯退役军人管理保障概况

一、俄罗斯退役军人的基本情况

退役军人的管理保障工作涉及每位军人的切身利益，对军队的战斗力、国家军事力量的建设以及社会的发展具有重要意义，是一个世界范围内的普遍问题。俄罗斯目前有陆军、海军、空军、空降军、战略火箭军5个兵种，有102.7万军人，每年约有4万名退役军官。俄罗斯非常重视退役军官的管理保障问题。俄罗斯从本国的实际出发，保证退役军官有丰厚的经济收入，不断完善退役待遇和完备就业扶持措施，建立军队、政府与社会多方配合的培训制度，并对退役军人进行适当的职业培训。

二、俄罗斯退役军人管理保障历史沿革

苏联时期实行的是高度集中的计划经济体制，退役军人的管理保障工作由国家负责，第二次世界大战的老兵问题得到解决，退役军人不但拥有较高的社会地位，而且享受优越的待遇。苏联解体后，军人的社会地位大幅度下降，退役军人生活缺乏保障。随着市场化建设的推行，一方面，企业的自主权扩大，企业拥有较多的生产经营权、管理权、人事任免权等权利；另一方面，在新的经济体制下，许多企业管理不善，处于停产或半停产状态。这样导致大部分企业对接收退役军人持消极态度，社会的失业人员增加，退役军人生活困难。此外，国家的法制建设尚不健全，一些地方和单位利用法律漏洞，无视政府的安置政策，导致国家的政策难以推行。数万名第二次世界大战的伤残老兵和退役军人被迫走上街头，举行示威游行集会，要求联邦政府解决好他们的待遇和社会地位问题，直接影响了俄罗斯政局的稳定。

苏联解体之初，俄罗斯从德国、捷克斯洛伐克、波兰、匈牙利等国撤回的军事人员高达73万人。1992年到1999年，俄军裁员162万人。由于国家

经济形势恶化，军费投入不足，裁减下来的大量人员没有得到妥善安置。[①] 俄罗斯联邦政府为了解决军人退役问题，加紧完善军人、退役军人及其家属的社会保障制度。20 世纪 90 年代，俄罗斯联邦政府出台了一系列法律，并设立相应的管理机构。[②] 1993 年 2 月 12 日联邦议会通过的联邦法律第 4468-1 号《俄罗斯联邦关于军人、内务部人员、麻醉品管制局人员、消防局人员的国家退休供养》、1994 年 12 月 16 日联邦议会通过的联邦法律第 5-FZ 号《俄罗斯联邦退役军人法》，主要解决伤残老兵和退役军人在待遇、安置及社会地位等方面的问题。1994 年成立国家老战士事务局，分联邦级、州（省级）两级。1998 年 3 月 6 日联邦议会通过联邦法律第 76-FZ 号《俄罗斯联邦军人地位法》，解决伤残老兵和退役军人在待遇、安置及社会地位等方面的问题。这一时期出台和修订的法律法规为退役军人的安置提供了坚实的法律保障，规定了伤残老兵和退役军人的安置工作、待遇保障和社会地位；明确了各部门的地位和职责，使各项措施落实都有法可依，对退役军人管理保障问题的解决起到了非常重要的作用。

2009 年至今俄罗斯联邦推行“新面貌”改革计划，改革分为 3 个阶段。第一阶段是体制改革阶段（2009—2011 年），其主要内容涉及优化军队构成、优化指挥体制和教育培训体制。第二阶段是解决社会问题的阶段（2012—2015 年），主要内容是提高军人薪酬、保障住房和进行职业化培训，提升军人作战技能和军事训练水平。第三阶段是 2016 年以来的更新装备阶段，军队在新的体制下加快装备建设发展占有重要地位。在“新面貌”改革计划的推行下，军队裁减 20 万人，其中将军数量从 1107 名减至 866 名，上校从 1.5 万人减至 3114 人，中校从 1.93 万人减至 7500 人，少校从近 10 万人减至 3 万人，大尉从 9 万人减至 4 万人，准尉军衔则从俄罗斯军队中彻底消失。[③] 军队改革与裁军工作不断推进，提高了对退役军人的管理保障工作的要求。国防部强调要采取“按步骤、分阶段”的方式落实军队改革措施。对军官不作一次性大规模的裁减，而是按照“空缺岗位、达到最高服役年限退休、服役期满退

① 王宝付．俄罗斯军队 20 多年艰难改革初见成效［EB/OL］．http://www.81.cn/wjsm/2015-11/27/content_6787115.htm.

② 朱少军．中外退役军人安置工作的历史、现状及思考［J］．军事历史，2011（4）：43-47.

③ 同①.

休、调换工作岗位、军官转文职人员、本人意愿以及部队需要”等原则，减少军官名额，避免引起军心不稳及其他社会问题。① 迄今为止，俄罗斯退役军人管理保障的退役安置、住房等问题十分突出，俄罗斯也在不断完善退役军人管理制度，以期更好地解决退役军人问题。

第二节　俄罗斯退役军人管理体制、机构及职责

一、俄罗斯退役军人管理保障的特点

从退役军人管理体制上看，俄罗斯在退役军人管理保障上采取了一种将市场与计划有机结合的、又称“双轨制”的管理体制。这种体制兼顾社会公平和社会效率，既注重市场在退役军人管理中的作用，又没有完全放弃政府在保障退役军人方面的责任，能够灵活运用政府掌握的资源，为有特殊需要的退役军人提供帮助。虽然俄罗斯实行的是市场经济体制，但政府在社会生活中处于主导地位，不仅控制一定数量的社会资源，而且有能力运用这些资源调节社会分配。

俄罗斯重视退役军人管理保障的相关法律体系建设，法规体系较完备。俄罗斯强调以法治军，军官退役制度的法制化程度较高。军官退役的各项工作大都按法律法规、条令条例、规章制度办事，做到了法律健全，有法可依，执法必严。在立法层面，俄罗斯建立了多门类、多层次的退役军官法律法规，力求各项规定详细具体，覆盖退役制度建设的各个方面。如联邦法律第76-FZ号《俄罗斯联邦军人地位法》《武装力量及其他强力部门退役人员及其家庭成员退休保障法》《军人进行民用专业就业培训拨款办法》《退役伤残军人社会保障条例》《退役军人社会保障法》等。这些法律文件对促进退役军人就业和保障退役军人权益发挥了重要作用。在执法层面，军官到达退役年龄立即下达退休命令；违反军纪法规者给予纪律处分；违背合同的给予经济制裁；触犯刑律的要受到法律追究，一切工作都严格按照法规制度办事。这些法律法规随着军队建设、军官退役工作的发展，还在不断修改完善，以适应新的时代需要。

---

① 王培志．外国军人退役制度改革近况［J］．中国人才，2014（8）：35-37.

在执行环节，退役军人相关机构分联邦和地区两级。在联邦一级，负责退役军人安置管理工作的执行机关主要有国防部、教育和科学部、卫生和社会发展部、国家高等教育委员会、国家老战士事务局，以及法律规定有义务的其他权力部门。这些机关主要负责出台本部门的规范性法律文件，确定开展退役军人职业定向工作的办法，以及在下属部门中落实退役军人职业定向、培训、就业和社会适应任务的协作方法，指导所属部门（系统）贯彻政府有关军人退役保障的各项政策。在地区一级，负责退役军人培训与安置工作的机构是地区性培训中心，主要职能是：制定退役军人的培训与就业安置草案；协调本地区内参加退役军人社会适应计划的国家机关和社会团体的工作。在国防部所属训练中心和军事院校的基础上，俄联邦政府组建了 43 个牵头的培训中心，负责与当地劳动就业机构及国家教育机构共同组织对拟退役和已退役军人的培训及就业指导工作。①

二、俄罗斯退役军人管理机构

退役军人的管理机构包括三个部分。第一部分是政策指导机构：直属总统委员会领导的公民社会发展和人权委员会；第二部分是政府协调机构：俄罗斯联邦军人社会问题委员会；第三部分是计划执行机构：在联邦一级包括联邦政府下属的国防部、国家老战士事务局、教育和科学部、国家高等教育委员会、卫生和社会发展部、劳动和社会保障部，在地区一级主要机构为地区性培训中心。由直属总统委员会领导的公民社会发展与人权委员会负责退役军人管理的政策指导，俄罗斯联邦军人社会问题委员会的主要职责是协调联邦权力机关、执行机关以及社会团体在解决军事改革过程中的各种社会问题。俄罗斯联邦政府下属的国防部、老战士事务局、劳动和社会保障部等部门负责出台本部门的规范性法律文件，确定开展退役军人职业定向工作的办法，以及在下属部门中落实退役军人职业定向、培训、就业和社会适应任务的协作方法，指导所属部门（系统）贯彻政府有关军人退役保障的各项政策。必要时，这些部门可联合起草退役军人社会适应纲要，并提交俄联邦政府审议，待批准后分别负责在本部门的贯彻落实。

---

① 中华人民共和国退役军人事务部．走近俄罗斯退役军人管理机构［EB/OL］．http://www.mva.gov.cn/fuwu/xxfw/wgtyjr/201807/t20180720_13982.html.

直属总统委员会领导的公民社会发展与人权委员会，负责对退役军人事务管理工作进行政策指导，包括对退役军人及其家庭成员就业权利情况进行监管，根据退役军人安置部门所反映的情况表明立场，就保障退役军人社会及经济权利等问题，向联邦政府及联邦执行权力机关提出解决和改进的建议。

直属总统委员会领导的俄罗斯联邦军人社会问题委员会，该委员会由副总理任主席，成员包括政府办公厅主任、国防部副部长、卫生和社会发展部副部长、教育和科学部第一副部长、经济发展和贸易部副部长、财政部副部长、文化和大众传媒部副部长、司法部副部长以及其他强力部门的副职领导等，是退役军人政策、经费等重大问题的决策机构。由于该委员会的成员多是执行权力机关的分管领导和相关业务部门主管领导，并由政府副总理担任主席，可实施有效的立法保障及行政协调。其主要职能包括协调联邦执行权力机关、联邦主体执行权力机关以及社会团体解决军事改革过程中的各种社会问题，组织制定有关退役军人及其家属社会保障问题的规范性法律文件，组织起草《退役军人获得民用专业和就业的联邦级社会适应纲要》，审定《联邦执行权力机关提交的公民复训与社会适应大纲》，跟踪调查退役军人及其家属的社会状况，代表联邦政府协调执行权力机关解决退役军人的就业问题，并对联邦执行权力机关和联邦主体执行权力机关执行相关规范性法律文件的情况进行监督。

联邦政府下属的俄罗斯联邦国防部，在退役军人安置工作中发挥主导作用，由国防部副部长负责，下属的干部总局、教育工作总局和文职人员劳资局各司其职，负责制定《拟退役军人及其家庭成员培训方法及条件细则》，根据法律制订落实退役军人社会保障的专项计划，并会同有关部门组织退役军人的专业培训、协调就业和社会保障等，向退役军人提供退役相关政策、劳动力市场需求信息通报和咨询，对需房户提供住房保障，并积极协助联邦政府及联邦主体有关部门对退役军人作出妥善安置，为退役军人预留工作岗位。国防部依据法律拟制军官退役和培训计划，并会同有关部门组织退役军官的专业培训、协调就业和社会保障等问题。国防部教育工作总局具体负责组织实施退役军官安置工作。其职责包括在国家法律框架内拟制年度军官退役和培训计划，协调有关部门共同组织退役军官的专业培训，组织对各级培训机构进行评审和考核，并协调退役军官的就业和社会保障等问题。[①]

联邦政府下属的国家老战士事务局是俄罗斯管理退役军人事务的主要执行机构，主要职责有：制订并执行国家和地方老战士社会保护的专门计划，老战士及其家庭成员规定的权利和优惠政策的落实；从联邦预算、俄罗斯联邦主体预算和地方预算中拨出落实上述计划所必需的资金；依靠大众传媒，有目的地宣传服役和劳动的重要性，提高荣获军功和劳动功绩人员的社会威望。

联邦政府下属的教育和科学部以及国家高等教育委员会负责制定相关政策，与俄军及相关部门合作，通过职业教育机构向退役军人及其家属提供职业教育，根据国防部提供的军人退役信息，指导院校为退役军人接受学历教育预留名额。

联邦政府下属的卫生和社会发展部下属的劳动和就业总局下设退役军人就业局，负责为退役军人及其家属接受职业培训提供经费保障，向获得地方职业技能证书的退役军人及家属提供就业指导。

联邦政府下属的劳动和社会保障部下设计划、培训、住房、福利、事务、老战士等处室。劳动和社会保障部是俄罗斯承担退役军人事务较多、较具体的地方工作部门，下设退役人员社会保障局，编制人员 39 名，其中现役军官 10 名，是军地合署办公架构。各联邦主体也设置相应的工作机构，此外，在国防部和现役军人组织中还建有相应的分支机构，研究解决退役人员安置的重大问题协调以及会同有关部门负责退役人员的就业介绍和社会保障等工作。联邦和州、市设置相应的工作机构，负责就业支持的相关辅助性工作。[②]

在地区一级，负责退役军人培训与安置工作的机构是地区性培训中心。在国防部所属训练中心和军事院校的基础上，联邦政府组建了 43 个牵头的培训中心，负责与当地劳动就业机构及国家教育机构共同组织对拟退役和已退役军人的培训及就业指导工作。中心的主要职能是：制定《退役军人的培训与就业安置草案》；协调本地区内参加退役军人社会适应计划的国家机关和社会团体的工作。

三、俄罗斯退役军人法律体系

俄罗斯退役军人法律体系包括一系列不同效力等级和效力范围的法律文

① 武玮迪．国外退役军人保障制度概览［J］．政工导刊，2017（12）：23-25.
② 冯沁．中外退役军人安置的制度比较与社会差异［D］．上海：上海社会科学院，2019.

件，既有联邦议会制定和通过的法律，也有俄罗斯联邦总统和政府通过的军事行政法规。主要包括3个层级的法律来保障退役军人的权益。其一是从俄罗斯联邦宪法层面给予退役军人最权威的制度保障；其二是通过俄罗斯联邦法律来明确和落实国家各机关和部门、企事业单位和社会团体在提高退役军人地位、保障退役军人合法权益的权责；其三是通过俄罗斯政府决议、国防部及其他政府的部委、主管部门的法令或决定以及地方政府结合实际情况制定的地方性法规，保护退役军人的保障工作具备可执行性，使得法律法规能够因地制宜地应用到各个地区。

首先，要依据国家宪法来制定体现维护、保障退役军人的基本原则。《俄罗斯联邦宪法》① 第7条的第一款与第二款规定：俄罗斯联邦的政策旨在创造条件，确保体面的生活和自由的人类发展。在俄罗斯联邦，人的劳动与健康受到保护，规定有保障的最低限度的劳动报酬，保证国家对家庭、母亲、父亲、儿童、残废人和老年公民的支持，发展社会服务系统规定国家退休金、补助金和社会保护的其他保障措施。第17条的第一、第二、第三款规定：在俄罗斯联邦，根据普遍公认的国际法原则和准则并根据本宪法承认和保障公民的权利和自由。人的基本权利和自由是不可让与的，属于每个人与生俱有的。实现公民的权利和自由不应侵犯他人的权利和自由。② 俄罗斯联邦宪法以国家根本大法的形式对包括军人在内所有俄罗斯人的基本人权提供最权威的保障，为保障退役军人提供了基本的方向，但宪法只是规定了人权保障的基本原则和方针，要真正实现对人权的保障，还必须由国家制定具体的法律法规来保障实施。

其次，在《俄罗斯联邦宪法》的统领下，俄罗斯国家权力机关制定和颁布了第二层次的军人地位法——联邦法律。具体包括：1998年3月6日由联邦议会通过的《俄罗斯联邦军人地位法》、联邦议会于1994年12月16日通过的《俄罗斯联邦退役军人法》等。《俄罗斯联邦军人地位法》是在俄罗斯安全会议主导下完成立法的，俄罗斯安全会议是俄罗斯的宪法性机构，在军事立法过程中发挥着积极的主导作用。除此之外，在《俄罗斯联邦军人地位

---

① 《俄罗斯联邦宪法》(1993年12月12日以投票方式通过，2008年12月30日修改，2014年2月5日修改)。见俄罗斯国防部网站：https://doc.mil.ru/documents/quick_search/cons.htm.

② 同①.

法》的立法过程中，由国防部、外交部、财政部、司法部等部门共同参与研究，同时也广泛征求和听取其他部门的意见。正因为这样，俄罗斯军人地位法才保持了很高的权威性。俄罗斯军人地位法始终坚持以“维护军人合法权益为核心的价值取向”，这是由俄罗斯国情、军情决定的，也是当今世界武装力量现代化建设一般规律的客观要求。在有了《俄罗斯联邦军人地位法》后，为保障规定的权利和义务转化为现实的法律秩序，俄罗斯重点在4个方面加强了立法：军人保险方面，养老金保障方面，军人优抚优待方面，退役安置方面。①

国家老战士事务局专门负责退役军人的事务，其职责包括：一是制订并执行国家和地方老战士社会保护的专门计划，确保联邦法律和其他规范性法律文件为老战士及其家庭成员规定的权利和优惠政策的落实。二是从联邦预算、俄罗斯联邦主体预算和地方预算中拨出落实上述计划所必需的资金。三是依靠大众传媒有目的地宣传认真服役和劳动的重要性，提高因军功和劳动功绩而受到国家奖励的人的威望。目前，国家老战士事务局已经成为俄罗斯安置管理退役军人的主要工作机构，其编成、结构及建立和活动的程序，由总统按照俄罗斯联邦政府的报告确定，并受俄罗斯联邦执行权力机关、俄罗斯联邦有关主体权力机关及地方自治机关的领导。②

最后，为了进一步落实国家各机关、部门和社会企事业单位、团体在保障军人合法权益过程中的职责，有待于第三层次的法律——俄罗斯政府决议、国防部及其他政府部委、主管部门的法令或决定以及地方政府结合实际情况制定的地方性法规，来进行补充和完善。例如，1994年9月26日，俄罗斯联邦政府颁布第1093号《为被解散的军事人员与家庭成员提供医疗、心理康复、疗养院疗养及休养相关的公民娱乐的费用报销程序》的法令、2005年8月1日俄罗斯联邦总统颁布第887号《关于改善因军事创伤而造成的残疾人的物质状况的措施》的法令、2015年12月9日俄罗斯联邦总统颁布第610号《关于为某些类别的养老金领取者建立每月补充养老金的规定》

① 贾超楠，刘阳．建立保障人民武装警察合法权益体系之构想：比较俄罗斯军人地位法律［J］．法制与社会，2010（33）：187．

② 朱少军．中外退役军人安置工作的历史、现状及思考［J］．军事历史，2011（4）：43-47．

的法令等。这些法律通过详细可行的规定，推动退役军人的管理保障工作的具体执行。

第三节 俄罗斯退役军人的福利待遇

一、俄罗斯军人的退役标准

从退役的条件上看，俄罗斯根据军官的不同层级规定不同的退役条件。1998 年 3 月 28 日由联邦议会通过的联邦法律第 53-FZ 号《俄罗斯联邦兵役法》规定，军官达到最高服役年龄或任满现职时间或由于健康原因、组织编制变化不能作其他调整时必须退出现役。俄罗斯军官服役的最高年龄分别为：俄罗斯联邦元帅、陆军上将、舰队上将、上校、海军上将 65 岁；中将、副海军上将、少将、后海军上将 60 岁；第一等级上校 55 岁；军衔不同的军人 50 岁。女军人的服役年龄为 45 岁。达到服役年龄的军事人员，可以按照《俄罗斯联邦兵役法》确定的方式订立新的兵役合同：拥有俄罗斯联邦元帅、陆军上将、舰队上将、上校、海军上将军衔的直到他们年满 70 岁；拥有不同军衔的直到 65 岁。在一些特殊情况下，俄罗斯军官被要求提前退出现役的情况包括军队编制体制需要裁员，身体伤残经鉴定无法继续服役，以及未按照服役合同履行职责；违纪违法对军人荣誉造成损失、受到刑事处分或被剥夺军衔者。①

为避免在退役执行过程中损害军人的利益，俄罗斯作出相应规定保障军人的权益，《俄罗斯联邦军人地位法》第二章第 23 条第一款②规定：一是除法定理由外，军人（义务兵役军人除外）在获得领取养老金权利之前，未经本人同意不得命令其退役；10 年以上军龄的军人，若未按法定标准向本人及其家属提供住房，不得以其达到最高服役年龄、健康状况或减编为由，命令其退役。二是被无理退役的合同役军人的全部损失应得到补偿，恢复其兵役和

① 《俄罗斯联邦兵役法》(1998 年 3 月 28 日第 53-FZ 号联邦法)。见俄罗斯国防部网站：https://doc. mil. ru/documents/quick_search/more. htm? id=11961630@ egNPA.

② 《俄罗斯联邦军人地位法》(1998 年 5 月 27 日颁布的联邦法律第 76-FZ 号)。见俄罗斯国防部网站：https://doc. mil. ru/documents/quick_search/more. htm? id=12081896@ egNPA.

原职，补发全部薪金、给养和服装，补计军龄和军衔晋升年限。但若军人违反合同要求提前退役，则将受到1999年7月12日由联邦议会通过的联邦法律第161-FZ号《俄罗斯联邦军人物质责任条例》第4条第一款规定的惩罚。[①]此外，达到最高服役年龄的专业技术军人，可以签订为期5年的服役合同，未签订合同书的军官，在编制军衔规定职务内总服役期超过5年，有权自愿退役。在国家经济状况不佳的情况下，银行和保险公司优先拨款支付军人的保险赔偿金。政府和军方还提高了抚恤标准，拨出专款优先解决军人的住房困难等问题。[②]

二、俄罗斯退役军人的退休金

俄罗斯退役军人管理保障的内容全面且退役军人的待遇较高，涉及退役军人退休金、家庭成员福利、医疗保障、军人保险、社会优待以及住房多个方面。

俄罗斯联邦军人旨在保护国家的主权和领土完整及人民的生命和利益，为退休军人提供丰厚的退休金不但有助于现役军人能够将自己的力量用于履行公务，而且会提高武装部队的威望。俄罗斯退役军人退役补助金丰厚，实际生活水平普遍高于地方同职级官员。俄军官的工资比地方同职级干部约高出1倍。俄罗斯军官退役后，根据其服役年限发给退役补助金。退役补助金由一次性退役补助金和退休金两部分组成，服役年限长短是核定军官退役后退役补助金的主要标准。

一次性退役补助金又称退役军官安家费，一次性退役补助金按服役年限核定发放，具体标准是：服役年限10年以下者，可领取相当于本人服役时5个月工资的数额；服役10至15年者可领取相当于本人服役时10个月工资的数额；服役16至20年者可领取相当于本人服役时15个月工资的数额；军龄超过20年者可领取相当于本人服役时20个月工资的数额。服役期间获得过国家级奖章者，再增发2个月工资。[③]

退休金标准是：军龄满20年的，每月发给本人军队工资的50%，军龄超

① 范军．俄罗斯军官退役制度简介［J］．中国人才，2010（2）：52-53.

② 魏岳江．外国退役军官培训一览［J］．中国人才，2011（24）：52-55.

③ 2011年11月7日联邦法律第306-FZ号第3条“关于军事人员的金钱津贴和向他们提供单独的付款”；2010年3月6日俄罗斯联邦国防部长令第205号《向俄罗斯联邦武装部队提供一次性财务援助的程序》。

过20年的，军龄每满一年增发本人军队工资的3%，但最高不得超过本人军队工资的85%。退休金发至终身，由退役军官本人到当地银行逐月领取。军龄满15年不满20年不能享受退休权的退役军官，在其退役后的5年内，每月发给以下数额的社会补助金：连续军龄15年者，发给本人军队工资的40%；军龄超过15年者，军龄每满一年增发本人军队工资的3%。军龄越长标准越高，逐月领取，直至终身，由退役军官到当地银行逐月领取。[①] 义务兵退役时发放相当于1个月法定最低劳动报酬的一次性补助金。[②] 此外达到退休年龄的退役军人（男性60岁、女性55岁）和参险时间不少于5年的退役军人，也有权领取养老保险金。在武装冲突地区执行保卫国家利益和公民宪法权利任务的军人，服役1个月按3个月计算退休金军龄。直接使用核武器有关的军人，在带有电离辐射源特种设备旁工作的军人，服役1个月按1个半月计入退休金军龄。军人服役前的学习时间（不超过5年的），每学年按服役6个月计入退休金军龄。[③]

最后，考虑到固定的退休金可能会受到国家经济发展、通货膨胀、物价水平变化等因素的影响，俄罗斯联邦还修订了新的养老金计算方法。根据2011年11月8日第309-FZ号联邦法律，[④] 从2012年1月1日起，用于计算养老金的货币津贴（军人的薪水、军衔和资历津贴）占54%，从2013年1月1日开始，每年递增2%，直到达到其津贴的100%。考虑到联邦法律对下一个财政年度和计划期联邦预算的通货膨胀水平（消费价格），可以为下一个财政年度设定超过2%的指定年度增长。结果，自2012年1月1日以来，军事人员的退休金平均增长了1.6倍，超过了劳动退休金平均规模的40%。[⑤]

---

① 王培志．外国军人退役制度改革近况［J］．中国人才，2014（8）：35-37.

② 武玮迪．国外退役军人保障制度概览［J］．政工导刊，2017（12）：23-25.

③ 范军．俄罗斯军官退役制度简介［J］．中国人才，2010（2）：52-53.

④ 2011年11月8日第309-FZ号联邦法，对俄罗斯联邦1993年的《关于军人、内务部人员、麻醉品管制局人员、消防局人员的国家退休供养》（No. 4468-1法律）进行了修订，以计算军事人员养恤金的规模。

⑤ 《俄罗斯联邦军人货币津贴规定》（俄罗斯联邦第306-FZ号）。见俄罗斯联邦国防部网站：http://sc. mil. ru/fea/soc/to_mil. htm，根据2011年11月8日第309-FZ号联邦法律，从2012年1月1日起，用于计算养老金的货币津贴（军人的薪水、军衔和资历津贴）占54%，从2013年1月1日开始，每年递增2%，直至达到其津贴的100%。考虑到联邦法律对下一个财政年度和计划期联邦预算的通货膨胀水平（消费价格），可以为下一个财政年度设定超过2%的指定年度增长。

三、俄罗斯退役军人的家庭保障

俄罗斯退役军人的家庭保障涉及退役军人家庭的一次性补贴、子女教育、医疗保障等多个方面，为现役军人专心服役提供保障。按俄罗斯现行规定，军人在服役期间死亡，或者退出现役 1 年内因服役期间的伤、病等原因而死亡的，其法定亲属可领取一次性死亡赔偿金。[①] 其家庭可领到相当于 120 个月薪金的金钱赔偿，受害者（指服役期间死亡的应征入伍军人）的 3 位家属可免费去受害者的安葬地。在此之后，受害者家属中每年可有 1 位免费去受害者的安葬地。这些路费方面的优惠也适用于因伤病住院的应征入伍者。此外，在军人遗属的抚养方面，俄罗斯联邦政府法令 2010 年 6 月 30 日第 481 号《关于在服兵役（公务）时失踪的一些死者（失踪）军事人员和某些联邦执行机构雇员的子女每月津贴》规定：从 2009 年 11 月 1 日起，向因履行军事义务而下落不明的军事人员子女支付每月 1500 卢布的津贴，直到他们年满 18 岁；在教育机构进行全日制学习的军事人员子女可以领取津贴，直到他们完成全日制学习，但领取年龄要求不超过 23 岁，而每月的津贴支付给孩子的法定代表人，直到孩子年满 18 岁为止。[②] 根据《俄罗斯联邦退役军人法》第二章第 21 条第一、第二款：联邦法律规定为死者的残废父母，参加过伟大卫国战争和敌对行动的老兵，战争伤残者的配偶，死者未再婚的配偶提供父母抚养费。军人的妻子获得生育补助及子女抚恤金的数额高于其他优待享受者。除了生育补助及子女抚恤金以外，军人的妻子也有权享有每月的追加补助金，其数额由每一个联邦主体具体调整。[③]

在退役军人子女接受教育方面，国家规定自退役军官提出申请之日起 1 个月内，有关部门应为其子女提供进入教育机构和参加夏令营的机会。军人的孩子可以优先入幼儿园和学校，而国家补助 90% 的幼儿园学费。此外，军人家庭有一年一次免费旅游的权利。[④]

---

① 刘纯安．美俄军人社会保险制度比较［J］．中国社会保障，2009（8）：26-28.

② 《俄罗斯联邦军人家庭保障》。见俄罗斯联邦国防部网站：https://sc. mil. ru/social/social_defense/benefits_ payments/military_families. htm.

③ 2011 年 6 月 4 日第 128-FZ 号联邦法律《关于在服役（正式职责）中丧命（去世、宣告死亡、被确认为失踪）的某些联邦执行机构的军人和雇员子女的津贴，以及因服兵役而死亡人员的子女》。

④ VISHNEVSKIY ALEXANDER，王琳．俄罗斯军人优抚制度研究［J］．温州大学学报（社会科学版），2019，32（6）：71-77.

在医疗方面，军龄满20年的军官退役后，本人及其配偶继续享有在军队医疗系统免费就诊和疗养的权利，每年可到外地疗养一次，退役军官去外地疗养可得到3个月法定最低劳动工资数额的补助金，其配偶和未成年子女可得到3个月法定最低劳动工资数额的补助金。① 参加过战争的退役军官及其家属享有医疗和疗养的优先权，已故高级军官的配偶享有医疗和疗养的优惠待遇。②

四、俄罗斯退役军人保险

退役军人的保险由强制性军人保险与非强制性军人保险两部分组成，二者相互补充。强制性军人保险由国家负担保险费。俄罗斯国家强制性军人保险中有四方当事人，即投保人、被保险人、受益人和承保人。投保人是国家权力机关，军人是被保险人，受益人是被保险人或法律所规定的被保险人的亲属，承保人是保险公司。依据俄罗斯联邦法律规定，国家强制性军人保险的投保人是国家权力机关，由国家权力机关用国家预算拨付的专项资金缴纳保险费，因此，保险费的负担者是国家而不是军人个人，这与美国及其他大多数国家有所不同，更加体现了政府对军人的保障责任。

俄罗斯除设立强制性军人保险外，还有专门为军人服务的各种非强制性保险可供选择，如设有针对宇航员、军事飞行员、领航员、航空工程师等从事特殊危险工作军人的保险业务。在非强制军人保险中，军人是投保人，面对军人这一特殊群体，经营军人保险的民营保险公司推出了各种非强制性军人保险，通过各种精心设计的险种和恰当的经营方式以满足军人的需求。通常保险公司对战争中出现的伤亡和不幸事件不予受理，对驻境外军事人员投保也有限制，但民营的军事保险公司愿为驻扎在热点武装冲突地区的军人承保，还对从事航空航天等较大危险职业的军人设立了特殊行业保险。在保险收费上，民营保险公司对军人实行优惠，尤其是对退休军人，通常保险费只有退休前的一半。民营保险公司还通过迅速理赔以适应军人职业的需求，如军事保险公司承诺，只要有关部门出具事故证明，理赔时间不会超过72小

---

① 解卫东．俄罗斯退役军官安置制度简介［J］．中国人才，2005（6）：40-41.

② 1998年5月27日颁布的联邦法律第76-FZ号《俄罗斯联邦军人地位法》第24条失去养家糊口的军人家庭成员的社会保护。见俄罗斯联邦国防部网站：https://doc. mil. ru/documents/quick_search/more. htm? id=12081896@ egNPA.

时。各种非强制性军人保险弥补了国家强制性军人保险所没有涉及的领域，成为强制性军人保险的有益补充，从而对从事航空航天、海外执行军事任务等风险更大的军人提供了有力的保障。俄罗斯的强制性军人保险是为现役军人所提供的保障，但这一保障范围可根据具体情况放宽至军人退出现役 1 年内。当军人退出现役 1 年内死亡且是由于服役期间积劳成疾或受伤所导致的，其法定亲属可从保险公司领取保险赔偿金。某些疾病及损伤具有一定的潜伏期，服役期间不一定造成致命的伤害，但可能成为退役后不久死亡的直接原因。因此，将军人保险的保障时间延伸到退出现役 1 年内是合理的，体现了对军人合法权益的保障。①

俄罗斯的军事保险公司与军方有着密切的关系，俄罗斯国防部长指定由该公司承揽强制性军人人身保险业务。国防部财政预算局与军事保险公司签订合同，并在俄中央银行为军事保险公司开立账户，建立军人强制性人身保险的结算手续。同时建立对国家预算中拨款给国防部用于国家强制性军人人身保险专项经费的监督程序。从以上内容可以看出，军人社会保险制度的建立虽然是一种政府行为，但并不一定必须由政府或国有保险公司经营，由政府授权给民营保险公司经营并不会改变军人社会保险的政府主导性，而这样也可以使政府将更多精力用于制度本身的设计和完善上。

五、俄罗斯退役军人优待与救助

退役军人在交通出行、教育、医疗等多方面享受优待与救助。生活交通优待方面，军龄满 20 年以上的退役军官根据军医委员会的诊断证明前往医院住院治疗或前去保健机构疗养时，可免费乘坐交通工具往返，其家属前往保健机构和疗养地也享有同样权利，军官退役时可利用除飞机以外的各种交通工具，并有权从原居住地向新居住地免费托运 20 吨个人物品。② 俄罗斯除了

---

① 刘纯安．美俄军人社会保险制度比较［J］．中国社会保障，2009（8）：26-28.

② 1998 年 5 月 27 日颁布的联邦法律第 76-FZ 号《俄罗斯联邦军人地位法》的第二章第 20 条第一、第二、第三、第四款；2000 年 4 月 20 日颁布的俄罗斯联邦政府法令第 354 号《关于偿还与运输军事人员，退役的公民及其家属及其个人财产有关的费用的程序》；2001 年 6 月 6 日颁布的俄罗斯联邦国防部长第 200 号命令《批准俄罗斯联邦武装部队中军事运输文件的设计、使用、储存和处理指南》；2000 年 6 月 8 日颁布的俄罗斯联邦国防部长第 300 号命令《执行俄罗斯联邦政府 2000 年 4 月 20 日第 354 号法令的措施》；2000 年 4 月 20 日颁布的第 354 号法令《关于偿还与运输军事人员，退役公民其家属及其个人财产有关的费用的程序》。

规定军龄满20年的退役军官，在居住地的市区和近郊乘坐交通工具一律免费之外，住房、水电、煤气、电话等市政公共设施费用，均按当地居民标准的一半收费，每年还享受一次免费长途旅行。此外保证退役军人从国家财产中获得一定份额的优待，军龄满20年以上的退役军官可将其在服役地所占用的军营以外的住房无偿划归个人所有；军龄在20年以上的退役军官可以按折旧价购买部队的汽车、拖拉机等技术装备及其他财产，并免征土地税和财产税，地方有关部门对退役军官及其家属可全部或部分免征其他税收和集资。①

医疗优待方面，《俄罗斯联邦军人地位法》规定了退役军人应享受的优抚待遇，地方法律也会向退役军人提供附加优抚福利。退役军人的优抚政策只涉及因以下原因退役的老兵：达到退役年龄、健康状况不佳、因组织或人员安排而被解职。由国家提供的优抚政策依据总军龄而定。按照总军龄可以分出两个大组：总军龄超过20年和总军龄不到20年（但是不少于10年）。总军龄超过20年的退役军人享受以下优抚：第一，每年一次免费去疗养院的权利，退役军人的家庭也有权享受优抚条件陪他们去疗养院（总价的50%）；第二，有土地的退役军人享受免土地税的优惠；第三，退役军人及其家庭可以在隶属于国防部的医疗机构接受医疗服务，② 退役军官去外地疗养时可得到6个月法定最低劳动工资数额的补助金，其配偶和未成年子女可得到3个月法定最低劳动工资数额的补助金。参加过战争的退役军官及其家属享有医疗和疗养的优先权，已故高级军官的配偶享有医疗和疗养的优惠待遇。

教育优待方面，达到最高服役年龄或由于健康原因、组织编制变化而退役的军官，可免费优先接受专业培训，免试入国家职业学校学习。退役军官享有进入国家职业学校和高等院校预备班学习的优先权，退役的军官可免费优先接受专业培训。自退役军官提出申请之日起的固定时间内，有关部门应为其子女提供进入教育机构和参加夏令营等活动的机会。③

六、俄罗斯退役军人医疗保障

根据《俄罗斯联邦军人地位法》的第二章第16条第二、第三、第五款规

---

① 解卫东．俄罗斯退役军官安置制度简介［J］．中国人才，2005（6）：40-41.

② VISHNEVSKIY ALEXANDER，王琳．俄罗斯军人优抚制度研究［J］．温州大学学报（社会科学版），2019，32（6）：71-77.

③ 李鹤林．俄罗斯怎样安置退役军官［J］．中国公务员，1999（8）：47-48.

定，退役军人及家属按区域原则，可将保障关系挂靠到就近的军队医疗机构，享受免费医疗保障；如果退役军人及家属居住地没有军队医疗机构，可以到国立和市政保健系统的医疗机构免费就医。军龄满 20 年的军官退役后，本人及配偶仍在军队医疗系统免费就医，每年可到外地疗养一次。退役军官去外地疗养时，可得到 6 个月法定最低劳动工资数额的补助金。其配偶和未成年子女可得到 3 个月法定最低劳动工资数额的补助金。参加过战争的退役军官及其家属享有医疗和疗养的优先权。①

七、俄罗斯住房保障

根据《俄罗斯联邦军人地位法》第二章第 15 条第一款规定：军龄满 20 年或 20 年以上的，或者因达到最高服役年龄、健康状况和精简整编而退役时军龄满 10 年或 10 年以上的，有权在所选择的常住地获得国家提供的属于个人的住房；按合同服役的军人，在因达到最高服役年龄而退役前 3 年内，或者在因健康状况或精简整编而退役的当年内，可依据部队指挥员的申请，由选定的常住地的地方自治机关将其列入需要获得住房的退役公民名单，或者列入住宅建筑集资成员名单。军龄满 10 年或 10 年以上，因达到最高服役年龄，或因健康状况、精简整编而退役的军人及其家庭成员，从到达所选定的居住地之日起 3 个月内，由地方自治机关按规定的标准保障住房，为此可使用由联邦预算资金以及预算外拨款担保的购买和建造住房的国家证明书。此种保障住房的权利只提供一次。按合同服役、军龄满 20 年或 20 年以上的军人，如在退役时仍得不到住房保障，未经本人同意，不得排除在退役前最后服役地点获得住房排队人员名单之外。②

此外，根据《俄罗斯联邦军人地位法》第二章第 15 条第二款规定：“军人转入预备役或退役时，享有在俄罗斯联邦任何居民点选择永久居住地的权利。”③ 因此，退役军官的安置地点，除首都莫斯科外，基本上不加限制。退役军官的住房一般由政府无偿提供。军龄满 10 年以上的退役军官和家属，在

---

① 李鹤林．俄罗斯怎样安置退役军官［J］．中国公务员，1999（8）：47-48.

② 范军．俄罗斯军官退役制度简介［J］．中国人才，2010（2）：52-53.

③ 1998 年 5 月 27 日联邦法律第 76-FZ 号《俄罗斯联邦军人地位法》第 6 条迁徙自由权和住所选择权。见俄罗斯国防部网站：https://doc. mil. ru/documents/quick_search/more. htm? id = 12081896@ egNPA.

提出住房申请的 3 个月内，地方有关机关应按规定标准向其提供住房；如地方无法如期按标准提供住房，则为退役军官及其家属安排临时住房或按租约商定租赁房价付给相当于房租标准的现金；军龄满 20 年以上的军官退役，有权无偿获得所占地方住宅的所有权，不管其所占住房面积多少，也不管上述住房属于哪个部门，只需支付全部居住面积及所有市政公共设施所需费用的 50%，其中包括安装和使用电话的费用；住宅内没有集中供暖设施，则可在规定供应标准范围内，以比居民低 50% 以上的优惠价格购买燃料。不少州、市拨专款为退役军官修建住宅小区，有些地区专门作出规定，机关社会团体和企事业单位为职工建房时，必须将所建住房的 5% ~10% 上交政府，用以安置退役军官。

从住房的提供来看，国防部下属的建筑局负责为军人建筑和提供房屋及其他房产。住房供应局负责向军人、退役者及其家庭供应住房。住房供应局有 5 家企业，皆为联邦国有企业，即“西方地区住房供应局”、“北方地区住房供应局”、“东方地区住房供应局”、“南方地区住房供应局”和“中区住房供应局”。①

第四节　俄罗斯退役军人安置措施

一、退役军人就业安置措施

俄罗斯的就业保障主要针对军官，不享受退休金的军官退役后，由国家根据其专业负责安排工作；享受退休金的军官，因缩编而退役者或按优待办法计算军龄、退休时尚年富力强的，可由国家安排工作。其安置去向通常为各级行政机关、工厂、国有农场、地方院校等部门。② 俄罗斯政府也为退役军

① 2004 年 8 月 20 日联邦法第 117-FZ 号《关于军人住房的储蓄和抵押制度》。1998 年 5 月 27 日联邦法律第 76-FZ 号《俄罗斯联邦军人地位法》。2018 年 11 月 7 日俄罗斯联邦国防部长令第 621 号《关于俄罗斯联邦国防部的授权机构和俄罗斯联邦国防部的专门组织，用于武装部队的住房联邦法》（经俄罗斯联邦国防部长于 2018 年 12 月 30 日第 779 号命令修改）。

② 滕晓波．简论外军军官退役安置制度［J］．军队政工理论研究，2009，10（6）：115-116+119.

官的基本生活提供保障，为他们的培训和就业提供相关服务和帮助。同时，半官方及社会组织和团体也为退役军官的培训及就业提供服务。

俄罗斯联邦政府在军人退役前为拟退役军人提前开展职业培训、就业指导等工作，对有参战、执行海外任务经历的退役军人，进行针对性专题辅导培训，帮助他们尽快调整心态，做好退役准备。俄退役军官享受免费的职业教育培训，退役军官享有进入国家职业学校和高等院校学习的优先权。培训可分为退役前培训和退役后培训。退役前两年，军官可根据本人实际需要向所在部队提出培训申请，国防部教育工作总局负责为其联系培训教育院校或培训机构。退役后，3 年之内退役军官仍可享受培训的权利。职业培训的对象不仅是退役军官本人，也包括其家庭成员，培训时间按退役军官的级别一般不超过 3 个月或半年。培训的内容包括心理调适、职业定向咨询以及经济、金融、法律等专业。退役军官可自主选择培训学习的内容。退役军官接受培训后，一般能够较好地完成心理调适，适应社会的能力、技能有较大提高。

此外国家组织建立了一些专门从事退役军人社会保障的协会、基金会等。这些社会团体在国家财政较困难的情况下，向生活困难的退役军人及其家属提供经济资助。例如莫斯科等中心城市成立了许多退役军人培训中心，为即将退役的军人提供咨询，帮助他们申请国家援助、贷款进行创业，开展法律援助。这些中心内都设有完备的互联网系统，为退役军人的职业培训、职位介绍提供详尽资料。据不完全统计，经过这类机构培训的退役军人七成左右能找到较为理想的工作。① 退役军官及其配偶向居民就业服务中心提出申请后的一个月内，有关机构应根据其个人特长安排在国家企业或国家机关、社会团体工作；入伍前在国有企业和事业单位工作的军人，退役后 3 个月内保留回原单位工作的权利；应征现役 2 年的预备役军官，退役后保留拥有不低于入伍前职务的权利；退役军官所在单位缩减工作人员编制时，享有留职的优先权。由于俄罗斯军官普遍受过高等教育，个人素质较好，加之政府协助和社会团体的支持，85% 以上的退役军官就业不成问题，尤其是年龄在 40 岁以下的退役军官，基本上人人都能找到一份比较满意的工作。②

---

① 潘华．美国、俄罗斯对军人的社会保障［N］．中国社会报，2014-07-28（7）．

② 武玮迪．国外退役军人保障制度概览［J］．政工导刊，2017（12）：23-25．

二、俄罗斯退役军人移交安置

俄罗斯退役军人的移交安置在诸多方面享受优惠政策，退役军官的安置地点，除首都莫斯科外，基本上不加限制。退役军官的住房，一般由政府无偿提供。

在退役军人安置待遇上，俄罗斯规定了许多优惠政策。具体包括：发放丰厚的退役补助金，保证军官退役后生活的必需；安置地点尊重军人意愿，住房由政府提供；设置就业培训中心，为退役军人再就业创造条件；提供各种优待和社会保障，如就业优待、财产所有权和税收优待、政治荣誉、医疗优待、生活交通优待和教育优待等。另外，根据法律规定，依据是否享受退休金，对退役军官的待遇分为两种做法：其一是对于不享受退休金的军官退役后，由国家根据其专业负责安排工作；其二是对于享受退休金的军官，根据缩编而退役或者按优待办法计算其军龄，如果退休时尚具有能力工作，可由国家直接安排工作。①

三、俄罗斯退役军人法律救济途径与主体

俄罗斯主要出台了许多军人地位与社会保障方面的联邦法律，最著名的是 1998 年 3 月 6 日由联邦议会通过的《俄罗斯联邦军人地位法》，它不仅规范了现役军人的各项权利，还详细规定了退役军人权利以及权益保障措施，为俄罗斯退役军人的法律救济提供了法律依据。②

《俄罗斯联邦军人地位法》第一章第 3 条第三款规定，负责实行保护军人权利及其社会保障的单位有联邦机构、地方国家机构、地方自治机构、普通管辖法院、执法机关（在其权限内）、指挥官。《俄罗斯联邦军人地位法》第二章第 21 条第一、第二款规定，军人有权按照联邦法律和俄罗斯联邦的其他法规性法律规定的方式出庭，捍卫自己的权利和合法权益。军人可以按照联邦法律，一般军事法规和俄罗斯联邦的其他法律法规规定的方式，对军事指挥与控制机构和指挥官的非法决定和行动（不作为）提出上诉。涉及在俄罗

① 谢丹，陆旭丹．外军退役安置相关制度研究［J］．国家行政学院学报，2018（6）：153-160+192.

② 吴强．退役士兵安置权益法律保障的研究［D］．唐山：华北理工大学，2020.

斯联邦境内服兵役的军事人员的诉讼应根据联邦法律进行，在俄罗斯联邦境外服兵役的军事人员应另外考虑到一般情况俄罗斯联邦公认的国际法原则、规范和国际条约。此外规定律师就服兵役问题以及联邦法律规定的其他理由，以俄罗斯联邦政府确定的方式，向应征入伍的军事人员提供法律援助。[①]

四、俄罗斯老兵与残障退役军人福利待遇

大量老年公民从军时生命和健康受到极大威胁，因此应获得特殊优待。俄罗斯立法者将上述一系列社会群体集合于“老兵”这一法律范畴，《俄罗斯联邦退役军人法》明确了“老兵”的种类，不同种类享受不同的优待。

《俄罗斯联邦退役军人法》指出5种老兵种类。除了伟大卫国战争的老兵、武装冲突的老兵、老职工、服兵役的老兵4种老兵外，在单独条款中提出另一种法律范畴，即“伟大卫国战争和其他武装冲突的残疾人”。立法者不承认他们作为单独的老兵种类，但是因服役所致的残疾可以作为各种老兵应享受社会优抚的附加准则。《俄罗斯联邦退役军人法》的第二章第13条第一款规定：立法者列举各种老兵有权享受的特殊优待以及国家应采取的措施。以伟大卫国战争老兵享受的特殊优待为例。《俄罗斯联邦退役军人法》以及其他法律向伟大卫国战争老兵提供的优抚可以分为每月津贴、社会保障待遇和税收优惠待遇。伟大卫国战争的老兵享有每月津贴的权利，由地方退休金基金支出，约2316卢布。但考虑到通货膨胀，联邦政府使每年津贴款项指数化，以单独政府命令制定具体系数。社会保障待遇是《俄罗斯联邦退役军人法》规定的，其政策包括但不限于：退休金优惠、由联邦预算一次性提供的住房（不论财产状况）、水电费补偿（优惠50%）、优惠治疗、提供假体（牙齿除外）、优先由社会保障组织提供优抚、公家补助政策（免费治疗药物、治疗证、优惠交通）。税收方面，需要注意的是《俄罗斯联邦退役军人法》本身不规定向老兵提供的税收优惠待遇，具体规范由《税法典》以及其他属于税法规范性的文件规定。向老兵提供的税收优惠优待包括但不限于个人所得税、交通工具税、土地税和财产税。伟大卫国战争老兵的税收优惠优待有：享受

① 1998年5月27日颁布的联邦法律第76-FZ号《俄罗斯联邦军人地位法》第21条军人对违法行为提起上诉的权利；第22条与军事人员有关的法律程序和获得法律援助的权利。见俄罗斯国防部网站：https://doc.mil.ru/documents/quick_search/more.htm?id=12081896@egNPA.

500 卢布的所得税抵扣权利；免一个应税项目的税费；用老兵名义登记的一辆汽车免交通工具费等。①

军人在服役期间致残，或者退出现役 1 年内因服役期间的伤、病等原因而致残，以及服役期间受重伤（即受伤而引起身体明显的解剖变化和重大的功能性破坏）和受轻伤（即受伤没有引起身体明显的解剖变化和较大的功能性破坏）的，均可得到一次性保险赔偿。② 联邦议会于 2011 年 5 月 11 日通过的《俄罗斯联邦军人货币津贴规定》规定了对伤残军人及其遗属的优抚内容及实施程序和标准。根据该规定，经医务鉴定委员会确认为残疾的军官，不受服役年限的限制，享受按残疾等级计算的退休金。残疾等级按致残原因分为两类，每一类又分为三个等级：一类残疾分别为军人原薪金的 75%、50%、45%；二类残疾分别为原薪金的 50%、45%、30%。③

第五节　俄罗斯退役军人教育培训与就业扶持

一、俄罗斯退役军人教育培训

1998 年联邦政府颁发的《俄罗斯联邦退役军人再就业培训纲要》，明确规定了退役军人再就业培训工作的目标、任务、社会地位和有关政府机关的职责和义务，从法律制度上保证退役军人职业培训工作的顺利展开。④ 从具体实践来看，俄罗斯联邦政府承担了职业培训的主体责任，形成了以政府为主体，其他部门相配合的格局。多种政策工具混合使用、协调互补，不仅彰显了政府和公众对退役军人贡献的尊重和对其转型的支持，更重要的是能提供一套规范的制度和多样化的政策，使各方都能信任、稳定地投入职业培训工

① VISHNEVSKIY ALEXANDER，王琳．俄罗斯军人优抚制度研究［J］．温州大学学报（社会科学版），2019，32（6）：71-77.

② 刘纯安．美俄军人社会保险制度比较［J］．中国社会保障，2009（8）：26-28.

③ 2011 年 11 月 7 日联邦法律第 306-FZ 号第 3 条关于军事人员的金钱津贴和向他们提供单独的付款。见俄罗斯国防部网站：https://doc.mil.ru/documents/quick_search/more.htm? id = 12081458@egNPA.

④ 魏西京，杨志．国外怎样安置退役军人［N］．中国社会报，2013-10-23（006）.

作中去。俄罗斯为加强退役军人培训工作，政府专门成立了退役军官培训协调委员会，下设全俄军官培训中心，负责领导和协调各培训中心的工作。全俄军官培训中心在各地设有执行分部和地区培训中心，负责退役军人的教育培训。[①]

俄罗斯国防部在退役士兵就业与培训工作中起着主导作用。俄罗斯教育和科技部、国家高等教育委员会负责制定高等及中等职业教育机构为退役军人及其家庭成员提供职业教育的相关政策，与军队和国家就业部门协作，组织对拟退役军人和已退役军人及其家庭成员的职业培训。俄罗斯联邦劳动和就业总局（直属卫生和社会发展部）下设的退役军人就业局，负责“为已退役军人及其家庭成员接受职业培训提供拨款保障，并为已接受职业培训且获得了相应职业技能证书的退役军人及其家庭成员提供就业指导与服务”。俄罗斯政府下设的军人、退役公民及家庭成员委员会负责“组织起草退役军人获得民用专业和就业的联邦级社会适应纲要，代表联邦政府协调执行权力机关解决退役军人就业问题”。为保障退役士兵顺利实现再就业，俄罗斯在莫斯科等大中城市设立退役军人培训中心，给将要退出现役的士兵提供创业贷款、国家援助申请和法律援助服务。同时这些退役军人培训中心还设有互联网系统，以方便退役士兵查询就业培训和职业介绍等方面的资料。

从退役军人参与教育培训的方式来看，俄罗斯联邦政府和军队在退役军官的教育培训方面规定：教育上，国家对因健康原因或减编而退役的军人提供免费职业教育，退役军官享有进入国家职业学校和高等院校预科学习的优先权。退役军官的培训由国防部教育工作总局干部培训部负责。培训可分为退役前培训和退役后培训，退役前有 2 年培训时间，军官可根据自己的需要，提前向所在部队提出参加培训的申请。国防部教育工作总局干部培训部可根据军官的具体申请，为其联系培训教育院校或培训机构进行培训。退役之后 3 年内可享受培训的权利，受训期间有休假的权利。教育培训分职业规划、技能培训、就业跟踪 3 个阶段。整个培训又分为退役前培训和退役后培训两个大的阶段。退役前有 2 年培训时间，由国防部根据军官自己的申请，为其联系教育培训院校或培训机构进行培训。军官退役之后的 3 年内，有享受培训

① 黄丹．外国退役军人培训的基本特征分析［J］．军队政工理论研究，2016，17（4）：132-135.

的权利。①

根据教育培训主体的不同，俄罗斯退役军人的培训工作可分为国有和非国有两部分，费用均免。国有培训为考核制基础知识培训；非国有培训主要为职业培训，由获得国家许可和资质的地方性质的非专门培训中心组织实施。② 国有培训体系，通过训练中心、科研院所、大专院校进行培训，培训最低时间500小时，可获得职业证书。培训机构可从政府中获得预算，用国家财政拨款雇用人员来执行培训任务。非国有培训体系，通过在大专院校、科研院所以及其他学术机构下设的企业性质的非官方培训中心，专门从事退役军官培训。这种培训中心需获得国家的许可。目前，俄罗斯较大的城市都设有这样的培训中心。此外，俄罗斯还规定退役军人在退役前有 2 年时间接受结业培训，以保障退役军人有充足时间补充地方工作所需要的基本专业知识和技能，从而大大增强了退役军人人力资本的通用性，也大幅度增加了就业机会。③

具体的培训有以下 4 种形式，第一，国家培训，由俄罗斯联邦高等教育委员会和教育部通过国家教育系统对退役军官实施培训，所需经费由国家承担。第二，军队培训，俄罗斯国防部在总干部部门设置了培训中心。为弥补军内培训力量的不足，俄罗斯军方与地方院校和培训中心以及大型企业签订培训合同，实行联合培训，先后在莫斯科、圣彼得堡、哈巴罗夫斯克、西伯利亚等大城市和地区的地方院校和教育基地设置了 7 所培训中心，还将在莫斯科、下诺夫哥罗德、坦波夫等城市再建10所培训中心，对即将退役的军官及其家属进行专业培训。第三，社会培训，在俄罗斯联邦政府的统一安排下，由社会团体、企事业单位和有关民间组织成立退役军官劳动就业和职业教育培训中心或训练班，分担培训任务。俄罗斯联邦专门成立了退役军官培训协调委员会和全俄军官培训中心，负责领导和协调各培训中心的工作。在搞好就业培训的同时，国家各级职能部门和社会团体也充分发挥作用，经常组织

---

① 黄丹．外国退役军人培训的基本特征分析［J］．军队政工理论研究，2016，17（4）：132-135.

② 冯沁．中外退役军人安置的制度比较与社会差异［D］．上海：上海社会科学院，2019.

③ 谢丹，陆旭丹．外军退役安置相关制度研究［J］．国家行政学院学报，2018（6）：153-160+192.

就业咨询、人才交流和择业推荐等活动，千方百计地为退役军官的就业提供机会。[①] 俄罗斯大多数民间非政府组织对退役士兵自主就业的支持，都是在政府指导下进行的。这些民间非政府组织大多数都是在民间基金会和大型公司资助的基础上成立的，主要职能是“为居住在当地的已退役军人及其家庭成员提供职业定向、培训和劳动就业等方面的服务”，它们为退役士兵提供就业与培训服务。此外，支持俄罗斯退役士兵自主就业制度的一些民间非政府组织是由国外机构出资建立的，像德国在俄罗斯出资建立了10个地区性退役军人培训中心，其中比较有代表性的是雅罗斯拉夫尔培训中心，该培训中心在1998—2006年为俄罗斯培训了5000多名退役军人；北约和欧盟也在俄罗斯出资建立了类似的培训中心。[②] 第四，同北约和西方国家合作培训。俄罗斯联邦政府积极谋求与西方国家在退役军官培训方面进行合作，北约和西方国家为其退役军官进行培训，并在退役军人就业方面提供帮助。俄罗斯退役军官就业时在职业选择上有较广泛的范围，通过公务员考试的退役军官可进入政府机关任公务员，退休金继续享受，其他待遇与公务员同等享受；也可以到各地就业部门登记，由就业部门提供就业帮助；还可以自行找工作。政府有关部门和国防部定期对培训机构进行考察评估，合格的继续承担培训任务，不合格的予以淘汰。[③]

从退役军人教育培训的目标来看，首先，教育培训面向潜在的劳动市场，面向未来需求，力图形成专业对口体系。其次，重视职业培训，提高退役军人的社会适应能力和专业技能。通过职业培训开发军人的潜力、提升素质能力、帮助退役军人获得社会认可的“专业能力”。教育培训主要包括3个方面：一是使退役军人获得补充性知识；二是取得专业（职业）技能和资格；三是对退役军人的人格实行再塑造。通过培训达到增加退役军人的“社会机动性”的目的，使他们在社会上具有更积极和灵活的态度。退役军官经过培训后，一般都能较好地完成心理调适，并且适应社会的能力和从事专业的技能都会有较大提高。

---

① 李鹤林．俄罗斯怎样安置退役军官［J］．中国公务员，1999（8）：47-48.

② 肖敏．退役士兵自主就业制度研究［D］．湘潭：湘潭大学，2013.

③ 曹俊．中国特色退役军官安置制度建设研究［D］．武汉：武汉大学，2010.

二、俄罗斯退役军人就业扶持

退役军人的就业扶持是由多个主体来实现的，主要包括国家层面与社会层面，国家为退役军人的优先就业提供了法律保障，而社会主要通过民间组织来为退役军人的就业提供咨询帮扶。俄罗斯联邦政府和军队在退役军官的培训和就业方面规定，国家对因健康原因或减编而退役的军人提供免费职业教育，退役军官享有进入国家职业学校和高等院校预科学习的优先权。退役军官及其配偶在劳动就业和社会保障方面享有以下权利：在其向居民就业服务中心提出申请之后的 1 个月内，有关机构应根据其个人特长安排在国家企业或机关团体工作。应征服役和从预备役应召服役的军官，退役后，保留其担任不低于应征前职务的权利。退役军官在其所在单位缩减工作人员编制时，享有留职的优先权。退役军人提出申请，社会就业机构、国有企事业单位或团体根据其个人特长协助就业，入伍前在国有企业和事业单位工作的军人，退役后 3 个月内保留回原单位工作的权利，义务制军人和应征现役 2 年的预备役军官，退役后保留拥有不低于入伍前职务的权利，退役军官所在单位缩减工作人员编制时，享有留职的优先权。

俄罗斯民间非政府组织也对退役军人自主就业提供了强有力的支持，这些民间非政府组织大多数都是在民间基金会和大型公司自主的基础上成立的，主要职能是为居住在当地的已退役军人及其家庭成员提供职业定向、培训和劳动就业等方面的服务。国家在莫斯科等城市成立了“退役军人培训中心”，这些中心不仅可以为即将退役的军人提供咨询服务，还在国家财政较困难的情况下，向生活困难的退役军人及其家属提供经济资助、帮助他们申请国家援助、创业贷款，而且还可为他们提供法律援助等。①

① 魏岳江．外军退役军人的安置与培训［N］．学习时报，2016-05-12（007）．

第六节　俄罗斯退役军人政治待遇和权益维护

一、俄罗斯退役军人政治待遇

俄罗斯退役军人的政治待遇主要表现在政治荣誉规定方面，俄军官退役后，可保留原军衔称号。符合服预备役条件者，在军衔前冠以“预备役”3个字，超过服预备役年龄者，冠以“退役”二字。军龄满25年以及有特殊功勋的军官，退役后，逢重大节日和隆重活动仍可着军装参与活动。退役军官可应邀参加所在地区部队的演习、军事学术会议、集会和阅兵等活动。政府对参加过卫国战争的老战士比较尊重，普遍授予他们功勋荣誉章。①

二、俄罗斯退役军人权益维护

俄罗斯的军人权益保障法层次分明，既有俄罗斯联邦议会制定和通过的法律，又有俄罗斯联邦总统和政府通过的军事行政法规，内容丰富，涵盖军人权益的各个领域。如《俄罗斯联邦军人地位法》、俄罗斯联邦政府颁布“为被解散的军事人员与家庭成员提供医疗、心理康复、疗养院疗养及休养相关的公民娱乐费用报销程序”的法令、俄罗斯联邦总统颁布“关于改善因军事创伤而造成残疾的物质状况的措施”的法令等。

在保护军人的权利及优待政策中，联邦政府起着主导性作用。按照联邦议会于1996年4月24日通过的联邦法律第61-FZ号《俄罗斯联邦国防法》第一章第6条第一、第二、第三款，政府承担军队事态责任、安排军备供应、实施宏观指导。政府内的不同部门按照不同的职责维护退役军人各个方面的权益，劳动和社会发展部负责公民社会保护、管理国家退休基金、处理残疾人的问题。国防部作为俄罗斯最有实力的部门之一，拥有丰富资源。国防部部长负责通过总参谋部和各军种的总司令等在各军事单位里保证军人的权利，并且负责将联邦预算拨出的资金用于指定用途。国防部的社会保障局负责实

① 1995年1月12日颁布的联邦法律第5-FZ号《俄罗斯联邦退役军人法》第一章第7条。见俄罗斯国防部网站：https://doc.mil.ru/documents/quick_search/more.htm?id=12081462@egNPA.

现国家在军队实行的社会政策，包括军人的薪资监察，退休金、退役金、补贴金的支出制度以及向军人提供的社会保护。建筑局负责为军人建筑和提供房屋及其他房产。住房供应局负责向军人、退役者及其家庭供应住房。①

① VISHNEVSKIY ALEXANDER，王琳．俄罗斯军人优抚制度研究［J］．温州大学学报（社会科学版），2019，32（6）：71-77.

第三章

英国退役军人管理保障

第一节　英国退役军人现状

英国的退役军人一般是指曾在英国军队（官方名称为女王陛下的武装部队）服役至少1天的人（包括正规部队或预备役部队），或在法律规定的军事行动中曾经服役的商船船员。在涉及退役军人事务的英国法律文件中有时用“服役离职人员”一词来替代“退役军人”，具体指从英国皇家武装部队转业或不再是英国皇家武装部队成员的人。①

根据2017年英国国家统计局的年度人口调查结果，全英大约有240万退役军人。② 平均每年大约有1.5万人离开英国武装部队，2028年全英退役军人数量预计将减少到160万③。根据2018年7月的统计，英国退役军人在海、陆、空三军的平均服役年限为：皇家海军和皇家海军陆战队11年、陆军10年、皇家空军15年。英国国防部基于2014—2017年统计的数据，在2019年1月发布了一份关于退役军人群体结构的报告。该报告从种族、性别、年龄、教育水平、分布区域、对医疗资源的占用等方面对英国退役军人的群体结构进行了分析，并且将退役军人的相关情况与普通民众进行了对比，以从国家人口整体的角度分析退役军人群体的特点④。根据该报告，当前英国退役军人主体为白种人，少数族裔只占1%（普通民众中白种人占92%左右），男性退

① BURDETT H, WOODHEAD C, IVERSEN AC, WESSELY S, DANDEKER C, & FEAR NT. “Are You a Veteran?” Understanding of the Term “Veteran” among UK Ex-Service Personnel [J/OL]. Armed Forces & Society, 2012: 751 - 759 [2022-11-4]. https://doi.org/10.1177/0095327X12452033.

② Ministry of Defence. Annual Population Survey: UK Armed Forces Veterans Residing in Great Britain 2017 [R/OL]. 2019 [2022-11-04]. https://www.gov.uk/government/statistics/annual-population-survey-uk-armed-forces-veterans-residing-in-great-britain-2017.

③ Ministry of Defence. Quarterly Service Personnel Statistics: 2018 [R/OL]. 2018 [2022-11-04]. https://www.gov.uk/government/statistics/quarterly-service-personnel-statistics-2018.

④ 同②.

役军人为主体，女性只占11%。2017年，英国65岁以上的退役军人占退役军人总数的60%以上，但退役军人年龄逐渐年轻化[①]。英国退役军人与普通民众的年龄分布详见表3-1。

表3-1　英国退役军人与普通民众的年龄分布[②]

退役军人 %	年龄组	普通民众 %
1	16～24	14
4	25～34	18
6	35～44	16
13	45～54	18
15	55～64	15
14	65～74	12
31	75～84	6
(B) 16	85+	2

英国退役军人的教育水平略低于普通民众的教育水平，但退役军人退役后接受再教育/培训的比率达到60%，因而退役军人与普通民众的就业率持平。男性退役军人与女性退役军人在就业行业和岗位上有明显差异。英国的退役军人主要集中在英国南部，因而英国南部需要更多的退役军人服务机构。35至49岁的退役军人的背部、颈部、腿部和手部的患病率高于普通民众，因而在这些领域需要政府提供更多的医疗服务与关注。

当前英国退役军人主要有三批：第一批退役军人是从第二次世界大战到20世纪60年代初应征入伍的士兵，占英国退役军人数量的一半；第二批退役军人是从20世纪60年代初到90年代初完成自愿服役的退役军人；第三批退役军人是从20世纪90年代初至今自愿服役的退役军人。英国政府预测，由于医学的进步使更多第三批退役军人中的伤病军人得以存活，这在一定程度上影响了英国退役军人的群体构成。随着社会的变迁，退役军人代际转变为退役军人的服务保障带来新的不确定性，例如，随着退役军人年龄的增长，

① 这主要是第二次世界大战以及1949—1960年国民服役计划实施的结果。该计划于1949年1月生效，规定所有17～21岁身体健康的男性必须在一支武装部队服役18个月，并在后备名单上保留4年，在这4年中，他们有可能被召到部队服役，但最多不超过3次，一次最多20天。最后一批国民服役计划的入伍人员于1963年从部队中退役。2016年以来，大量75岁及以上的退役军人开始逐渐去世，因而退役军人的年龄开始年轻化。

② Ministry of Defence. Annual Population Survey：UK Armed Forces Veterans Residing in Great Britain 2017［R/OL］.［2022-11-04］. https://www.gov.uk/government/statistics/annual-population-survey-uk-armed-forces-veterans-residing-in-great-britain-2017.

长期的身心创伤将会产生变化，需要更多的医疗服务。退役军人服役前后的社会可能会产生巨大的变化，如社会就业方式发生改变，越来越多的流动人口从事灵活复合的职业。基于此，英格兰、苏格兰和威尔士政府在2018年共同推出一项退役军人服务与保障的10年战略计划。这项战略计划主要是通过对未来10年英国人口结构变化的分析和预测来分析退役军人群体的代际转变，以在未来10年中更好地满足退役军人所需，也期望在未来百年里为退役军人的服务保障建立良好的社会基础。政府通过收集信息，在对退役军人大数据分析的基础上对退役军人群体结构和代际变化进行分析和预测，合理制定政策，分配资源，更有针对性和更有效地为退役军人提供服务保障。

第二节　英国退役军人服务保障的部门体系

英国的退役军人服务保障部门体系是从中央到地方多层级，政府、市场、社会多个部门参与的部门体系。英国退役军人服务保障的部门包括政府、慈善组织和私营企业，三者互相配合，相辅相成，在就业、医疗、住房、教育、司法等方面为退役军人提供服务保障。同时，政府设立了跨部门的委员会协调政府内部各个部门。政府与慈善组织和私营企业的协作，以确保退役军人能得到高效优质的服务。

一、英国退役军人政府服务部门

英国中央政府和地方政府为退役军人提供相应的服务和支持。中央政府对退役军人服务保障负有道德义务，发挥领导作用，负责制定全国性的政策和规划，设置全国的退役军人服务保障体系。英国设立由与退役军人事务相关的各部部长组成的“部长公约和退役军人委员会”，负责协调不同构成国、政府各部门、慈善组织和私营企业为退役军人提供相关服务和支持，尤其是优先协调苏格兰政府、威尔士政府和北爱尔兰政府间活动，使退役军人无论身在英国何处，都能获得最佳的服务与保障。

英国政府有多个部门为退役军人提供相关的服务保障。其中内阁办公室下设的退役军人事务办公室和国防部下设的退役军人事务局负责指导协调其他部门（包括教育部、卫生和社会保健部、就业和养老金部、内政部、住房部、国防部、司法部）对退役军人的服务保障工作（见图 3-1）。

在 2019 年 10 月之前，英国退役军人的服务保障主要由国防部下设的退役军人事务局负责，该部门承担退役军人及其家属、遗属的薪金、补助和各种福利待遇的保障，并负责与其他政府部门协调退役军人的住房、就业、医疗等服务保障。此后，英国政府在内阁办公室下设了退役军人事务办公室来分担国防部下属的退役军人事务局的部分职能。这两个部门只负责制定退役军人服务政策和监督政策的实施，而具体服务则由政府的相关部门、慈善组织和私营企业负责落实。目前，英国退役军人事务办公室主要负责协调政府各部门，确保它们在提供退役军人及其家属相关服务上的有效协作；而英国退役军人事务局更注重负责落实退役军人的福利保障。二者的职能现有部分重叠，未来二者的职能需要进一步厘清。

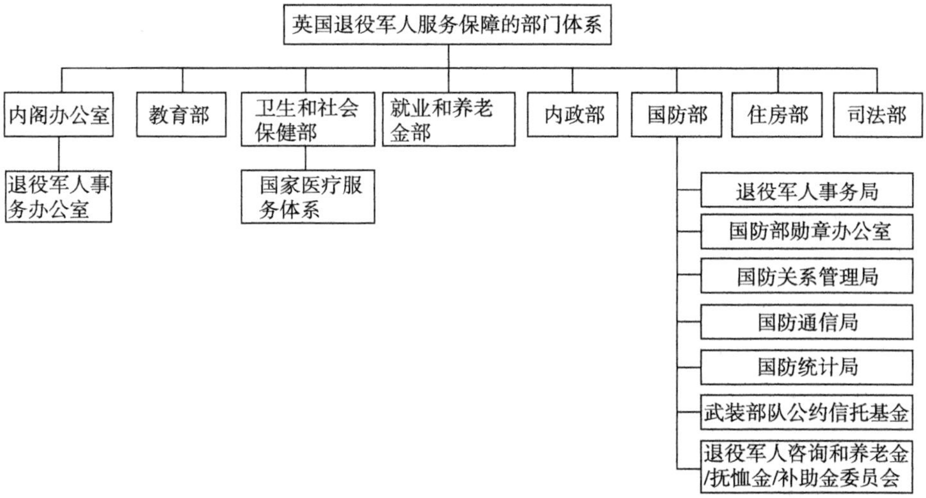

图 3-1　英国退役军人服务保障的部门体系

（一）退役军人事务办公室

2019 年 10 月 16 日英国在内阁办公室中设立了退役军人事务办公室，其宗旨是保障退役军人的利益，确保退役军人不会因为曾经服役而处于弱势地位，并向社会各界展示退役军人在各行各业作出的杰出贡献。退役军人事务办公室的主要职责是确保政府能够尽全力支持退役军人，更好地协调各部门在退役军人服务保障方面的协作。横向而言，该部门协调中央政府内各部门，确保退役军人的服务得到保障。纵向而言，该部门协调中央政府和地方政府，确保中央退役军人相关政策的落实。同时，该部门还协调政府与慈善组织和私营企业的协作。退役军人事务办公室提出通过与政府各部门和其他退役军人公私部门的合作，在2028年之前，使英国成为世界上退役军人待遇最好的国家①。

（二）国防部

国防部是英国负责退役军人事务的最重要部门。国防部负责制定退役军人的经费预算、审核退役金发放标准以及退役军人的就业培训工作，负责评定和发放战争抚恤金、武装部队抚恤金和武装部队补偿金，提供福利支持，颁发勋章，提供过渡支持（如新国防过渡服务、职业过渡伙伴关系和对死者家属的支持）等。② 自2018年12月起，退役军人获得由国防部提供的退役军人认证卡。该卡用于社会对退役军人服役的认可，并协助各地区政府核实退役军人的服役情况。此外，国防部于2012年推出国防折扣服务，为所有现役和退役军人提供折扣服务。该服务包括数百个线下和线上折扣，包括购买各类商品、外出旅行、餐饮等服务。退役军人在官方网站上进行注册后即可享受该项服务。

国防部对退役军人的服务保障主要由两类部门提供，一类是国防部下设的行政机构，一类是非政府公共机构③。行政机构包括：退役军人事务局、国防部勋章办公室、国防关系管理局、国防通信局和国防统计局。非政府公共机构是武装部队公约信托基金和退役军人咨询和养老金/抚恤金/补助金委员会。

国防部下设的国防事务公共机构中的退役军人事务局是英国负责退役军人福利保障的最重要的部门，为退役军人及其家属提供各种服务支持，包括退役军人福利及伤残抚恤金、国防过渡服务、求助热线等，与中央政府相关部门、地方政府、私营企业和慈善组织合作为退役军人提供各种服务。退役

---

① Armed Forces Covenant. The Strategy for our Veterans [R/OL]. [2022-11-04]. https://www.gov.uk/government/publications/strategy-for-our-veterans.

② Ministry of Defence. Service Leavers' Guide [R/OL]. [2022-11-04]. https://www.gov.uk/government/publications/service-leavers-pack.

③ 英国的非政府公共机构是英国内阁、财政部、苏格兰政府和北爱尔兰行政院中存在的一种半官方公共部门，它不是政府，但承担部分政府职能。非政府公共机构可以自己雇用员工、制定预算。

军人事务局与就业和养老金部一同管理着部队养老金和部队补偿计划。退役军人事务局于2019年10月启动了国防过渡服务项目，支持即将退役的军人及其家属向地方生活过渡。退役军人事务局与慈善组织和企业合作，为退役军人及其家属提供健康、住宿、财务、家庭、社会关系和就业等各方面的咨询、指导与支持。退役军人事务局编写了《退役军人指南》，为退役军人提供一系列信息和建议，以帮助他们顺利过渡到地方生活。退役军人事务局还建立了英国退役军人帮助热线，该热线24小时提供服务，与专为退役军人心理健康服务的慈善组织“战胜压力”和预防自杀的慈善组织“撒玛利亚人”共同合作，来为退役军人提供心理健康服务。同时就养老金、抚恤金、各种福利、贷款与拨款、临时住宿、就业、培训、军队服务记录和勋章等各种问题接受退役军人及其家属的咨询并提供帮助。该局还与卫生和社会保健部门合作，共同运行退役军人个人综合调适计划，为伤残严重的军人提供医疗定制服务。国防部勋章办公室主要负责颁发女王授权的勋章和退役军人徽章。国防关系管理局与英国各地的各类组织合作，帮助这些组织了解部队、《武装部队公约》和支持退役军人就业的价值。国防关系管理局也管理雇主认可计划，该计划通过颁奖来表彰那些在支持退役军人或退役军人家属就业方面表现突出的私营企业雇主，以鼓励更多的私营企业雇用退役军人及退役军人家属。国防通信局与国防关系管理局、其他政府部门以及企业和慈善组织，如与英国军队广播服务局合作，宣传《武装部队公约》，并对退役军人的负面新闻进行及时的处理。2018年，国防通信局与武装部队精神健康信托基金会、优政网络社会调查和数据分析公司等非营利组织合作，调查公众对退役军人的看法，以及时调整公众对退役军人的负面印象。国防统计局通过发布官方统计数据，主动向公众公开其掌握的退役军人信息，并对出版物中的信息进行严格审查，以确保不会无意中泄露退役军人的个人信息。国防通信局还与中央政府各部门、地方各级政府和有关研究人员共享数据，对退役军人进行大数据分析。

有关退役军人服务保障的一项重要文件是《武装部队公约》，该公约被写进英国2011年的《武装部队法》中，是英国对参军人员的一项承诺。其核心原则是，确保现役和退役军人以及他们的家属能与其他社会群体一样在各个方面得到公平公正的对待，并得到社会的尊崇。在部长公约和退役军人委员会监督下的中央政府有关部门、三军、承诺支持《武装部队公约》的私营企业、地方政府、慈善组织、社区以及军校学员和志愿者在《武装部队公约》

下共同为现役军人、退役军人及其家属提供服务和支持。该公约使整个社会更为广泛地考虑到现役军人、退役军人及其家属的现实情况，为他们提供就业、医疗、住房、教育和金融咨询等各个方面的服务和支持。该公约同时为退役军人相关事务部门的协作提供了法律依据。武装部队公约信托基金是一个独立的信托基金，管理着每年约1000万英镑的武装部队公约基金，为社区支持武装部队的项目提供资金支持。例如，北爱尔兰的退役军人支持办公室与英国各地的慈善组织、退役军人支持组织以及政府部门和企业合作，在北爱尔兰社区中开展支持武装部队的项目。当慈善组织、政府或者企业无法提供资金时，该办公室就与武装部队公约信托基金合作，由该基金提供资金支持开展项目。

退役军人咨询和养老金/抚恤金/补助金委员会是由国防部支持的为退役军人、退役军人遗属、退役军人直系亲属提供服务的咨询型的非政府公共机构。该委员会协助退役军人过渡到地方生活；向国防部及其他政府部门提供有关退役军人的相关建议并审查政府制定的有关退役军人的政策和措施；就退役军人的福利及其他事宜与中央政府各部门、地方政府、媒体和慈善组织等进行沟通；协调慈善组织促进对退役军人的服务；向相关组织提供支持和建议，确保《武装部队公约》的有效实施；等等。

（三）其他政府部门

除以上部门之外，其他政府部门也提供相应的退役军人服务保障。包括：（1）教育部设立专门的奖学金来支持退役军人继续接受学术培训或职业辅导，全额资助退役军人获得完整的基础、中等或高等教育学位。教育部也设立了退役军人子女、烈士子女的相关专项奖学金来支持他们完成学业。（2）英国卫生和社会保健部及英国国家医疗服务体系[①]，提供对伤残退役军人的医疗服务和对退役军人的心理治疗，为退役军人提供现代化的临床护理治疗，以及

① 根据英国的卫生和社会保健部与NHS（国家医疗服务体系）的框架合作协议，卫生和社会保健部的部长为NHS最终对议会负责。卫生和社会保健部部长负责制定卫生健康服务的战略发展方向，决定整个英国医疗系统的预算分配，制定英格兰NHS的工作目标，监管NHS的服务和绩效，为NHS的绩效对议会负责。但是，具体的医疗服务是由NHS提供。卫生和社会保健部与NHS紧密合作，并与其他组织合作共同为英国公民提供公费医疗服务。NHS有英格兰NHS、威尔士NHS、苏格兰NHS，北爱尔兰的则叫作健康和社会保健服务体系。各地在医疗经费的使用上略有区别。

最新的医疗培训。(3) 就业和养老金部与国防部合作，共同为退役军人及其亲属提供就业支持。该部门与退役军人所在地区的地方政府和私营企业合作，为退役军人提供一系列的职业和就业培训，包括开技能发展研讨会、提供各种就业网络资源、职业培训课程、就业咨询、一对一求职服务等，以此增加退役军人在就业市场上的竞争力和就业机会。同时与教育部合作，负责培训退役军人的职业技能，从而保证退役军人从军队到地方的平稳过渡。该部门同时也负责退役军人养老金和抚恤金的发放。(4) 内政部负责保存非英籍退役军人合法居留的身份资格。① (5) 住房部下设联合军种住房咨询办公室，这是一个三军合一中心，为退役军人在从军队到地方过渡期间提供住房信息以及购房安置服务。(6) 英国司法部监狱和缓刑管理局通过尽早识别有犯罪倾向的退役军人，来降低他们的刑事犯罪率。国家缓刑管理局鼓励监狱工作人员不断询问那些进入拘留所或监狱的退役军人之前在军队服役的情况，来进行首轮筛选识别。缓刑管理局针对退役军人的特点，为监狱工作人员和缓刑工作人员开展专门培训，以更好地帮助服刑、缓刑和假释的退役军人。缓刑管理局也与监狱、慈善组织和社区合作，为服刑、缓刑和假释的退役军人提供社区矫正和更生保护服务。

二、英国退役军人服务的慈善组织

在英国，除政府部门之外，各类慈善组织也为退役军人提供了大量服务。英国的军队慈善组织是专门为支持现役和退役军人及其家庭而设立的慈善组织。② 英国已经建立了若干战略机构来支持军队慈善组织以及促进军队慈善组织和政府的协作，例如部长公约和退役军人委员会、公约顾问组、慈善服务伙伴关系委员会和武装部队专家组。此外，有些慈善组织也致力于帮助和促进军队慈善组织和其他合作伙伴的沟通协作，例如慈善服务联合会③提供了政

---

① 武装部队的非英国籍成员有无限期休假但保留原有身份资格的权利。

② Armed Forces Covenant. The UK Armed Forces Charity Sector: a Summary of Provision [R/OL]. [2022-11-04]. https://assets. publishing. service. gov. uk/government/uploads/system/ uploads/attachment_data/file/759046/6. 5046_MOD_Military_Charity_Report_v3_webNH. PDF.

③ 慈善服务联合会有 296 个成员，各成员也同样有促进各部门沟通协调的使命。例如慈善服务联合会的成员组织苏格兰退役军人协会促进苏格兰地区慈善组织之间的联络沟通，向其成员提供信息，协调英格兰政府、苏格兰政府、地方政府、慈善组织和私营企业之间的协作。

府、王室、慈善组织和私营企业协调沟通的联络渠道与机制。

与退役军人相关的英国慈善组织发展时间较长，数量多且制度相对健全，受益人群较广。现代英国与军队相关慈善事业起源可以追溯到1803年成立的劳埃德爱国基金会。该基金会旨在帮助拿破仑战争中的众多伤亡者。第一次世界大战后，英国军队的慈善事业有了显著增长。1916—1920年，共有11407家战时慈善组织注册，另有6492家战时慈善组织免予注册。现在英国的军队慈善组织比100年前的数量要少，其运作方式也发生了相应变化。2014年，英国大约有2200个慈善组织为武装部队现役和退役军人提供支持。在英国注册的专门为军队现役和退役军人提供福利支持的慈善组织有409家，大约有650万~670万的潜在受益人。在英格兰和威尔士，有130个军队慈善组织、56个退役军人协会和53个混合型慈善组织直接向退役军人个人发放救济金。英国历史最悠久的三军慈善组织，也是英国目前最大的军队慈善组织"士兵、水手、飞行员和家庭协会"[①] 2017年向有需要的个人总计支付了1847万英镑，其中1200万英镑来自其他慈善组织的捐助。

截至2018年，在军队慈善组织数量最多的英格兰地区，其慈善组织可分为以下三类：[②]

一是直接满足现役/退役军人需要的慈善组织，包括：（1）福利慈善组织。它们致力于提供服务或捐款，帮助经济困难、失业、无家可归、健康状况不佳、伤残的现役和退役军人。这一类慈善组织有278家。（2）服务基金。它们致力于为现役军人或其直系亲属提供物品、设施或补助金。这类慈善组织共有283家。（3）武装部队协会。它们致力于维护和发展战友情谊，缓解军人与社会的隔离。许多协会还向需要帮助的会员提供慈善补助金、解决特定的问题以及提供其他服务。此类协会共有82个，并有720个协会分支机构，每一个分支机构都是独立的慈善组织。（4）混合型慈善组织。这类组织将提高军队效能，为有需求的现役和退役军人提供救济，把维护和发展战友情谊结合起来，为军队提供支持。此类组织共有65家。

---

① SSAFA成立于1885年，前身是士兵和海员家庭协会。

② Armed Forces Covenant. The UK Armed Forces Charity Sector: a Summary of Provision [R/OL]. [2022-11-04]. https://assets. publishing. service. gov. uk/government/uploads/system/ uploads/attachment_data/file/759046/6. 5046_MOD_Military_Charity_Report_v3_webNH. PDF.

二是武装部队传承组织，包括博物馆、文物信托和公共纪念馆。2018 年，英格兰地区共有 242 家武装部队传承组织。

三是军校学员组织，包括英国主要军校在内的伞形组织和数百个各地的军校单位。2014 年，英格兰地区共有 500 个军校学员组织。虽然慈善服务联合会为退役军人嫌犯/罪犯提供咨询服务，但是目前，为退役军人提供矫正社会服务的慈善组织数量尚不明确。

威尔士军队慈善组织主要通过武装部队专家组来进行合作与协调，目的是提供专业意见，以更好地为现役/退役军人服务，满足他们所需。该小组由地方政府和公共服务内阁秘书长、武装部队和退役军人部长担任主席。此外，小组成员还包括来自英国陆军、皇家海军和皇家空军、英国三军家庭联合会、英国皇家退役军人协会、慈善服务联合会、士兵、水手、飞行员和家庭协会、威尔士退役军人咨询和养老金委员会、蜂巢信息中心①、就业和养老金部以及威尔士国家医疗服务体系的代表，来自多领域的专家可以更好地为现役/退役军人的服务保障进行规划。

苏格兰的军队慈善组织数量虽然较英格兰地区少，但在各个社区内影响力较大。截至 2016 年，在苏格兰注册的军队慈善组织总数为 300 个。在这 300 家慈善组织中，有 32 家是同时在英格兰、威尔士和苏格兰慈善委员会注册的跨区域慈善组织。其中有 5 家总部设在苏格兰，27 家总部设在英格兰。据统计，每年约有 1800 名退役军人选择在苏格兰定居。苏格兰退役军人协会是苏格兰军队慈善组织的协调组织。苏格兰政府于 2014 年设立苏格兰退役军人专员，专员的首要目标是深入了解退役军人所需，改善苏格兰退役军人的生活。专员需要评估与退役军人相关的公共服务，并就如何改进这些公共服务向政府提出建议。苏格兰地区影响力较大的慈善组织主要有：军团协会、地区和地方武装部队论坛、早餐俱乐部、国会武装部队和军校学员跨党派小组等。

北爱尔兰军队慈善组织的作用与英国其他地区略有不同，因为在北爱尔兰的《北爱尔兰令》第 75 条有平等框架规定，即公共机构有法定义务确保北爱尔兰所有公民享有平等的机会。如果执行《武装部队公约》中的第二项原

① 蜂巢信息中心是国防部下属机构，为所有现役军人（包括常备军和预备役军人）、军属、国防部公务员和退役军人提供相关信息。

则，即政府有时应采取特别措施，支持退役军人及其家庭，则将直接违反北爱尔兰平等框架规定。[①] 所以北爱尔兰军队慈善组织数量少且影响力较弱，同时缺少完善的管理制度和服务标准。北爱尔兰有 19 家注册时间较长的慈善组织，这些慈善组织均在英格兰和威尔士的慈善委员会或苏格兰慈善委员会注册。北爱尔兰 11 个地方政府中每个地方政府必须选派一名员工加入北爱尔兰预备役部队和学员协会，该协会成立了北爱尔兰退役军人支持办公室，以促进退役军人慈善组织之间的合作。该办公室主要是通过论坛，在自愿的基础上交流信息。此外，慈善服务联合会与北爱尔兰预备役部队和学员协会合作，负责监督和协调确保《武装部队公约》在北爱尔兰的实施。

英国的军队慈善组织为退役军人提供了大量服务。军队慈善组织在退役军人服务保障中发挥的作用包括：（1）慈善组织根据组织的宗旨和愿景，为英国各地的退役军人及其家属提供一系列专业服务，包括提供信息、医疗保健、住房等方面的服务。这些服务主要由慈善组织的自有资金来支持，资金的使用接受慈善委员会和公众的监督。（2）慈善组织通过竞标获得政府的公共服务外包合同，向退役军人提供特定的服务，这部分服务的资金来自政府。（3）监督政府部门的活动，影响政府政策。一些慈善组织充当退役军人利益的倡导者和拥护者，对涉及退役军人的法律法规进行研究分析，并向社会发布研究报告以引起政府和公众的关注，影响政府部门和议会的决策与私营企业的活动。这些慈善组织通常与政府和议会保持密切的关系，通过对政府和立法机构的游说，可以帮助退役军人获得更多的支持。

三、英国退役军人服务的私营企业

除了政府和慈善组织之外，英国越来越多的私营企业认识到雇用退役军人可以为公司带来退役军人在军队获得的相关技能、意志品质、经验和额外的商业利益，它们在政府的鼓励和支持下非常愿意雇用退役军人。同时，私营企业也在退役军人向地方生活的过渡中发挥了重要的作用。2018 年，英国约有 3000 名私营企业雇主签署了《武装部队公约》，承诺为退役军人提供相

① ARMOUR C, WATERHOUSE-BRADLEY B, WALKER E, & ROSS J. Supporting & Serving Military Veterans in Northern Ireland [EB/OL]. [2022-11-04]. http://www.niveteranstudy.org/veteran-organisation-scoping-review.

应的就业及培训服务。政府与私营企业合作的典型例子，如国防部的职业过渡伙伴项目和雇主认可项目。职业过渡伙伴项目由英国国防部和全世界最大的人力和职业生涯规划公司——Right 管理有限公司合作，为退役军人提供就业服务。国防部负责制定政策，Right 管理有限公司负责提供具体服务，常备军就业协会、军官协会和苏格兰军官协会则负责向退役军人提供就业支持。政府市场社会的多元协作促进了退役军人的就业服务。雇主认可项目则通过颁奖来表彰那些在支持退役军人或退役军人家属就业方面表现突出的私营企业雇主。

英国政府、慈善组织和私营企业根据退役军人的实际需求提供服务保障，而非根据他们的相对经济状况或功绩来提供服务保障，提供的服务涵盖了就业、医疗、住房、教育、司法等各个方面。

第三节　英国退役军人服务保障的制度体系

一、英国退役军人教育和就业服务制度

退役军人再就业时需要得到相关的教育和培训，获得新的知识、技能，了解社会的就业流程，找到与他们技能相匹配的合适岗位，并且需要将军事经验转化为社会经验，在日后的工作中继续提升他们的职业技能，以获得职业成长。

英国退役军人的教育和就业服务主要由政府与私营企业合作提供，同时，慈善组织也提供相关服务作为补充。政府部门中的教育部、就业和养老金部、国防部分别负责不同的服务项目。详见图 3-2。

英国国防部负责的最重要的就业保障项目是职业过渡伙伴项目。职业过渡伙伴项目是国防部和 Right 管理有限公司合作为退役军人提供再就业服务的项目。该项目通过一系列的就业服务，包括组织技能发展研讨会、提供网络资源、组织线下活动、提供职业培训课程、职业咨询、一对一求职帮助，为退役军人提供职业转型服务。该服务项目中有 4 个关键子项目，确保退役军人根据其个人情况和服役时间获得适当的服务：核心项目——面向服役 6 年以上的退役军人和所有需要住院治疗康复的退役军人；就业支持项目——面

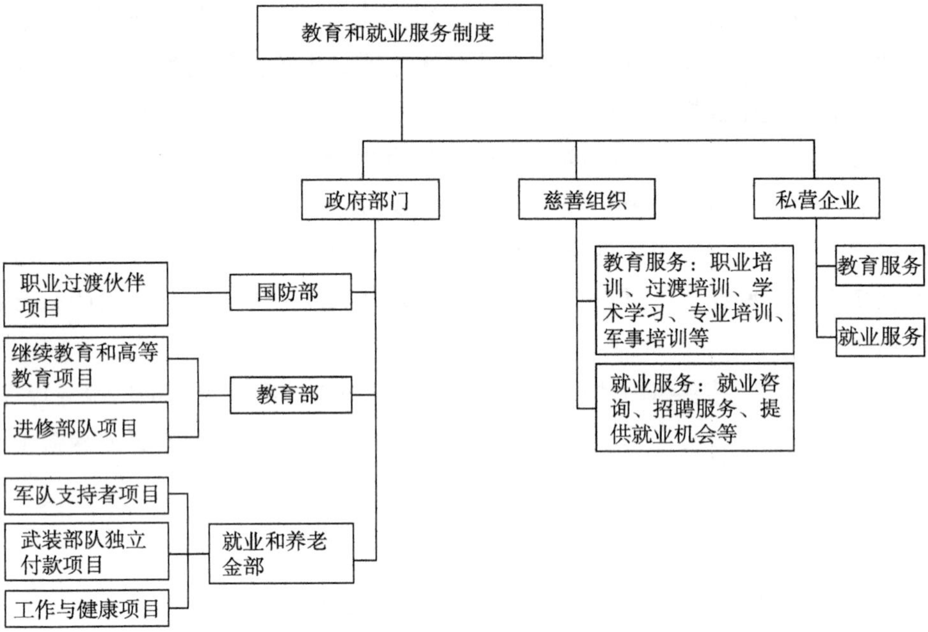

图 3-2　英国退役军人的教育和就业服务制度

向服役了 4 ~ 6 年的退役军人；提前退役者项目——适用于服役 4 年之内退役的军人或因强制退役而丧失享受其他服务权利的退役军人；专家支持项目——专门为受伤和生病的退役军人提供帮助，促进他们职业生涯的可持续发展。职业过渡伙伴项目还为退役军人雇主提供免费招聘服务，并提高雇主对现有军队人才库和退役军人为就业市场带来的大量可转移技能的认知。截至 2020 年，职业过渡伙伴项目已帮助超过 23.5 万名退役军人找到工作，使他们从军队顺利过渡到地方生活。退役军人从退役前 2 年到退役后 2 年都可以享受职业过渡伙伴项目服务。如果想要获得就业服务，退役军人首先需要在职业过渡伙伴项目的网站上创建一个账户，了解自己想要获得的关于职业转型培训的信息。退役军人也可以通过网站上的 RightJob 工作数据库在线找到所需的空缺职位，再进行求职申请。网站也会为退役军人提供在线简历修改和求职辅导等服务，退役军人也可以就近在职业过渡伙伴项目线下的求职机构寻求服务。

英国就业和养老金部主要向退役军人提供 3 项服务。一是军队支持者项目。该项目与国防部职业过渡伙伴项目和所在地区的其他支持组织合作，在就业中心为退役军人及其亲属提供就业服务。就业和养老金部的工作人员会访问一些重要的就业基地，帮助培训和提高就业基地管理人员的技能，使他们能更了解退役军人的相关福利保障制度，以更好地帮助退役军人的职业转型。二是武装部队独立付款项目。该项目于2013年开始实施，它简化了2005年以来因服兵役而受重伤的武装部队成员获取政府资助的流程。自2013年4月8日起，伤残退役军人在离开部队时会自动收到一份申请表，资格评估通过后直接得到政府补贴，不需要再进行单独的伤残评估。根据这一安排，符合条件的重伤服役和退役人员可从最高伤残生活津贴或个人独立津贴中选择金额更高的一项津贴。根据普遍信贷原则和福利上限豁免原则，那些领取战争伤残抚恤金和武装部队补偿计划保障收入款的退役军人，不会因为这些收入的增加而损失信贷资格。三是工作与健康项目。该项目通过为服役后3年内退役的军人服务，使退役军人能把自己在军队中所学的专业知识和技能用于退役后的工作。同时，为了方便严重伤残的退役军人，该项目可以根据服务医疗委员会提供的证明帮助一些退役军人通过就业、津贴和信贷方面的资格审查。

英国教育部主要负责两项退役军人服务保障项目。一是继续教育和高等教育项目。该项目由英国国防部和各地方政府全额资助退役军人获得完整的中等教育学历（高中结业水平或同等职业水平）或高等教育学历（副学位①或第一本科学位或同等学历）。二是进修部队项目。该项目支持退役军人接受教师资格培训，以取得教育证书或学位教师教育证书课程证书②。该项目设有专门的退役军人教学助学金，以帮助退役军人从军队过渡到地方教学领域。这一项目取代了之前实施的从军队到地方教师项目。退役军人如果需要获得这些服务，一般直接向教育部提交个人信息申请表以及入学证明，之后管理员通过申请表格对申请人进行资格审查，确认助学金资助名单。如果申请人对申请结果不满意，可以向国防部下属的退役军人事务局直接进行申诉。另外，国防部与教育部合作，在军人退役前对其进行一定的财务、理财知识的课程培训，使他们退役后在经济上能够实现自立。退役军人往往在刚成年时

① 副学位是一个专科教育资历，学生修毕副学位课程后可获得比大学学士低但比高中学历高的学历，修读年限通常为2年。

② Postgraduate Certificate in Education（PGCE）学位教师教育证书课程：是英国一种专门为已有学士学位并未接受过教师培训，但有志于加入基础教育工作的人士所编制的课程。这一课程等同于其他地区的学位教师教育文凭课程。

就开始他们的部队生活，常常缺乏日常财务知识和理财技能，大部分退役军人不知道日常生活哪些费用需要他们自己支付。例如他们在退役后需要支付牙科治疗费、房屋修理费、市政税、住房费用和通勤费用，所以军队需要对他们进行财务知识和理财辅导。国防部也与联合部队信用合作社[①]合作，鼓励、帮助现役和退役军人管理规划好自己的财务，以确保他们不会因为财务出现问题而影响了工作和生活。英国国防部并设有为英国现役和退役军人及其家属提供理财建议、指导和帮助的官方网站 MoneyForce。现役和退役军人及其家属可以通过网站获得理财信息及有针对性的理财建议，培养理财意识。MoneyForce 网站先后由标准人寿慈善信托基金、英国皇家军队协会资助，英国皇家军队协会负责对网站进行管理和提供相关的经验与信息，国防部提供相关指导和军队信息，并对网站背书。

此外，英国的地方政府也设立专门的机构，实施因地制宜的政策来促进退役军人的教育和再就业。例如，苏格兰政府的退役军人就业能力战略小组是负责研究改善退役军人就业机会的部门。苏格兰政府在 2018—2020 年提供了 4 万英镑的资金来推广退役军人的学历和技术资格在苏格兰信用与资格框架下的认证。在试点项目中，苏格兰技能发展项目和职业过渡伙伴项目合作，对退役军人进行职业指导。同时与警察局等机构建立合作伙伴关系，实现从军人到警察的职业过渡[②]。

慈善组织对退役军人的教育和就业服务保障提供补充服务，它们的服务对象范围广泛且特别关注政府未覆盖的服务。当前英国有 78 家慈善组织为武装部队成员提供教育和就业服务。78 家慈善组织全都提供教育服务，其中 59 家还同时提供就业服务。慈善组织的服务对象包括退役军人、现役军人以及他们的配偶和受抚养人。慈善组织为退役军人提供的教育可分为 5 类：职业培训——特定行业或工作的实践技能培训；过渡培训——帮助退役军人适应地方生活的技能培训，例如财务预算培训；学历学习——通常是在学校进行系统化的学习，帮助退役军人获得教育文凭，如获得普通中等教育证书或其他学历学位；专业培训——提升或发展非军事职业技能，例如学习管理课程；

① 信用合作社是非营利性金融合作社，由其成员所有并经营。

② Minister for Parliamentary Business and Veterans. Support for Veterans: Strategy [R/OL]. [2022-11-04]. https://commonslibrary.parliament.uk/research-briefings/cbp-7693/.

军事培训——提升军事技能，例如相关职业发展或领导能力培训。约 64% 的慈善组织与其他组织合作（包括政府、企业和其他慈善组织）或直接将就业服务外包给其他组织来做。慈善组织提供的服务中就业咨询是最受欢迎的服务，其次是招聘服务。34% 的慈善组织和其他组织向退役军人有偿或无偿提供就业机会。慈善组织之间的合作是它们在提供就业服务方面最常见的合作方式，例如苏格兰退役军人就业支持组织就和慈善服务联合会合作，威尔士武装部队专家组和北爱尔兰退役军人支持办公室合作为退役军人提供就业服务。另一种常见的合作形式是慈善组织与企业之间的合作。最受关注的政府、慈善组织和企业合作的项目/规划包括：《武装部队公约》；职业过渡伙伴项目；国防关系管理[①]；退役军人就业转型支持[②]；国防雇主认可计划。

二、英国退役军人医疗保障制度

英国实行公费医疗制度。英国军人从在役到退役都享受政府提供的公费医疗服务。英国国家医疗服务体系已将《武装部队公约》的原则纳入其准则，这意味着退役军人享有与其他英国公民一样的医疗服务。随着医疗技术的进步，那些因服役而遭受身体或精神创伤的退役军人的寿命比前几代退役军人更长，从而有更长期的医疗需求。

英国退役军人的医疗服务主要由国防部、国家医疗服务体系和各类慈善组织提供，详见图 3-3[③]。

国防部与国家医疗服务体系合作提供初级保健和特殊保健服务，前者如全科医疗、牙科、职业医学和社区精神健康服务；后者如二级护理和康复服务。有严重伤患的退役军人通常会去伯明翰的伊丽莎白女王医院。在医院接受治疗期间，大多数军人患者被集中在一个由军方和国家医疗服务体系的医务人员组成的安全创伤病房区域。英国卫生和社会保健部的国家医疗服务体系主要为退役军人提供生理和心理健康服务与保障，包括生理治疗、心理治疗、护理疗养以及综合诊疗服务。

---

① 雇主与国防部之间的单一联系点，提供雇用退役军人的建议和支持。

② 一个社会企业，联结慈善组织、企业和国防部，以促进退役军人的就业。

③ NHS. UK. Healthcare for the Armed Forces Community [EB/OL]. [2022-11-4]. https://www.nhs.uk/nhs-services/armed-forces-community/.

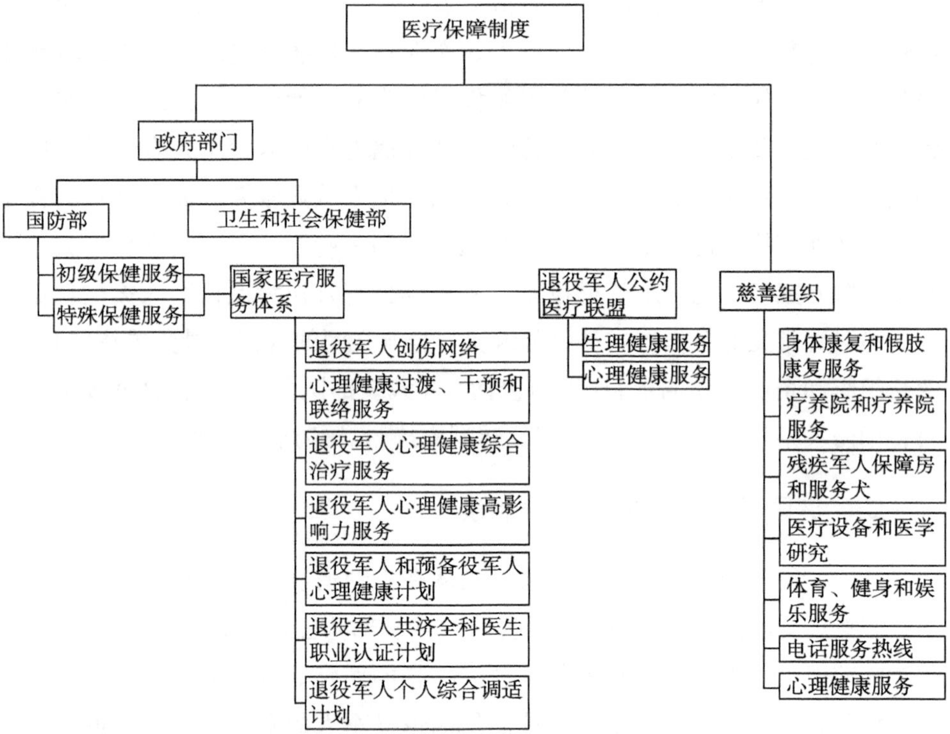

图 3-3　英国退役军人的医疗保障制度

退役军人生理治疗服务主要是由退役军人创伤网络项目提供。该项目建立了第一个为退役军人的身体健康提供护理和治疗以及健康归因的系统。英格兰地区有 10 个主要的创伤修复中心，与国防医疗服务、国家临床专业中心以及军队慈善组织合作，为退役军人提供全套护理服务。这些中心由医疗保健专业人员管理，其工作人员部分是退役军人或现役军人。2019 年该项目服务区域扩大到威尔士。

英国政府较注重对退役军人的心理治疗服务，这类服务包括退役军人心理健康过渡、干预和联络服务，退役军人心理健康综合治疗服务，退役军人心理健康高影响力服务和退役军人和预备役军人心理健康计划。这 4 个服务项目为有心理问题的退役军人提供一系列治疗，从识别早期心理问题和提供早期支持，到治疗复杂的心理问题和心理创伤。同时在住房、就业、戒酒和社会支持方面提供帮助。此外，国防部心理健康帮助热线会与一些慈善组织合作提供热线咨询服务。

后续护理疗养服务主要是退役军人共济全科医生职业认证计划，该项目由国家医疗服务体系和皇家全科医师学院共同推进，旨在帮助医疗机构为退役军人及其家属提供最佳的护理服务。

综合诊疗服务则有退役军人个人综合调适计划，该计划为少数具有复杂持久的身体和精神健康问题的退役军人提供支持。国防部、卫生和社会保健部、慈善组织和其他护理组织从退役军人离开军队的前 9 个月就开始合作，以确保退役军人在他们过渡到地方生活时的护理和支持安排到位。

一般而言，如果退役军人想获得以上服务保障，需要经过一些流程：首先退役军人需要在治疗之前向所在地的全科医生进行登记，了解所在地区的全科医生执业情况；之后退役军人需要告知医生他们曾在英国武装部队服役的情况，帮助医生更好地了解他们服役期间的伤病状况，在极少数的情况下，全科医生可以将其交由部队医院进行治疗；最后，退役军人需要将他们的军事医疗记录交给全科医生，将军事医疗记录转成国家医疗服务体系的医疗记录，以确保护理和治疗的持续性。每位退役军人在退役时都会得到一份自己的医疗记录摘要，在登记时交给他们的全科医生。对于退役后有特殊医疗需求的退役军人，有一个严格的移交程序，称为重伤离队协议。其他退役军人根据自己的临床需要，有权要求优先接受治疗。在对退役军人提供医疗服务时，部队医院、普通综合性医院、社区医院、全科医生对患者病历信息的及时共享非常重要。

退役军人公约医疗联盟由国家医疗服务体系和慈善组织合作组成，其中包括英格兰、苏格兰和威尔士的 49 家医院和近 100 家信托基金。该机构旨在支持信托机构、卫生委员会和其他组织制定最佳的退役军人护理标准，改善退役军人医疗服务水平。41 家医院信托基金已经被认定为“退役军人专项基金”，表明它们承诺遵守《武装部队公约》等 8 项核心宣言标准。退役军人精神健康服务由 8 个提供住院医疗服务的国家医疗服务体系的信托基金会合作提供[①]，它们对退役军人的精神状况进行评估和治疗。

---

① 这 8 个信托基金会分别是：南斯塔福德郡和什罗普郡医疗保健 NHS 信托基金会；剑桥和彼得伯勒 NHS 信托基金会；NHS Grampian 信托基金会；南方地区医疗 NHS 信托基金会；林肯郡伙伴关系 NHS 信托基金会；Somerset 伙伴关系 NHS 信托基金会；Tees、Esk 和 Wear Valley NHS 信托基金会；大格拉斯哥和克莱德 NHS 信托基金会。

众多慈善组织也为退役军人提供一系列的医疗保障服务。退役后，退役军人的医疗责任直接转移到国家医疗服务体系，慈善组织一般只提供辅助的医疗保障服务。当前英国有 121 家与医疗保障相关的退役军人慈善组织，每年约有 25 万退役军人从慈善组织获得医疗方面的服务，是获得教育和就业服务的退役军人人数的 7 倍。值得注意的是，25 万名受益人中大部分退役军人年纪较大，对生理医疗服务方面的需求也更多，由此在一定程度上解释了目前退役军人对生理健康服务的巨大需求。英国所有军队慈善组织每年用于身体健康的财务支出至少为 1.03 亿英镑，明显高于同期用于教育和就业的支出（2600 万英镑）和心理健康的支出（2800 万英镑）。慈善组织提供生理健康服务主要有以下几种方式：

一是身体康复和假肢康复服务。有 62% 的慈善组织提供身体康复服务。慈善组织提供的假肢康复服务最常见的方式是提供补助金，只有少数慈善组织（约 14% 的慈善组织）直接提供假肢康复服务。退役军人假肢特别小组向国家医疗服务体系的残疾服务中心提供资金，以确保退役军人能够获得高质量的假肢，同时为有长期身体、精神或神经疾病或残疾的退役军人提供个性化护理。有着复杂和终身健康状况的退役军人可以申请参加退役军人个人护理计划。符合条件的退役军人将获得单独的个人护理计划，以满足他们的医疗需求。二是疗养院和疗养院服务。约 86% 的慈善组织提供疗养院或者疗养院的临时护理服务。三是残疾军人保障房和服务犬。约有一半的慈善组织向残疾军人提供保障房服务，还有部分慈善组织向残疾军人提供服务犬。四是医疗设备和医学研究。慈善组织向退役军人提供医疗设备，如助听器。慈善组织也向医学研究机构及大学提供研究资助，以促进慈善组织与卫生部门、研究机构和大学之间的合作。五是体育、健身和娱乐服务。退役军人的体育、健身和娱乐服务通常由慈善组织提供。娱乐项目有休闲活动，如疗养院病人的一日游，以及一些非临床活动，如马术治疗。六是电话服务热线。慈善组织向退役军人提供健康服务热线和健康指导服务。七是心理健康服务。随着退役军人的心理问题越来越受到关注和重视，慈善组织在这方面也为退役军人提供越来越多的帮助和支持。例如，慈善组织战胜压力是专门帮助退役军人处理创伤后应激障碍、焦虑和抑郁，且为由于服役经历而有复杂心理问题的退役军人提供专业的治疗和帮助的组织。该组织有一个由受过专业训练的心理专家组成的团队，每天 24 小时为退役军人提供免费的心理健康建议和帮助。

三、英国退役军人司法服务制度

英国大多数退役军人都能够顺利地从部队生活过渡到地方生活，退役军人的犯罪率比未服役的普通市民低。根据司法部汇编的罪犯管理统计数据，2019 年英格兰和威尔士入狱罪犯中，退役军人罪犯只占 3%。① 但仍有小部分退役军人触犯法律。因此，英国对退役军人提供的司法服务主要是社区矫正康复服务，即进行犯罪预防，对触犯法律的退役军人在服刑、缓刑和假释期间，提供思想教育、心理治疗、行为纠正、生活福利、亲属照顾等服务，以及更生保护服务，即对出狱后，缓刑和假释期间的退役军人给予适当保护与辅导，帮助他们自力更生，克服困难，顺利适应社会生活。②

英国对退役军人的社区矫正服务主要由司法部负责，监狱、社区及慈善组织协作提供。《武装部队公约》明确规定，除非有证据表明退役军人有关的犯罪行为是直接由部队服役经历造成的，任何触犯法律的现役军人和退役军人在刑事司法系统内与普通罪犯一样在法律面前一律平等，否则会损害公众对司法体系的信任。英国没有建立专门的退役军人法庭，而是更重视提前干预退役军人可能的犯罪行为。《武装部队公约》要求在尽可能早的阶段就查明退役军人犯罪的隐患并给予适当的干预。刑事司法系统内的工作人员会在每一个阶段询问罪犯是否曾在部队服役，并给予及时干预。英格兰地区引入的联络和转移计划要求确定有效途径，防止退役军人的违法犯罪行为。

英国为退役军人提供以下社区矫正康复服务：一是同侪辅导计划。这一计划由慈善组织提供，既包括退役军人服刑期间的矫正服务，也包括退役军人缓刑、假释或获释后在社区的更生保护服务。二是由退役军人担任监狱的监护支持官，为退役军人提供社区矫正康复服务。目前，英格兰和威尔士 79% 的监狱都有一名退役军人监护支持官。③ 这些退役军人监护支持官利用他

---

① Ministry of Justice. Offender Management Statistics Quarterly [R/OL]. [2022-11-04]. https://www.gov.uk/government/collections/offender-management-statistics-quarterly.

② PHILLIPS S. Former Members of the Armed Forces and the Criminal Justice System: A Review on Behalf of the Secretary of State for Justice [EB/OL]. [2022-11-04]. https://assets.publishing.service.gov.uk/government/uploads/system/uploads/attachment_data/file/389964/former-members-of-the-armed-forces-and-the-criminal-justice-system.pdf.

③ 这一数据是英国司法部监狱和缓刑管理局、慈善组织英国皇家军队联盟和安格利亚鲁斯金大学的合作项目调查统计的结果。

们的知识和经验帮助犯罪的退役军人个人和家庭，并协调军队慈善组织提供社区矫正康复服务。目前，英国政府正加强对刑事司法系统工作人员的培训，使他们更为了解退役军人这一群体，以便更为有效地提前干预退役军人的犯罪行为以及更好地为退役军人提供社区矫正康复服务和更生保护服务。三是退役军人重组开拓者服务。该项目为诺丁汉郡和林肯郡地区处于犯罪边缘的退役军人、正在服刑的退役军人和即将离开监狱的退役军人提供了一系列社区矫正康复服务，以减少这些人犯罪或再次犯罪的概率。

四、英国退役军人住房保障制度

英国退役军人住房保障体系由政府、企业和慈善组织合作运行，详见图3-4。司法部和国防部共同出台住房保障法案，国防部和住房部协调保障房人员名单，住房部单独或与企业、慈善组织合作为退役军人提供住宿。根据2014年的数据，伦敦流浪的退役军人数量约占伦敦流浪总人口的2%～3%[①]，这与20世纪90年代中后期20%的比例相比较，有了显著下降。这主要是由于英国退役军人人数减少、《国防安置条例》的完善以及军队慈善组织的干预。

司法部与国防部共同出台了一系列法案和条例来保障退役军人获得社会住房，如《流浪者减少法案》（2017）、《国防安置条例》，确保重伤军人和有迫切住房需求的退役军人能优先获得当地的社会住房[②]，并且不会因为当地的居住要求而被取消获得社会住房的资格。[③] 苏格兰在2019年7月1日起实施修订后的相关法律明确，如果房东是为退役军人提供住宿的慈善组织，私人住宅租赁协议将不再适用，以确保私营租赁部门中的退役军人专用住房可以继续使用，同时为退役军人提供康复和训练期间的临时住所，以及符合慈善组织宗旨和退役军人需要的永久住所。苏格兰政府与苏格兰住房协会、苏格

① JONES A, QUILGARS D, O'MALLEY L, RHODES D, BEVAN M & PLEACE N. Meeting the Housing and Support Needs of Single Veterans in Great Britain [R/OL]. [2022-11-04]. https://www.york.ac.uk/media/chp/documents/2014/VETERANS%20REPORT_2014_WEB.pdf.

② 社会住房是英国以较低的租金提供给低收入人群以及需要特别帮助人群的保障性住房。注册的社会住房提供者绝大部分是非营利组织（例如住房协会）和地方政府，也有较少的营利组织提供社会住房。

③ Royal British Legion. Care and Independent Living [EB/OL]. [2022-11-04]. https://www.britishlegion.org.uk/get-support/care-and-independent-living.

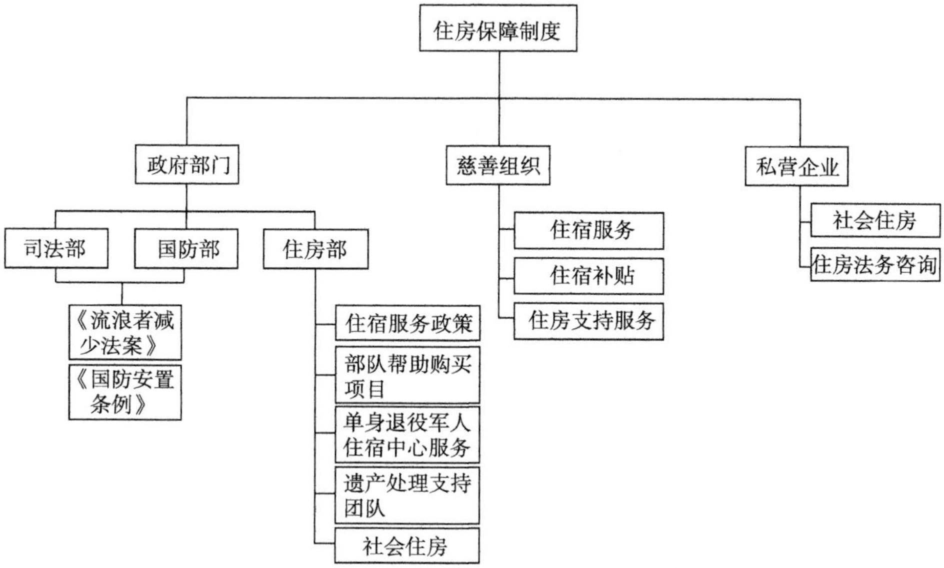

图 3-4　英国退役军人的住房保障制度

兰住房选择等主要的利益相关方根据退役军人面临的具体问题制作了住房申请表，以了解退役军人的住房需求，确保申请社会住房的退役军人得到住房，并提供住房选择建议。苏格兰政府还与苏格兰退役军人住房等组织合作，推广退役军人住房以及表扬对退役军人提供住房帮助的房东个人。

住房部为退役军人提供以下五项住房保障服务：一是住宿服务政策。该政策允许退役军人及其家属在离开武装部队后，可在临时保障房居住 12 个月。二是部队帮助购买项目。该项目向退役军人提供最高不超过 2.5 万英镑的免息贷款，用于购买第一套住房、延长在现有住房的居住时间或根据派遣或需求变化搬到另一处住房。贷款可用于支付定金和其他费用，如律师费和地产代理费，并在 10 年内偿还。退役军人在离开部队前 6 个月就可以向住房部提出申请。该计划于 2014 年开始试点实行，现已延长至 2022 年 12 月。三是单身退役军人住宿中心服务。它通过提供住房咨询和住宿安置服务，协助单身军人在离开部队时获得住宿保障，减少他们露宿街头的可能。退役军人可以直接通过电子邮件或电话联系河滨集团及北约克郡灯塔住宿地获得服务。四是遗产处理支持团队。它为退役军人提供遗产处理方面的法律咨询和支持。五是社会住房。退役军人在获得社会住房时，有高度优先权。《流浪者减少法案》（2017）规定，指定的公共机构在 56 天内将它们评估的有无家可归风险的个人的名单提交给当地住房管理局。根据这一规定，国防部必须将它们评估有无家可归风险的退役军人名单交给退役军人所在地的住房管理局，并与当地住房管理局一起给予这些退役军人必要的帮助和支持。

慈善组织也为退役军人提供住房服务。慈善组织为退役军人提供的最为常见的服务是提供住宿服务。2017 年，78 家慈善组织向至少 11600 名退役军人提供了住房支持。其中 47 家慈善组织提供住宿服务，这些慈善组织共有约 4700 处房产（至少 10200 张床位）。其中 20 个慈善组织专门为伤残和生病的退役军人提供住房服务，9 个慈善组织专门为老年退役军人提供庇护所，5 个慈善组织为流浪退役军人提供庇护所。在这些提供住房支持的慈善组织中，有 60% 的慈善组织拥有自己的房产，其中为伤残退役军人设计的无障碍设置房最为常见。慈善组织为退役军人提供的第二种常见的住房服务是提供住宿补贴。除此之外，军队慈善组织还提供一系列住房支持服务，常见的如房屋维修和维护，住房搜索和住房申请帮助。这些慈善组织 2017 财政年度在住房方面至少花费了 4000 万英镑来支持退役军人。军队慈善组织与其他慈善组织、住房协会、国防部及社区团体合作，共同提高为退役军人提供的住房保障服务的质量。除此之外，住房中介公司、提供社会住房的私营企业也为退役军人提供社会住房服务或住房法务咨询等服务。

第四节　英国退役军人服务保障的特点

一、政府主导，多部门协同，社会参与

英国形成了政府主导，多部门协同，社会参与的退役军人服务体系。中央财政负责退役军人的退役金、养老金及各种补助费用，这些补助覆盖面广并且有统一标准，使得退役军人能够得到稳定的资金支持。尽管英国政府并未设立专门的退役军人事务部，但退役军人的就业、医疗、住房、法律事务均纳入了政府相关部门的职能范围，内阁下设的退役军人事务办公室和国防部下设的退役军人事务局负责总体统筹协调，多部门协同负责退役军人的服务保障。此外，英国有众多的慈善组织帮助退役军人，这些组织为退役军人提供人力或财力帮助，为他们提供就业培训和补助，或为他们开办企业提供

无息或低息贷款，或是帮助他们寻找新的就业机会或自谋职业，或是为他们提供生理或心理健康服务以及其他服务。慈善组织的资金来自国家福利彩票、社会捐赠、会员会费等。国防部也为慈善组织提供资金支持，以更好地为退役军人服务。与此同时，英国政府通过公共服务外包向企业购买服务，例如将退役军人职业过渡伙伴项目外包给人力资源管理公司。政府与慈善组织、私营企业协作建立起了一套较为完备的服务保障体系来确保退役军人能够从教育、就业、医疗、住房、司法等各个方面得到全面的服务与支持。

二、以市场为导向，以就业培训为核心的就业体系

英国拥有完备的退役军人就业体系，建立了一套完善的军队招募、留人、就业为一体的人力资源管理体系，并提出了“政府支持、公众认可、军人意愿、社会参与”的退役军人就业工作方针。英国政府和军队并不会为退役军人安排工作。退役军人退役之后自谋职业。英国政府和军队通过对退役军人提供全面的教育培训和其他各种服务，使得退役军人具有与其他社会群体同样的竞争力甚至是更强的竞争力，从而在就业市场中不会因为服役而处于弱势的地位。

英国政府和军队把就业培训作为退役军人就业服务的最重要部分，为退役军人的就业提供了许多优惠条件。每个退役军人可以申请一般教育补贴或加强教育补贴。英国非常重视对军人服役期间的就业培训，一般提前 1 ~2 年就向准备退役的军人征询就业意愿，退役军人可申请到地方院校、与政府有合约关系的培训机构或者与政府没有合约关系的培训机构学习，参加行政、工商管理、劳动技能等 40 多项培训课程，为其退役后的就业做好准备。就业培训的内容和课程实操性较强，与劳务市场的需求相配合，不断进行灵活调整。其中许多课程培训结束后都可获得国家或专业行业认可的资格证书。

英国退役军人就业培训体系发达，服务全面，就业服务机构健全，覆盖全国各地，经费充足。国防部与其合作伙伴库兹咨询集团公司开展了合作项目，以公私合作的方式为退役军人的就业提供服务。职业过渡伙伴项目在英国 10 个地区设有办公室，还有 24 个就业培训顾问机构，并与 300 个培训机构有合作。军队支持者计划的项目工作人员每月要向国防部提交退役军人就业报告。退役军人就业中心有专门的就业顾问，为退役军人一对一地设计就业方案及面试培训，若 3 个月内仍未找到工作，就业中心会发放“长期失业补

贴”，并继续进行一对一就业帮助。在全面的教育培训服务下，英国94%的退役军人可以在6个月内实现就业。

三、较为全面的过渡服务，确保退役军人平稳过渡到地方生活

就业虽然是退役军人从部队生活过渡到地方生活的最重要部分，但是英国并不仅仅关注退役军人的就业。国防过渡服务就凸显了国防部从对退役军人就业的关注扩大到对退役军人及其家庭在过渡期间的重大生活变化的关注。首先，英国为退役军人提供的各种不同的服务都不同程度地向退役军人家属提供。例如，支持退役军人家属就业，对雇用退役军人家属的雇主进行奖励，为退役军人的子女提供奖学金，为退役军人家属提供各种咨询和服务，等等。诸如此类的服务使得退役军人的家庭在退役军人过渡期间能保持稳定。其次，除了传统的就业、医疗、教育、住房、司法等服务之外，英国还非常关注退役军人的社会融入。由于退役军人离开部队后也会相应地失去一部分原有的人际关系网络，退役军人不仅需要主动融入新的环境，也需要有一个广泛的军事协会网络能让他们同以前的战友联系。英国政府与慈善组织为退役军人提供社会融入服务，使得退役军人能够与他们所在的社会建立健康的联结。

四、注重大数据的统计与分析，提前预测退役军人需求，规划退役军人服务保障政策

随着数字治理的兴起，英国政府越加重视退役军人服务保障工作数据搜集、分析与运用。英国政府强调公共、私营和慈善组织需要加强对退役军人数据的收集、使用、分析和共享，为决策提供有效信息，从而解决退役军人的切实需求。英国政府通过对退役军人人口特征的分析和代际分析以及与社会总体的比较，预测退役军人群体的变化，从而制定更为合理的退役军人服务保障政策。苏格兰地区的政府正在改进收集、保存和使用退役军人健康数据的方式。爱丁堡大学的数据驱动创新项目、国家医疗服务体系信息服务部与国防部正在合作收集退役军人健康信息，来确定如何更为有效地为退役军人提供医疗服务。新的毒品和酒精信息系统将收集接受过戒毒和戒酒治疗的退役军人的数据，为退役军人滥用药物和酒精的性质和规模提供有效的分析和预测。英国司法部监狱和缓刑管理局、慈善组织英国皇家军队联盟和安格利亚鲁斯金大学合作，搜集有关退役军人犯罪的相关数据、英国司法系统内

有服役经历的工作人员的相关数据以及其他与退役军人相关的司法系统的数据。越来越多的大数据项目正在更好地为退役军人服务提供支持。

五、退役军人服务经费较为充裕

虽然英国政府和军队不负责退役军人退役后的生活保障，但会根据他们服役时间的长短发放退役金、养老金、抚恤金以及退役津贴。55 岁及以上的退役军官的退役金或养老金非常优厚，基本不需要再就业。英国政府每年提供约 1200 万英镑的资金作为退役军人就业服务的工作经费。在住房保障方面，退役军人可以享受政府提供的 10 年内的 2. 5 万英镑的免息贷款，也可以免费使用一年的临时保障房。在医疗方面，英国实行公费医疗，费用由政府全额承担。另有多个慈善组织为退役军人提供专业的医疗服务。退役军人无须担心医疗方面的开支，并且可以在特殊情况下享受优先治疗。此外，武装部队公约基金是一个独立的信托基金机构，每年管理约 1000 万英镑的退役军人服务保障的资金分配。在该基金成立的 3 年内，对 4 个项目提供了资金：军民融合计划（约 1300 万英镑）；为需要帮助的退役军人提供额外资助（约 1090 万英镑）；消除家庭生活障碍（约 450 万英镑）；退役军人非核心医疗服务（约 19 万英镑）①。这些经费进一步促进了退役军人的服务保障。

第五节　英国退役军人服务保障面临的主要问题

虽然英国退役军人服务保障体系较为健全，但依然存在一些问题。

一、退役军人的范围过于宽泛，不利于退役军人的服务保障

在考虑退役军人的范围时，英国政府目前采用了一个定义，即“至少领取一天工资的所有各级武装部队前成员”，这一定义得到了许多较大的慈善组织的认可。但是，退役军人过渡审查委员会建议英国政府重新审查“退役军人”一词的定义，并完善界定退役军人的标准，以使其更具公信力和排他性。

---

① Armed Forces Covenant Fund Trust. Force for Change Programme［EB/OL］.［2022-11-04］. https://covenantfund. org. uk/programme/force-for-change/.

如果界定标准较低，那些没有正当权利得到优待的退役军人可以享有一系列社会优待，他们能够得到与服役10年的退役军人相同的福利待遇，会导致其他退役军人和社会公众的不满。今后，“退役军人”一词的概念需要在相关法律和服务保障政策法规中进一步明确。

二、政府部门和慈善组织需要为退役军人提供更多的过渡服务

近年来，大量退役军人反映他们在退役后缺乏公共部门支持。例如，由于住房部过于依赖私人企业和慈善组织提供的住房，不直接为退役军人提供住宿，很多退役军人退役后面临住房困难。退役军人由于服役导致他们在退役后的生活中处于不利地位，例如服役时间和地区流动对他们在寻找配偶、建立家庭、接受教育以及银行信贷方面产生不利影响。退役军人群体在转变社会身份的过程中也容易与朋友失去联系并脱离社会。49.7%的退役军人的财务（福利和债务）的评级为差或非常差，因此政府需要在军人服役期间和退役后提供更多的过渡服务。

三、地区间服务保障不均衡

许多退役军人生活在偏远农村地区，与城市退役军人相比，农村退役军人年龄更大、贫困率更高，并且健康状况更差，他们需要更多的服务。但这些地区主要提供的是一些退役军人的基本服务，就业、教育和医疗服务远远比不上城市提供的此类服务。此外，英格兰地区的医疗服务及其他服务普遍比苏格兰、北爱尔兰和威尔士地区要更全面。政府需要进一步向农村地区倾斜人力、物力、财力，英格兰之外的地区也需要进一步完善退役军人服务保障。

四、退役军人相关数据缺失，不利于准确分析和预测退役军人的需求，提供有效的服务

当前英国政府已有的关于退役军人的数据是零散的，部分数据是过时的，这使得分析和预测退役军人的需求变得困难。例如，英国政府对退役军人的健康数据掌握得一直不全面，这影响了对退役军人提供医疗服务的效率和效能。英国政府一直要求相关部门定期收集退役军人犯罪的数据及相关信息以提前干预，有效预防犯罪，但是数据搜集方面一直有困难，目前还无法根据

已掌握信息有效预防退役军人的犯罪行为。

五、部分机构职能重叠，服务重叠，不同机构之间的协调与协作还存在不足

退役军人经常得到来自政府、私营企业和慈善组织等不同部门的服务，虽然不同部门之间有很好的合作范例，但是有些具体服务的提供非常复杂，参与的部门过多，容易导致部门间发生职能重叠、职责不清的情况，同一部门的服务也存在重叠的情况。例如，新设立的退役军人事务办公室和原来国防部下设的退役军人事务局之间还存在重复的职能，未来发展中需要进一步明确划分两个部门的职能。苏格兰政府通过大数据分析发现，社会保障局提供的武装部队独立津贴与退役军人特定福利之间存在重叠，会导致财政浪费。此外，英国现有 2000 多个帮助退役军人的慈善组织，这些慈善组织提供的服务与政府部门提供的服务存在重叠，会导致资源浪费。各服务机构之间的协调与协作也还存在不足，在与新的服务机构接触时，退役军人可能需要不断重复自己的情况和诉求。同时有些服务制度不健全，例如有的退役军人的补偿金领取制度与其他福利领取制度相冲突，因而负责退役军人服务保障的机构之间需要寻求更大程度的协调与合作。英国国防部在 2018 年提出了退役军人管理的十年战略计划，其中重要的一项就是在 2028 年前，改善为退役军人服务的不同组织的协作，为退役军人持续提供支持。

六、退役军人慈善组织发展面临种种问题

首先慈善组织数量减少。在 2008 年 1 月 1 日至 2014 年 6 月 30 日期间，与军队相关的慈善组织数量减少了 7% 。随着退役军人人数在未来几十年的持续下降，慈善组织的数量也将继续减少。同时慈善组织之间需要更多的协调与合作，以确保受益人继续得到高质量的服务。其次，慈善组织面临资金困难。军队慈善组织资金来源渠道相对较窄，仅仅依赖社会捐赠则使慈善组织常常面临资金短缺的困境。一些慈善组织或慈善项目会因资金短缺而突然终止。慈善组织不得不寻求武装部队公约信托基金的帮助，以获得可持续的资金来源。同时，英国政府和慈善委员会对慈善组织的监管标准提高，这意味着慈善组织人力成本和管理费用的增加。慈善部门的投入资金减少、成本上升，可能导致对退役军人的服务保障规模减小，质量下降。最后，慈善组织

极易受到其声誉的影响，抗风险能力较弱。由于慈善组织的资金来源很大程度上依赖于公众的捐赠，随着媒体对慈善组织的监督和公众对慈善组织的普遍关注程度不断提高，任何损害慈善组织声誉的事件都可能导致未来捐款的损失。

七、公众对退役军人群体的认知还存在偏差和误解

近年来，一些研究发现公众对退役军人有所误解，一部分民众认为虽然服兵役可以培养出自律、忠诚、自立等积极品质，但同时也认为退役军人由于其服役经历可能被制度化、容易出现心理问题，而且不太善于建立军队之外的社会关系。这些观念会使退役军人在求职或重新适应正常社会生活时变得困难，例如，由于就业服务部门和社会对军人缺乏了解，雇主不承认退役军人拥有的军事技能，并对退役军人存在一定的偏见，影响了退役军人的再就业。因此，政府和慈善组织需要加强正面引导和宣传，增加公众对退役军人经历的了解，破除公众对军人群体的刻板印象，加强社会对军人的尊崇。

第四章

德国退役军人管理保障

第一节 德国退役军人管理保障概况

一、德军的基本情况

德国联邦国防军诞生于“冷战”时期，成立于1955年，并于1957年引入征兵制，在20世纪60年代后期一度达到约50万人的兵力规模。[①] 建立义务兵役制以来，德国根据政治军事形势变化及国内人口结构变化的情况，多次调整义务兵役服役时长，最长时限18个月，最短时限6个月。其中，1957年4月—1962年3月为12个月；1962年4月—1962年6月为15个月；1962年7月—1972年12月为18个月；1973年1月—1990年9月为15个月；1990年10月—1995年12月为12个月；1996年1月—2001年12月为10个月；2002年1月—2010年12月为9个月；2011年1—6月为6个月[②]。自2011年7月起，德国联邦国防军暂停义务兵役制，实行灵活的“志愿兵役制”。志愿兵承诺服役期限为7至23个月，其中前6个月是试用期，在试用期间任何一方都可以终止合同。[③] 这种志愿兵役制为感兴趣的公民提供了了解军队的机会。在满足资格的条件下，志愿兵可以选择签约延长服役期限成为“合同制军人”。[④]

---

① 德国联邦国防军．联邦国防军历史［EB/OL］．［2022-03-27］．https://www.bundeswehr.de/de/ueber-die-bundeswehr/geschichte-bundeswehr.

② 德国联邦国防军．不断变化：联邦国防军的改革［EB/OL］．［2022-03-27］．https://www.bundeswehr.de/de/ueber-die-bundeswehr/geschichte-bundeswehr/reformen-bundeswehr.

③ 德国联邦国防军．志愿兵役——机会而非义务［EB/OL］．［2022-03-27］．https://www.bundeswehr.de/de/ueber-die-bundeswehr/dienstgrade-laufbahnen-bundeswehr/freiwilliger-wehrdienst.

④ 德国联邦国防军．团队的职业生涯［EB/OL］．［2022-03-27］．https://www.bundeswehr.de/de/ueber-die-bundeswehr/dienstgrade-laufbahnen-bundeswehr/laufbahn-mannschaften.

根据《军人地位法》[①]，德国军人主要分为三类：终身服役的职业军人和有期限服役的合同制军人以及志愿兵（2011 年 7 月前是义务兵）。合同制军人的规定服役期限为 4 至 25 年[②]。在满足法定条件下，合同制军人可以选择转换为职业军人，职业军人也可转换为合同制军人。

截至 2022 年 1 月，德国联邦国防军现役军人和文职人员总数约为 26. 6 万人。其中，现役军人约 18. 4 万人（包括陆军 62766 人，空军 27381 人，海军 16196 人，联邦国防部 1124 人，直属部门 3328 人，部队基地 27820 人，中央医疗服务 19802 人，网络和信息空间部队 14448 人，基础设施环保服务 955 人，设备信息技术使用领域 1773 人，人事部门 8165 人)，文职人员约 8. 2 万人。现役军人包括职业军人 55434 人（占比约 30. 2%）、合同制军人 119187 人（占比约 64. 9%）、志愿兵 8710 人和国土安全志愿兵[③] 427 人（志愿兵合计占比不足 5%）。[④]

除法律规定的伤病残等特殊情况外，职业军人达到岗位职级一般年龄限制或特殊年龄限制即退休；合同制军人和志愿兵服役期满即退役。德国联邦国防军现役军人中约七成都是有期限服役，退役军人群体也以前合同制军人为主。据德国联邦国防军 2021 年版的《雇主信息手册》显示，德国每年都有约 10000 名合同制军人退出现役，并转入平民职业[⑤]。相较而言，职业军人的退役数量大约只有合同制军人的 1/7。据《德国武装部队 2020 年度报告》披露的数据，国防军 2020 年共有 1450 名职业军人退役，其中 923 人在达到特殊

---

① 德国联邦司法部. 军人地位法（Soldatengesetz-SG）[EB/OL].[2022-03-27]. http://www.gesetze-im-internet.de/sg/BJNR001140956.html.

② Bundesamt für das Personalmanagement der Bundeswehr. BerufsföRderungsdienst Informationen für Arbeitgeberinnen und Arbeitgeber [M]. Köln: Zentraldruckerei BAIUDBw, 2021: 5.

③ “国土安全志愿兵”是德国 2021 年 4 月开始的试点项目，国土安全志愿兵服役年限共计 1 年，包括前 7 个月训练和另外 5 个月的预备役服役期，训练和服役必须在 6 年内完成。与传统“志愿兵”的最大区别在于，国土安全志愿兵没有派遣至国外的军事部署，它是“预备役部队的居家计划”，秉承“家园安全理念”，将士兵就近部署在国内离家较近的地方。见德国联邦国防军. 试点项目：国土安全中的志愿兵役 [EB/OL].[2022-03-27]. https://www.bundeswehr.de/de/ueber-die-bundeswehr/die-reserve-der-bundeswehr/reservist-werden-in-der-bundeswehr-/territoriale-reserve/pilotprojekt-freiwilliger-wehrdienst-im-heimatschutz-.

④ 德国联邦国防军. 德国联邦国防军目前的人员数量 [EB/OL].[2022-03-27]. https://www.bundeswehr.de/de/ueber-die-bundeswehr/zahlen-daten-fakten/personalzahlen-bundeswehr.

⑤ 同②.

年龄限制后退休，462 人在超过特殊年龄限制后退休，65 人因其他原因退役。[①]

二、德国退役军人管理保障历史沿革

德国历史上战火频仍。战争给社会带来的直接后果就是大量的人员伤亡和巨大的国家补偿需求。这种灾难性后果使得先前的国家社会保障系统不堪重负，政府不得不谋求新的政策变革和发展，创建战争受害者保障计划，为战争受害者提供基本保障，为战后数百万复员老兵重新融入社会和劳动力市场提供一定便利。战争受害者保障计划，在一定程度上也推动了德国国家福利制度建设。

德国最初的战争受害者补偿规定是因 1870 年普法战争而作出的，但因不足以应对社会需求而遭到抗议。直到 1906 年，政府才决定进行改革，但改革并未废除职业军人（包括军官和士官）与应征入伍者之间的差别。新订法律规定军官享有养老金待遇，确保了军官的社会地位，使应征入伍者也有权获得一定的养老金，但非常微薄。法律还规定了意外事故保险，将津贴与丧失劳动能力程度（健康损害程度）相关联，但没有涉及医疗、职业或社会融入措施。1907 年，德国通过《军事幸存者法案》，将和平时期的养老金与战争受害者养老金融合在了一个连贯的养老金体系中。[②]

（一）第一次世界大战和魏玛共和国

德意志帝国在 1906 年和 1907 年制定的法律主要是为和平时期的军队制定的，不足以应对现代工业战争的大规模伤亡。原有的战争受害者抚恤规定很快就变得明显不足，越来越多的伤残退役军人及其家属开始要求进一步的国家赔偿。

第一次世界大战给德意志帝国造成了 150 万残疾者（其中包括 50 万健康受损程度达 50% 及以上的重度残疾人）、52.5 万战争遗孀和 113 万战争孤儿，

① Deutscher Bundestag. Unterrichtung durch die Wehrbeauftragte Jahresbericht 2020 (62. Bericht) [R]. Berlin, 2021: 63.

② OBINGER H, GRAWE L, DÖRR N. Veteranen-und Kriegsopferversorgung und Sozialstaatsentwicklung in Australien, Deutschland, Österreich und den USA [J]. Politische Vierteljahresschrift, 2020, 61 (3): 473-501.

加上可能的残疾人父母，总体上战争受害者的人数甚至达到了400万。[①]

大量的退役军人和战争伤残人员，不断表达自己的政治、经济和社会利益诉求，成为一支潜在的政治力量。1917年5月23日，战争伤残者和退役军人联盟成立。联盟要求从根本上改革军人伤残制度，确保战争伤残人员在公共福利方面的发言权，并要求用法律强制雇主雇用一定比例的战争伤残人员等。[②] 随着战后德国的失败和随后“十一月革命”带来的变化，战争伤残者和退役军人联盟在战后进一步专注于代表战争伤残者和幸存者的利益。1918年12月，战争伤残者和退役军人联盟在柏林组织了一场示威，促使当局将残疾抚恤金上调。在接下来的两年里，德国对已经严重滞后的战争伤残者及家属援助制度体系进行了彻底的改革。[③]

1920年5月，政府颁布了《帝国供应法》。《帝国供应法》废除了早期职业军人和非职业军人之间的区别，规定养老金不再基于军衔等级等军事原则，而是基于平民职业（包括婚姻状况、居住地）等社会福利原则。为了进一步强调其社会福利性质，战争受害者的管理保障责任于1919年从军事当局转移到新的帝国劳动部，从而使战争受害者的供养“非军事化”。除了对金钱补偿作出规定之外，法案还对医疗和社会福利/职业福利作了规定，为残疾退役军人的身体康复和社会融入建立了保障。残疾退役军人第一次有权获得了由帝国承担的免费医疗、职业咨询、培训和职业重新融入措施。[④⑤]

《帝国供应法》对永久残疾的退役军人和战争幸存者建立了一套较为完善的养老金制度。法案中养老金的基本津贴与残疾（健康受损）程度挂钩，同时考虑受害者的教育、战前职业和社会地位。其中，残疾（健康受损）程度达20%及以上的可以领取养老金；残疾（健康受损）程度达50%及以上的除领取基本津贴外，还可获得重度残疾津贴；遗孀的抚恤金则按丈夫养老金总额的30%计算，如果遗孀年满50岁、自身残疾或有未成年子女抚养责任的，

---

① OBINGER H, GRAWE L, DÖRR N. Veteranen-und Kriegsopferversorgung und Sozialstaatsentwicklung in Australien, Deutschland, Österreich und den USA [J]. Politische Vierteljahresschrift, 2020, 61 (3): 473-501.

② DIEHL J M. The Thanks of the Fatherland: German Veterans after The Second World War [M]. Chapel Hill & London: University of North Carolina Press, 1993: 10-11.

③ 同②：12.

④ 同①：473-501.

⑤ 同②：12.

则按50%计算。[①]《帝国供应法》对遗属抚恤金也作了规定，在没有其他直系亲属的情况下，阵亡军人的父母可以获得相当于军人养老金的30%的父母津贴。[②]

与英美等其他国家的战后立法伴随着广泛的政治辩论相反，《帝国供应法》更多是官僚干预的结果。该法案由公务员起草且几乎没有经过国会辩论就被国会所接受。这一方面是出于人道主义考虑；另一方面是当局用于及时稳定社会不满情绪。这种官僚主义的起源，使得《帝国供应法》在许多方面缺乏对战争受害者感受的考虑。因此，尽管《帝国供应法》在提供物质利益方面已有很大的进步，但在其他很多方面却并未切实满足战争受害者需求。[③]

在战胜国家，残疾退役军人的自尊及社会政治谈判能力因其“战胜”而得到加强，而在德国，残疾退役军人却被同胞视为国家失败和战争痛苦的标志。军人在战时的牺牲并未得到战后社会的承认。国家未给予残疾退役军人特殊的法律地位，却将战争伤残者与劳动事故受害者等同起来，将残疾退役军人福利与社会普通福利统一设在劳动部管理，引发了一系列的矛盾。此外，作为对帝国军国主义暴行的回应，魏玛共和国宪法还禁止向退役军人授予军事奖章和纪念勋章，国内对战争经历存在的政治分歧也阻碍了建立国家纪念碑以纪念战争死难者。[④]

魏玛共和国对退役军人的处理持续引发社会的强烈不满，国内相继成立多个退役军人团体。在德国这个拥有强大军事传统（实际上是军国主义）的国家，退役军人团体在国内政治中发挥着重要作用。第一次世界大战之前，有组织的退役军人是支持德意志帝国威权社会政治秩序的主要支柱。第一次世界大战之后，德国退役军人继续在国内政治中发挥重要作用，这些退役军人团体通过传播威权主义、军国主义价值观和动员反民主情绪，极大地破坏了魏玛共和国的权威，在思想和心理上为希特勒第三帝国的军事化社会铺平

① DIEHL J M. The Thanks of the Fatherland: German Veterans after The Second World War [M]. Chapel Hill & London: University of North Carolina Press, 1993: 12.

② OBINGER H, GRAWE L, DÖRR N. Veteranen-und Kriegsopferversorgung und Sozialstaatsentwicklung in Australien, Deutschland, Österreich und den USA [J]. Politische Vierteljahresschrift, 2020, 61 (3): 473-501.

③ 同①: 13.

④ 同①: 13-18.

了道路。[①]

（二）第三帝国和第二次世界大战

在第三帝国的军事化社会中，军事美德被等同于最高的伦理原则，武装力量得到扩大，军事职业生涯的机会蓬勃发展。与此同时，为了增强军事职业的吸引力，职业军人，尤其是士官的养老金福利在这一时期明显扩大。[②]

在第三帝国，第一次世界大战的前线士兵被视为平民的榜样，呈现出英勇的形象。服兵役从一项义务转变成为神圣的权利，成为获得完全公民身份的先决条件。残疾退役军人被尊为“帝国的第一批公民”。纳粹宣传将第三帝国描述为魏玛共和国的对立面，诋毁共和国对退役军人的待遇，并声称魏玛共和国将“国家的捍卫者”置于与“失业者、残疾人和其他福利领取者”相同的水平，使战争英雄成为受害者，将他们视为“二等公民”。纳粹宣称，残疾退役军人不能像共和国时期那样被简单地视为养老金领取者，国家迫切需要一个全新的、经过改革的养老金供应法案。[③]

1935 年，德国重新实行普遍征兵制，退役军人福利改革的问题越加紧迫。1938 年，德国制定了《国防军供应法》，恢复了与帝国战争伤残制度相关的一些原则，总体上反映了纳粹强调服兵役的愿望。该法律不再强调原《帝国供应法》中退役军人高昂的物质福利，并将退役军人事务重新转由军方管理[④]。根据《国防军供应法》，残疾军人根据受伤害的程度可分为 4 个残疾类型，不同的残疾类型分别对应固定的养老金金额。此外，残疾军人养老金还与其就业能力相关，只有被认定为完全无法工作的人才能获得失业养老金，这笔失业养老金与家庭状况、居住地和军衔挂钩。[⑤]

为和平时期军队所设计的《国防军供应法》，最终在 1939 年被《国防军作战福利和供应法》取代。《国防军作战福利和供应法》在 1938 年法律的基

---

① DIEHL J M. The Thanks of the Fatherland: German Veterans after The Second World War [M]. Chapel Hill & London: University of North Carolina Press, 1993: 1-30.

② 同①: 1.

③ 同①: 31-37.

④ OBINGER H, GRAWE L, DÖRR N. Veteranen-und Kriegsopferversorgung und Sozialstaatsentwicklung in Australien, Deutschland, Österreich und den USA [J]. Politische Vierteljahresschrift, 2020, 61 (3): 473-501.

⑤ 同①: 43.

本结构上，增加和扩大了军人福利，为军人引入了一个范围广泛的津贴制度，为第二次世界大战期间德国战争受害者照料工作奠定了基础。①

除了残疾福利外，新法律还规范了军人退休计划，增加了职业军人特别是士官的退休福利和职业机会。希特勒一再强调新国防军中士官的重要性，认为有必要尽一切努力吸引有能力的候选人。根据希特勒的说法，为士官设想的战后职业福利包括提供小学教师以及国有企业（比如烟草、汽油工业）员工等岗位。②

虽然纳粹统治下的职业军人退休福利有所增加，军人的社会地位很高，残疾退役军人还被誉为“第三帝国的第一批公民”，但是，实际上第三帝国为残疾退役士兵（应征入伍者）提供的物质福利却并不如魏玛共和国慷慨，而且退役军人待遇只有在战争期间才逐渐扩大，目的是维持军人及其家属对战争的支持。随着第三帝国的崩溃，大量的前职业军人对养老金和公务员工作保障的希望破灭了。因此，在第二次世界大战以后，退役军人再次成了德国一个庞大且具有潜在破坏性的群体。③

（三）联邦共和国

第三帝国结束后直到1949年，德国退役军人的待遇状况取决于其服役和退役时所在的不同的盟军占领区。第二次世界大战以后，战胜国对德国实行去纳粹化、非军事化和民主化改造。非军事化包括两个方面：一是对德国武装部队实行复员、没收武器、销毁军事工业等措施；二是根除军国主义传统和价值观。为根除德国的军国主义，盟军着手摧毁一切有助于维护或促进军事价值观和传统的东西，包括拆除纪念碑、禁止退役军人组织、禁止退役军人佩戴军事徽章等。④ 1946年，盟军最高控制委员会将《帝国供应法》、《国防军供应法》和《国防军作战福利和供应法》废除，停止支付军事人员养老

---

① OBINGER H, GRAWE L, DÖRR N. Veteranen-und Kriegsopferversorgung und Sozialstaatsentwicklung in Australien, Deutschland, Österreich und den USA [J]. Politische Vierteljahresschrift, 2020, 61 (3): 473-501.

② DIEHL J M. The Thanks of the Fatherland: German Veterans after The Second World War [M]. Chapel Hill & London: University of North Carolina Press, 1993: 44.

③ 同②: 45.

④ 同②: 55.

金，并将残疾军人的养老金项目转移到其他平民保障项目中去。①

1949 年德意志联邦共和国（西德）成立后，对战争受害者的社会管理被紧急提上了政治议程的首位。但是，要为近 400 万战争伤残者和幸存者提供保障，政府所面临的财政压力是巨大的。经过广泛的社会辩论及战争受害者组织的联合争取，政府于 1950 年 12 月 20 日颁布了《联邦供应法》，有意识地延续了《帝国供应法》的传统，并于 1950 年 10 月 1 日追溯生效。与《帝国供应法》一样，它对战争受害者的保障基于 4 个方面：医疗护理、职业或社会融入福利、养老金支付和遗属养老金。不仅残疾退役军人及其家属有权领取养老金，平民战争受害者（包括战俘等）也有权领取养老金。与《帝国供应法》相比，除养老金的待遇有所提高外，《联邦供应法》还进一步扩大了医疗护理、职业或社会融入福利。政府在有限的财政预算下尽可能全面地照顾残疾人，并帮助其尽快融入劳动力市场和社会。② 到 1952 年，《联邦供应法》直接覆盖了近 450 万公民，如果算上间接受影响的人，数据将接近联邦共和国人口的五分之一。③

1951 年 5 月，在德国政府和联邦议院的共同努力下，通过了《基本法》第 131 条“所列人员的法律地位规定”。该条法律规定为包括职业军人在内的合格公务员设立退休金以及为失去了工作但还没有养老金领取资格的人的再就业提供了指引。④

此外，在战争受害者组织的不断游说下，德国社会立法不断完善。1953 年，联邦议院通过了一项针对严重残疾人的新法律《严重残疾人法》。⑤ 该法律规定了除最小工作场所外的所有雇主的强制性残疾人雇用配额，其中私营部门为 8%，拥有 7 名及以上雇员的公共雇主为 10%。⑥

1957 年，德意志联邦共和国对养老金制度进行了意义深远的改革，并通

---

① OBINGER H, GRAWE L, DÖRR N. Veteranen-und Kriegsopferversorgung und Sozialstaatsentwicklung in Australien, Deutschland, Österreich und den USA [J]. Politische Vierteljahresschrift, 2020, 61 (3): 473-501.

② 同①.

③ DIEHL J M. The Thanks of the Fatherland: German Veterans after The Second World War [M]. Chapel Hill & London: University of North Carolina Press, 1993: 238.

④ 同③: 142-143.

⑤ 同③: 171.

⑥ 同①.

过1961年的《联邦社会福利法》扩大了社会援助。两次世界大战后士兵在军队中的服役期也被确认为符合资格的社会保障时期。①

总结来看，第一次世界大战后魏玛共和国改革的战争受害者养老金计划成为德国社会立法的典范，形成了“国家在社会领域进行更合理干预”的指导方针，不仅创造性地提出了依靠广泛的医疗和专业护理来帮助残疾退役军人重新融入社会和劳动力市场的社会整合方案，还取消了养老金在军事人员与平民职业人员之间的差异，将非残疾退役军人的社会保障并入公民福利社会保障体系。德意志联邦共和国总体上继承了魏玛共和国时期的社会立法原则，其《联邦供应法》（1950年）及沿用至今的《军人养老金法》（1957年）也在一定程度上延续了这一国家补偿原则。

三、德国退役军人管理机构及职责

（一）政府及军事部门

1. 管理机构设置

德国没有像美国一样在中央政府设立全国性的退役军人专门管理机构，而是依照法律规定，由国防部与有关部门按职能负责退役军人相关事宜。国防部退役军人管理部门的主要职责是编制退役军人的经费预算、审核退役金发放标准和协调退役军人就业培训工作等。②

具体来看，德国负责退役军人管理工作的机构主要是国防部人事司。国防部人事司整体负责联邦国防军人事组织领域的工作，包括人事规划、人事招聘、人事管理、人事发展以及联邦国防军所有人员的培训和资格认证。其中，培训和资格认证具体由联邦语言办公室、联邦国防军培训中心、联邦国防军大学和联邦大学与联邦国防军行政部门负责③。军事和文职人员的招募、人事管理和发展则由联邦国防军联邦人事管理办公室负责。

---

① OBINGER H, GRAWE L, DÖRR N. Veteranen-und Kriegsopferversorgung und Sozialstaatsentwicklung in Australien, Deutschland, Österreich und den USA [J]. Politische Vierteljahresschrift, 2020, 61 (3): 473-501.

② 山乔. 英国、德国退役军人安置概览［J］. 中国人才，2011（8）：39-43.

③ 德国联邦国防军. 组织［EB/OL］.［2022-03-27］. https://www.bundeswehr.de/de/organisation/personal/organisation-.

军人在退役前的一系列社会问题和职业发展，由联邦国防军联邦人事管理办公室全面负责。联邦国防军联邦人事管理办公室是一个拥有 1400 个军事职位和 1850 个文职职位的联合总体，总部位于科隆的列日军营，其他地点包括科隆的韦斯特霍芬、锡格堡、圣奥古斯丁、杜塞尔多夫和波恩。[①] 联邦国防军联邦人事管理办公室下设职业发展服务中心，在全国范围内与国内重要的公司、协会等建立和维护合作网络，并负责支持各区域就业服务机构执行安置和整合任务。联邦国防军职业发展服务中心作为主管联系单位，联合在波茨坦、德累斯顿、埃尔福特、汉诺威、卡塞尔、明斯特、科隆、斯图加特等地区的 16 个职业发展服务中心[②]和 110 个职业咨询办公室，在全国范围内为现役、退役军人提供职业发展服务，同时这些中心也是政府、商业公司、联邦就业局和联邦国防军部门的联络点[③]。这些职业发展服务中心的具体任务包括：负责退役军人的基本情况登记；对军人的从业资质进行测试和考察，并根据个人实际情况提出职业规划和教育培训建议；掌握军人职业培训要求，与有关教育培训机构合作，组织学历教育或职业培训；掌握各行业人才需求情况，在用人单位和服役的军人之间发挥沟通“桥梁”的作用，为军人退役就业提供信息咨询，提供专业性参考建议，并联合企业组织人才招聘会，为退役军人就业搭桥铺路，帮助其找到合适的工作岗位。

2. 经费概况

德国退役军人每年的退休金费用及相关的工作经费，主要由国防部作出预算，报议会审议通过后，再由政府作为国防费拨付[④]。

根据德国联邦政府预算数据，近年来，德国国防预算一直在增加，2014 年约为 324 亿欧元；2017 年约为 370 亿欧元；2019 年约为 432 亿欧元；2021 年增至约 469 亿欧元；到 2022 年，国防预算总额首次超过 500 亿欧元大关，

---

① 德国联邦国防军．联邦国防军联邦人事管理办公室［EB/OL］.［2022-03-27］. https://www.bundeswehr.de/de/organisation/personal/organisation -/bundesamt-fuer-das-personalmanagement-der-bundeswehr-.

② Bundesamt für das Personalmanagement der Bundeswchr. Berufsförderungsdienst Informationen für Arbeitgeberinnen und Arbeitgeber［M］. Köln：Zentraldruckerei BAIUDBw，2021：7.

③ 德国联邦国防军．人员趋势逆转［EB/OL］.［2022-03-27］. https://www.bmvg.de/de/themen/personal/trendwende-personal.

④ 德国联邦国防部．国防预算的发展［EB/OL］.［2022-03-27］. https://www.bmvg.de/de/themen/verteidigungshaushalt/entwicklung-und-struktur-des-verteidigungshaushalts.

高至503亿欧元[①]。以2021年为例，德国联邦国防部预算总支出约为469.3亿欧元，占联邦政府预算总支出的8.57%。在联邦国防部预算总支出中，军人社会保障和福利的预算支出占比32.36%，约153.9亿欧元，涵盖了军人薪酬福利支出、养老金支出、过渡补助金、退役职业军人的后续保险缴款、志愿兵军费和附带福利、志愿兵的社会保障和失业保险费、战争受害者福利、军人离职津贴、退役合同制军人的失业救助金等。[②]

（二）非政府组织

在德国退役军人管理保障领域发挥重要作用的机构除政府及军事部门外，还有发展成熟的非政府组织。由德国退役军人参与组成的非政府组织不但没有与政府部门形成对立，反而成为非常好的合作伙伴。德国国防部与联邦劳动局以及国防军协会、退役军人协会、国防军士兵援助协会、国防军社会工作协会等非政府组织密切合作，共同对退役军人进行管理服务，同时为生活有困难的退役军人提供及时的物资援助和相对完善的社会服务。[③]

1. 德国联邦国防军协会

德国联邦国防军协会成立于1956年7月14日，协会成员由创始之初的55人，发展至今已约20万人[④]。协会现任联邦委员会由现役、退役军人等人员组成。协会独立于政治及军事领导，代表联邦国防军所有现役、退役军人、预备役、文职雇员以及他们的家庭成员和遗属利益，同时也代表议会、政府和公众的利益。联邦政府和议会允许协会参与制定相关法律法规。此外，国防军协会还是欧洲军事协会组织和欧洲独立工会联合会的成员，因此协会的工作并不限于国家层面。[⑤] 国防军协会主席定期参与会见联邦政府总理、联邦

---

① 德国联邦国防部．2022年联邦预算：国防预算进一步增加［EB/OL］．［2022-03-27］．https://www.bmvg.de/de/presse/bundeshaushalt-2022-weiterer-aufwuchs-des-verteidigungsetats-5099096.

② 德国联邦财政部．数字联邦预算［EB/OL］．［2022-03-25］．https://www.bundeshaushalt.de/DE/Bundeshaushalt-digital/bundeshaushalt-digital.html.

③ 山乔．英国、德国退役军人安置概览［J］．中国人才，2011（8）：39-43

④ 德国联邦国防军协会．编年史［EB/OL］．［2022-03-27］．https://www.dbwv.de/der-verband/dbwv-chronik.

⑤ 德国联邦国防军协会．协会工作原则［EB/OL］．［2022-03-27］．https://www.dbwv.de/der-verband/grundsaetze-der-verbandsarbeit.

内政部长、财政部长以及联邦劳动和社会事务部长，并持续与联邦国防部保持密切联系与业务往来。[①]

在退役军人保障方面，其主要职责是保证国家出台的各项法律法规及相关政策能够充分体现退役军人的利益，并通过协会及其下属的基金会和众多地方伙伴单位为退役军人提供生活、就业、法律援助等方面的帮助。例如，国防军协会下属的士兵和退役军人基金会，支持帮助患有创伤后应激障碍的退役军人项目、援助伤残军人及军人遗孀的项目[②]；亨氏沃尔兰基金会，支持援助因疾病、意外等陷入经济困难的退役军人[③]。

2. 德国退役军人协会

德国退役军人协会成立于2010年，总部设在柏林。协会委员会大多数委员都是退役军人。其职责是，通过援助患有适应障碍、焦虑和抑郁、创伤后应激障碍的受害者及其家人；建立、促进和支持区域自助及联络对话小组；与医生、诊所和服务部门合作提供治疗服务；参加联邦国防军悼念仪式；为退役军人及家属、公众提供有关安全政策的最新资料；设立退役老兵论坛；为退役军人建立和改善照料服务；为退役军人及家属提供具体的财务援助等措施，促进协会成员融入社会、追求理想、实现社会和职业利益，维护军人家属、遗属的利益。[④]

自成立以来，协会已经帮助和照顾了超过500个退役军人家庭，他们一直秉持的信念是：退役军人不是社会的陌生人，他们是社会的一部分。他们除了为退役军人提供咨询、陪伴照顾等主要服务，还为其解决一些社会问题，举办一些慈善活动；与国防部和政府建立了稳定的对话机制，经协商建立烈士纪念场所、举办悼念烈士活动。协会对退役军人的援助均基于募捐，因此强烈需要整个社会的关注与支持。

---

① 德国联邦国防军协会．合作-议会、政府和政党［EB/OL］．［2022-03-27］．https://www.dbwv.de/der-verband/zusammenarbeit/parlament-regierung-parteien.

② 德国联邦国防军协会．士兵和退役军人基金会（SVS）-我们的项目［EB/OL］．［2022-03-27］．https://www.dbwv.de/der-verband/stiftungen-engagement/soldaten-und-veteranen-stiftung-svs/unsere-projekte.

③ 德国联邦国防军协会．亨氏沃尔兰基金会（HVMS）［EB/OL］．［2022-03-27］．https://www.dbwv.de/der-verband/stiftungen-engagement/heinz-volland-stiftung-hvms.

④ 德国联邦国防军协会．德国退役军人协会章程［EB/OL］．［2022-09-24］．https://www.veteranenverband.de/download/3337/.

3. 德国联邦国防军士兵援助协会

德国联邦国防军士兵援助协会成立于1957年，是一个由现役、退役军人等人员组成的非营利组织。国防军士兵援助协会的主要职责，是在非因自身过错的事故、严重疾病或其他需要帮助的情况下（包括在军事行动中受伤或死亡的情况）为现役军人（尤其是士官和士兵）及其家属提供快速和非官僚主义的援助。① 国防军士兵援助协会不接受政府资助，是一个基于社会捐款的国防军“自助协会”，协会将快速、不官僚（申请流程便捷高效）的帮助与长期有效性援助相结合，在政府财政计划或常规保险尚未涵盖的情况下，为有需要的军人提供援助，成为德国军人社会保险系统的重要组成部分。② 如果退役军人面临的生活困难是由于其服役期间发生的事件引起的，则可以在退役后的3个月内向该协会申请援助③。

4. 德国联邦国防军社会工作协会

德国联邦国防军社会工作协会成立于1960年，由前联邦国防部部长和20名联邦国防军成员创建④，目前是一个由现役、退役军人及其配偶和子女等人员组成的非营利组织，总部设在波恩。协会有2500多名志愿者和少数全职员工。⑤ 国防军社会工作协会执行委员会中不仅有选举的协会会员代表，还有来自国防部的2名正式任命的评估员和总参谋委员会的1名代表⑥。德国联邦国防军社会工作协会的职责是通过执行委员会实现联邦国防军作为雇主应尽的健康、社会和文化等方面的关怀，促进现役、退役军人及其家属在社会领域

---

① 德国联邦国防军士兵援助组织．关于我们［EB/OL］.［2022-03-27］. https://www.soldatenhilfswerk.org/%C3%BCber%20uns.html.

② The Bundeswehr Service Relief Association. 50th Anniversary of the Bundeswehr Service Relief Association［EB/OL］.（2007）［2022-03-27］. https://www.soldatenhilfswerk.org/Fuenfzig%20Jahre%20SHWBw/Broschuere_2007_EnglischeVersion.pdf.

③ 同②.

④ 德国联邦国防军社会工作协会．历史［EB/OL］.［2022-03-27］. https://www.bundeswehrsozialwerk.de/-bundeswehr-sozialwerk/chronik-des-vereins/.

⑤ 德国联邦国防军社会工作协会．关于我们［EB/OL］.［2022-03-27］. https://www.bundeswehrsozialwerk.-de/bundeswehr-sozialwerk/wir-ueber-uns/.

⑥ 德国联邦国防军社会工作协会．融入德国武装部队［EB/OL］.［2022-03-27］. https://www.bundeswehr-sozialwerk.de/bundeswehr-sozialwerk/einbindung-in-die-bundeswehr/.

中的福利。[①]

协会的资金来源既有政府财政支持也有社会捐款。其中联邦政府提供的资金，只能用于开展法定的由联邦国防部负责的社会和关怀措施。[②] 如果德国联邦国防军成员中有残疾、非因自身过错而陷入紧急情况、在国外军事任务部署期间伤亡的军人及其家属，联邦国防军社会工作协会将在经济和物质上为他们提供支持。[③]

第二节　德国退役军人移交安置与就业培训

一、德国退役军人移交安置

（一）退役条件

根据德国《军人地位法》[④]，除丧失劳动能力等特殊情况外，职业军人达到岗位职级一般年龄限制或特殊年龄限制即退休；合同制军人和志愿兵按照承诺的期限，服役期满即退役。

1. 职业军人

德国的职业军人包括军官和士官。根据《军人地位法》，可以任命为职业军人的包括：晋升为中士的士官；晋升为中尉的军官、晋升为参谋医师/参谋兽医/参谋药剂师的医务军官和晋升为上尉的军事音乐军官；合同制军官；预备役军官。

另外，德国规定，任何想要成为军官的人，最初签约的服役年限至少需要 13 年。而且根据军官职责范围和所需培训要求，军官的最短服役年限也可

---

① 德国联邦国防军社会工作协会．德国联邦国防军社会工作协会章程［EB/OL］．［2022-03-27］．https://www.bundeswehr-sozialwerk.de/fileadmin/bundeswehr-sozialwerk.de/pdf-downloads/satzung/Satzung_BwSW.pdf.

② 同①.

③ 德国联邦国防军社会工作协会．德国联邦国防军社会工作协会［EB/OL］．［2022-03-27］．https://www.bundeswehr-sozialwerk.de/.

④ 德国联邦司法部．军人地位法（Soldatengesetz-SG）［EB/OL］．［2022-03-27］．http://www.gesetze-im-internet.de/sg/BJNR001140956.html.

长达 17 年[①]。鉴于军官的服役年限比较长，德国大多数军官都会选择成为职业军人。

《军人地位法》规定，职业军人达到岗位职级一般年龄限制或特殊年龄限制即退休。职业军人的一般年龄限制是 62 岁，将军和上校以及从事医疗服务、军乐服务和联邦国防军地理信息服务职业的军官为 65 岁。不同岗位职级的职业军人有特殊年龄限制，比如中校是 61 岁，中尉是 56 岁，职业士官是 55 岁，军事飞行员是 41 岁。

随着德国近年来军事人员结构调整，同时也为适应社会保障制度改革需要，职业军人退休年龄限制被逐年提高。根据《军人地位法》的补充过渡条款，2008 年至 2012 年间职业军人的一般年龄限制为 62 岁，自 2013 年起，其年龄限制每年将提高 3 个月。到 2023 年，职业军人的一般年龄限制将提高至 64 岁零 9 个月。相应地，不同岗位职级的职业军人法定特殊年龄限制也有所提高。为了留住合格和有经验的人员长期服役，不断提高职业军人的平均退休年龄，德国联邦国防军联邦人事管理办公室对所有即将退休的军人实行逐案管理：在职业军人退休前至少 5 年内，对其进行单独面谈推迟退休日期，并提供个性化的退休方案（包括薪资、退休日期和退休地点等）。2020 年，联邦人事管理办公室就以这种方式与 592 名职业军人签订了延迟退休方案。[②]

2. 合同制军人

被任命为合同制军人的，规定服役年限一般为 4 至 25 年[③]，年龄不得超过 62 岁。根据《军人地位法》，对于部分特殊岗位（医疗服务、军乐服务和联邦国防军地理信息服务的军官），在军队需要的个别情况下，合同制军人服役年龄也允许超过 62 岁，但最长不得超过 65 岁。

合同制军人在法定的年龄限制范围内，可以根据自愿延长承诺服役期限，或在服役期满时退役。

---

① 德国联邦国防军．军官的职业生涯［EB/OL］．［2022-03-27］．https://www.bundeswehr.de/de/ueber-die-bundeswehr/dienstgrade-laufbahnen-bundeswehr/laufbahn-offiziere.

② Deutscher Bundestag. Unterrichtung durch die Wehrbeauftragte Jahresbericht 2020（62. Bericht）［R］. Berlin，2021：63.

③ Bundesamt für das Personalmanagement der Bundeswchr. Berufsförderungsdienst Informationen für Arbeitgeberinnen und Arbeitgeber［M］. Köln：Zentraldruckerei BAIUDBw，2021：5.

（二）退役安置

德国是发达的市场经济国家。拥有 26.6 万雇员（包括军事人员和文职人员）的联邦国防军，是德国最大的雇主之一。为了成为就业市场上具有吸引力的雇主，联邦国防军必须提供具有竞争力的薪酬福利、完善的退役安置措施及其配套的福利保障。

德国安置退役军人的方式主要有两种：退休和自主就业。对法定退休的职业军人，实行退休供养制度，相关标准依照《军人养老金法》[①] 等法律执行；对所有合同制军人、志愿兵（义务兵）、有特殊退役年龄规定（41 岁）的飞行军官以及个别情况下的职业军人，实行自主就业，并免费为其提供职业发展服务。

职业发展服务主要包括提供专业的职业咨询建议、培训和继续教育；搭建面向公共部门、企业等雇主和退役军人的就业信息平台，帮助退役军人顺利、灵活、个性化地过渡到新的就业岗位。根据军人服役类型、服役时长的不同，具体的职业发展服务内容、培训经费保障程度不一。

2016 年，德国联邦国防军的职业发展服务共计花费约 1.26 亿欧元[②]，服务了 147865 名现役军人和 78151 名退役军人，退役军人成功就业的整合率超过 94%[③]。尽管新冠肺炎疫情影响下就业市场形势严峻，在成熟的职业发展服务制度体系支撑下，联邦国防军 2020 年度仍实现了 94% 的退役军人成功就业。[④]

值得一提的是，德国退役军人政策特别注重对长期服役军人退役后的就业保障。虽然政府和军队不负责为退役军人直接安排工作，但《军人养老金法》规定，联邦、州和市镇（超过 10000 名居民的）各级的公共服务部门必须为退役军人预留 1/6 的低级公务员职位、1/9 的中高级公务员职位。服役

① 德国联邦司法部．军人养老金法（Soldatenversorgungsgesetz-SVG）[EB/OL]．[2022-03-27]．http://www.gesetze-im-internet.de/svg/BJNR007850957.html#BJNR007850957BJNG000708377.

② Bundesministerium der Verteidigung. German Armed Forces Vocational Advancement Service [M]. Bonn: Zentraldruckerei BAIUDBw, 2018: 12.

③ 德国联邦国防军．招募常见问题 [EB/OL]．[2022-03-27]．https://www.bmvg.de/de/aktuelles/faq-personalgewinnung--18162.

④ 德国联邦国防军．职业发展服务 [EB/OL]．[2022-03-27]．https://www.bundeswehr.de/de/betreuung-fuersorge/der-berufsfoerderungsdienst-der-bundeswehr-bfd.

12 年及以上的合同制军人可以依法申请“融合证书”[①]，也就是一种“公务一体化”证明。军人退役时可持证明直接申请在联邦、州和市镇各级的公共服务部门为退役军人预留的工作岗位，但前提是申请人必须符合一定的法律要求，并成功完成相应的能力评估程序[②]。退役军人成为国家公务员或职员后，其在部队的服役年限计算在工作时间内。每年大约有 900 名退役军人成为政府公务员或政府雇员[③]。

二、德国退役军人教育培训与就业扶持

德国现役军人中的绝大多数都是有期限服役，在退役后需转入平民职业工作。为保障退役军人顺利融入平民工作生活，根据《军人养老金法》，德国于 1960 年开始在各地设立了职业发展服务中心[④]。德军将退役军人教育培训与就业扶持统一纳入职业发展服务中，对军人从服役到退役的职业生涯进行全过程的管理保障。根据《军人养老金法》，职业发展服务的宗旨是确保所有军人顺利融入平民工作生活。德军职业发展服务的业务内容包括：提供关于学校教育、职业培训以及其他融入平民工作生活问题的咨询建议；协助军人在服役期间参与培训和整合措施；提供德国联邦国防军技术学校的课程教育；促进公立和私立教育机构对退役军人的职业培训；帮助退役军人融入平民工作生活。

（一）教育培训

德国政府和军队非常注重退役军人的教育培训，将教育培训视作退役军人福利保障服务的重要内容，通过个性化的职业咨询制订教育培训支持计划，为军人量身定制职业教育专业课程，从而适应经济高度产业化的客观要求，最终实现退役军人的充分就业。为此，德国通过制定一系列相关配套的法律

① Bundesministerium der Verteidigung. German Armed Forces Vocational Advancement Service [M]. Bonn: Zentraldruckerei BAIUDBw, 2018: 9.

② 同①.

③ 山乔. 英国、德国退役军人安置概览 [J]. 中国人才，2011 (8): 39-43.

④ Bundesministerium der Verteidigung. German Armed Forces Vocational Advancement Service [M]. Bonn: Zentraldruckerei BAIUDBw, 2018.

法规，如《军人养老金法》《职业发展条例》[①] 等，从法律上对退役军人教育培训管理服务机构、培训内容、经费保障等作出了明确规定，充分保障了军人在服役期间、服役结束后的教育培训。在德国，联邦国防军服役时间越长，得到的职业发展服务就越多。

1. 管理服务机构

《职业发展条例》规定，学校和职业培训有关问题由联邦国防军职业发展服务中心负责，由国防军联邦人事管理办公室监管。职业发展服务中心负责为军人提供长期的个性化职业咨询，通常以个别谈话的形式进行，充分了解军人的教育背景、能力资格、个人职业目标及退役后的再就业意向，提供相应的职业发展建议，明确学校教育或职业培训的目标，制订个性化的教育培训支持计划，并及时评估计划的执行情况。这种职业咨询会持续进行，直到退役军人顺利融入平民工作生活为止。

德国对军人实行国民教育和职业培训两种培训模式。职业发展中心根据军人职业咨询情况，在确定教育培训目标和培训计划之后，会统筹安排与公立或私立教育机构和企业协会等的合作，军人可以结合本人意愿选择具体的机构和专业进行培训。全国有 37 所地方职业培训学校和 55 个行业协会职业培训中心，负责军人服役期间的职业培训。部分军队院校也专门开设了民用专业课程对军人进行职业培训，如国防部在汉堡和慕尼黑各有一所国防大学，设有退役军人培训部负责每年培训退役军人[②]。军队的 14 所高校和地方大学，则负责对军人进行国民教育学历培训。德国所有部队院校的专业教育、在职教育均获得地方认可的专业资格，因此，合同制军人也可选择军队院校的专业在职培训，代替社会机构的职业培训。[③]

2. 培训内容

德国是高度发达的工业化国家，产业化程度很高，职业教育体系发达，因此对退役军人的职业培训也坚持专业化取向。德国军人在服役期间就可以

---

① 德国联邦司法部．职业发展条例（Berufsförderungsverordnung-BFÖV）[EB/OL]．[2022-03-27]．http://www.gesetze-im-internet.de/bf_v/BJNR233600006.html#BJNR233600006BJNG000100000.

② 山乔．英国、德国退役军人安置概览 [J]．中国人才，2011（8）：39-43.

③ 王佳平，郭胜利．德国退役军官培训与就业情况见闻 [J]．中国人才，2007（6）：76-78.

接受民用专业的培训，根据自己的意愿学习和掌握一到两门专业知识和技能。[①] 地方与军队职业培训机构会不断根据社会经济发展的需要，设置并调整专业。仅在军队的平民职业培训和继续教育的框架内，就有大约 50 个不同的培训专业和 45 个不同的继续培训课程[②]。课程内容涵盖通信电子技术、无线电技术、航空器材机械技术、车辆机械技术、烹饪技术、商业销售、职业驾驶员技术、摄影技术、塑料加工技术、铝材加工技术、焊接技术、外语、手工业培训等。职业培训结束后要进行严格考核，考核合格者将获得国家认可的职称、执业资格证、专业证等。[③]

3. 培训方式

培训方式有“不脱产”和“脱产集中”两种方式，具体的授课方式包括直接授课或远程教学两种形式。（1）“不脱产”的职业培训。即现役军人主要利用业余时间前往职业培训机构培训，不可以影响日常军事岗位工作。（2）“脱产集中”的职业培训。如果由于军人所在驻地离职业培训机构较远、部队当地培训人数较少、人员较分散等原因，军人利用业余时间难以完成职业培训，则可在服役即将结束时，采取“脱产集中”的方式，离开部队到培训机构进行集中培训。[④]

4. 培训时间和培训经费

从培训时间上，可以将德国退役军人的教育培训分为“服役期间”的培训和“服役结束后”的培训。退役军人教育培训的必要经费通常由联邦政府承担，纳入财政预算，并由培训管理部门据实划拨到有培训任务的教学单位。

（1）服役期间的培训。《军人养老金法》第 4 条规定，合同制军人和志愿兵在服兵役期间都可以免费参加由国防军职业发展服务中心提供的国防军内部学校教育和职业培训措施。对于服兵役不足 4 年的合同制军人和志愿兵，其服役期间的教育培训计划应尽可能通过国防军内部提供的教育培训措施实现。如果通过参加内部培训措施无法实现其教育培训计划目标，在个别情况

① 山乔．英国、德国退役军人安置概览［J］．中国人才，2011（8）：39-43.

② 德国联邦国防军．职业发展服务常见问题［EB/OL］．［2022-03-27］．https://www.bundeswehr.de/de/betreuung-fuersorge/der-berufsfoerderungsdienst-der-bundeswehr-bfd/auch-nach-dienstzeitende-gut-aufgehoben-faq.

③ 王佳平，郭胜利．德国退役军官培训与就业情况见闻［J］．中国人才，2007（6）：76-78.

④ 同③.

下可以资助其参加其他学校教育和职业培训措施。另外，培训的时间一般安排在退役前 1 年进行，若遇到演习、参战、参加国际维和等特殊情况，军人也可在退役后的规定时间内完成相应的职业培训。[①]

（2）服役结束后的培训。《军人养老金法》第 5 条规定，未持有“融合证书”、服役期满 4 年的合同制军人，有权获得国防军对其服兵役结束后所参加的学校教育和职业培训的资金资助，资金根据申请授予。其中，学校教育措施一般由联邦国防军技术学校免费提供。另外，根据退役军人服役年限的不同，其参加培训的受资助期限和经费保障额度有所差异。服役时间越长，享受的教育培训资助期限越长，培训经费资助额度越高。根据《军人养老金法》第 5 条及《职业发展条例》第 19 条规定，服役 4 年及以上不到 5 年的，资助期限为 12 个月，报销额度为 5000 欧元/人；服役 5 年及不到 6 年的，资助期限为 18 个月，报销额度为 7000 欧元/人；服役 6 年及不到 7 年的，资助期限为 24 个月，报销额度为 9000 欧元/人；服役 7 年及不到 8 年的，资助期限为 30 个月，报销额度为 11000 欧元/人；服役 8 年及不到 9 年的，资助期限为 36 个月，报销额度为 13000 欧元/人；服役 9 年及不到 10 年的，资助期限为 42 个月，报销额度为 15000 欧元/人；服役 10 年及不到 11 年的，资助期限为 48 个月，报销额度为 17000 欧元/人；服役 11 年及不到 12 年的，资助期限为 54 个月，报销额度为 19000 欧元/人；服役 12 年及以上的，资助期限为 60 个月，报销额度为 21000 欧元/人。根据法律规定，上述教育培训资助应在军人服役结束后立即进行，但在服役结束后的 6 年内也可进行。如果军人根据其教育培训计划，在服役期间已经完成了一部分教育培训目标，或者已经参加过由联邦政府资助的州立大学等教育机构的学历学位教育项目，那么其在服役结束后的教育培训资助期限和报销额度则会相应有所调整。[②]

除此之外，军队还会给受训者发放交通补助费，继续为其缴纳各种社会保险费，受训人员远离部队驻地的，军队还要为其提供租房补贴。[③]

---

① 谢丹，陆旭丹．外军退役安置相关制度研究［J］．国家行政学院学报，2018（6）：153-160+192.

② 德国联邦司法部．军人养老金法（Soldatenversorgungsgesetz-SVG）［EB/OL］．［2022-03-27］．http://www.gesetze-im-internet.de/svg/BJNR007850957.html#BJNR007850957BJNG000708377.

③ 王佳平，郭胜利．德国退役军官培训与就业情况见闻［J］．中国人才，2007（6）：76-78.

（二）就业扶持

根据《军人养老金法》的要求，德国联邦国防军自 1960 年起设立职业发展服务中心，建立了个性化、高效率、现代化的就业服务体系。职业发展服务中心为退役军人提供全面的信息资讯、个性化的职业咨询和职业资格评定。在这个就业服务体系中，有来自国内外的 900 多名合格专家、80 多个咨询团队，为退役军人的职业选择、职业资格、财务保障、社会融入等问题提供全面的建议和支持。咨询地点一般会设在部队附近或营区内。

职业发展服务中心的主要服务对象是服役 4 至 25 年的合同制军人，同时向志愿兵（义务兵）、有特殊退役年龄规定的飞行军官以及个别情况下的职业军人提供帮助。职业发展服务机构的服务时间贯穿了军人从服役到退役的整个军旅生涯，如有需要，在军人退役后最长 7 年内还可以继续提供帮助。① 职业发展服务的目标是帮助退役军人以最好的方式过渡到平民工作，并帮助他们实现职业生涯发展。

1. 长期的个性化职业咨询

《军人养老金法》明确规定，对于合同制军人来说，职业咨询是获得职业发展服务的强制性先决条件；职业咨询应确定职业目标，确定教育培训目标，并制订友好的支持计划；服役 20 年及以上的合同制军人有义务在服役期结束前至少提前 1 年在联邦国防军职业发展服务中心参加咨询会议。

职业发展服务中心的专家会尽可能地在早期阶段为军人提供全面的职业建议，包括职业选择、教育培训计划制订、职业资格认定，以及向平民劳动力市场过渡的其他各类事项。这些建议和指导是建立在军人自身的职业目标和专家对其在就业市场上职业机会的评估基础之上的。

职业发展服务中心提供的建议范围多种多样，并且始终基于个人实际学历状况、专业资格以及社会融入的意愿。具体来说，在职业咨询的初步咨询阶段，会讨论军人个人主要关注的问题及职业目标，协助其评估实现职业目标的机会和可能性。之后每一次的咨询会议，将用于定期交流个人新发展和目标的变化，具体说明实现职业目标所必须考虑的因素和职业发展的前景，

---

① Bundesministerium der Verteidigung. German Armed Forces Vocational Advancement Service [M]. Bonn：Zentraldruckerei BAIUDBw，2018：3.

并确定继续教育的需求以及采取相应教育和过渡措施的必要性，协助准备一份个性化的职业发展计划，列出职业目标和实现这些目标所需要的步骤及相应的教育培训计划。[①]

2. 支持服役期间的教育培训和过渡措施

如前文所述，职业发展服务中心会根据职业咨询情况和个人的职业发展计划，帮助军人在服役期间完成所需的学校教育和职业培训。在培训内容的选择方面，除了可以根据就业兴趣意愿选择专业之外，对于服役人员来说，保持或巩固他们在参军入伍之前获得的教育和职业技能知识也是很重要的。因此职业发展服务鼓励支持军人更新和提高他们原有的专业技能和知识，并使他们适应当前社会劳动力市场的发展和需要，为其追求新的职业提升打下基础。[②]

3. 给予民间认可的职业资格认证

职业发展服务机构提供了多样化的教育培训选择，很多军人在服役期间就能够参加民间劳动力市场认可的职业资格考试。如果军人在军队服役期间获得了同等水平的职业技能和知识，且有资格参加民间市场认可的职业资格考试，国防军职业发展服务中心可以根据相关法律法规为他们颁发证书。[③] 在国防军职业发展服务中心的协助下，军人能够在服役期间或服役结束后成功取得民间认可的职业资格，成为劳动力市场上非常需要的人才。很多企业都因为军队的铁血纪律等优良品质，争相招聘退役军人。

4. 庞大的就业服务合作网络

德国联邦国防军职业发展服务中心在全国范围内建立了紧密的合作网络。一方面，与联邦就业局合作，利用国防军职业发展服务和联邦政府就业机构的就业和咨询技能，为退役军人的平稳过渡和长期的社会融入提供便利；另一方面，不断扩大与私营部门（企业）、公共部门、商会、协会等雇主的联系

---

① 德国联邦国防军．职业发展服务建议和支持［EB/OL］．［2022－03－27］．https://www. bundeswehr. de/de/betreuung-fuersorge/der-berufsfoerderungsdienst-der-bundeswehr-bfd/beratung-und-foerderung-berufsfoerderungsdienst-der-bundeswehr.

② Bundesministerium der Verteidigung. German Armed Forces Vocational Advancement Service［M］. Bonn：Zentraldruckerei BAIUDBw，2018：4.

③ 同②：5.

与合作。[①] 国防军职业发展服务机构在全国范围内签订了各种合作协议，包括与德国铁路公司、德国邮政公司、联邦就业局等雇主的合作协议，成功做到了94%的合同制军人在退役后的前6个月内找到工作。[②]

其中，国防军职业发展服务中心与联邦劳动局合作，设立了军人职业介绍所，专门为退役军人提供职业介绍服务。军人职业介绍所内设局域网，既有退役军人的个人信息，也有社会工作岗位的需求信息。退役军人可在各职业介绍所进行报名登记，表达自己的谋职愿望和要求。职业介绍所将退役军人的相关信息录入数据库备案后，如有合适的就业岗位，会立即通知本人与用人单位进行直接联系，了解可能从事的工种、工作时间和待遇、报到地点等情况。如果退役军人对介绍的工作不满意，职业介绍所必须继续为其介绍新的工作，直到其满意为止。职业介绍所会定期与提供工作岗位的单位联系了解其职位需求情况，也会定期与谋职的退役军人联系，了解退役军人是否仍需要介绍工作。军人退役后的5年内，职业介绍所都有义务为其介绍工作。[③]

5. 建立内部劳动力市场

德国联邦国防军内部劳动力市场创建于2014年，旨在吸纳优秀的退役军人进入联邦国防军内部职位，从而改善内部人员状况。例如，训练有素、合格的合同制军人在服役期满后，可以在德国联邦国防军内部获得有吸引力的文职岗位。职业发展服务中心的专家也会向军人提供有关联邦国防军文职岗位机会方面的信息和建议。[④]

6. 就业和教育博览会

国防军职业发展服务中心的长期实践经验表明，退役军人与潜在雇主的个人接触往往是其找到工作的关键。为此，国防军职业发展服务中心在全国范围内积极组织举办退役军人就业和教育博览会。除了举办一般的招聘会外，还会分别为特殊职业部门、军官、士官或士兵举办活动，同时邀请各商会、

---

① Bundesministerium der Verteidigung. German Armed Forces Vocational Advancement Service [M]. Bonn: Zentraldruckerei BAIUDBw, 2018: 8.

② 德国联邦国防军. 职业发展服务常见问题 [EB/OL]. [2022-03-27]. https://www.bundeswehr.de/de/betreuung-fuersorge/der-berufsfoerderungsdienst-der-bundeswehr-bfd/auch-nach-dienstzeitende-gut-aufgehoben-faq.

③ 王佳平，郭胜利. 德国退役军官培训与就业情况见闻 [J]. 中国人才，2007 (6): 76-78.

④ 同①.

协会及教育机构的代表，以便使教育和劳动力市场在同一集中场合向退役军人开放机会。①

7. 职业康复

在服役期间因受伤或生病无法从事入伍前职业的军人，在离开军队之前，无论其身份如何，都可以获得国防军职业发展服务中心的特别支持。在这些军人仍在现役的时候，职业发展服务中心就为其准备了必要的适应、再培训和社会融合措施，并确保这些措施能够在伤病痊愈过程允许的情况下尽快开展。在这些军人退役时，职业发展服务中心会和其所属的法定康复服务机构协调康复措施。②

8. 额外的帮助

（1）实习：作为一项职业导向措施，军人在服役期间可以参加为期 1 个月的实习，让军人在退役前有机会提前熟悉工作场所和工作内容，并与雇主建立初步的联系。③

（2）报销费用：根据规定，职业发展服务中心可以报销退役军人参加工作面试的旅费、搬迁到新居住地的费用以及将军队颁发的专业资格证（如军用驾驶证、军用驾校教员证等）转为民用证件的费用。④

（3）熟悉工作津贴：若退役军人在开始工作前必须先熟悉新工作，职业发展服务中心可向新雇主支付熟悉工作津贴。通过这种方式，雇主可以获得在退役军人熟悉工作期间内可能存在的任何损失的经济补偿。⑤

（4）工作实习补贴。工作岗位需要实习期时，政府根据退役人员的申请可发给其一定的实习补贴。原则上，实习补贴的发放不得超过 13 周，特殊情况下不超过 26 周。补贴数额一般为其原工资的 50%，特殊情况下为 70%。⑥

（5）自主创业享受政府无息贷款。退役后年龄不到 55 周岁的合同制军

① Bundesministerium der Verteidigung. German Armed Forces Vocational Advancement Service [M]. Bonn: Zentraldruckerei BAIUDBw, 2018: 9.

② 同①: 11.

③ 同①: 10.

④ 同①: 10.

⑤ 同①: 10.

⑥ 周彦利. 德国对退役军人就业的政策支持 [J]. 中国人才, 2014 (16): 42-43.

人，如果本人试图自主创业，可以申请由国家提供的一定额度的无息贷款。①

（6）军人入伍前工作岗位受法律保护。根据德国《应征入伍时工作岗位保护法》，应征基本兵役前已就业的义务兵和服役期限不超过两年的志愿兵，其原工作岗位在服役期间受法律保护。② 用人单位只能雇用临时人员填补空缺的位置，而不得以任何理由解雇正在服役的人员，但用人单位只需为其保留工作岗位，不需为其支付工资和其他社会保险；该军人退役后可直接返回企业工作，不再有试用期；其服兵役年限计算为工龄，与其他同级别员工享受同等待遇；③ 如果服役和军事集训提前结束，而雇主已雇用了新人，则一个职位要支付两人的工资，损失部分由国家补偿；同时，雇主不能解除原先与服役军人签订的合同。④

（7）退役军人在公共服务岗位中优先就业。《应征入伍时工作岗位保护法》规定，应征基本兵役的义务兵和服役期限不超过 2 年的志愿兵，在退役后 6 个月内申请公职的，在录取时将优先于同等条件的不享有法律特权的申请人。

第三节　德国退役军人社会保障

德国职业军人退休后的社会保障，本质上等同于同等薪金级别的公务员退休保障；有期限服役军人退役后的社会保障，主要是通过融入社会就业后参加法定社会保险，从而融入公民社会保障体系。

一、德国退役军人的退休金及退役金

（一）退休金（养老金）

根据《军人地位法》，职业军人达到岗位职级一般年龄限制或特殊年龄

① 周彦利．德国对退役军人就业的政策支持［J］．中国人才，2014（16）：42-43.

② 德国联邦司法部．应征入伍时工作场所保护法（Arbeitsplatzschutzgesetz）［EB/OL］．［2022-03-27］．http://www.gesetze-im-internet.de/arbplschg/BJNR002930957.html.

③ 同①.

④ 谢丹，陆旭丹．外军退役安置相关制度研究［J］．国家行政学院学报，2018（6）：153-160+192.

限制，或者因身体健康等（非自身重大过失）原因而丧失劳动能力的，可进入或转入退休。德国职业军人与公务员、法官一样，退休后将不再领取官方工资，而是领取退休金（养老金）。

退休金（养老金）。根据《军人养老金法》[①]，职业军人的退休金由 3 个因素决定，即应计退休金的服役年限（可计入入伍前作为公务员的就业年限、入伍之前的培训期和法律规定的其他时期），应计退休金的工资收入（包括基本工资、部分家庭津贴和其他津贴）和退休金待遇折算比率。[②] 军人每服役一年，其退休金待遇折算为其（应计退休金的）工资收入的 1.79375%，而退休金的最高待遇为其（应计退休金的）工资收入的 71.75%。[③] 通常来说，军人需服役 40 年才能获得最高退休金待遇。因岗位职级特殊年龄限制退役、特殊情况下服役年限为 40 年的职业军人，其退休金将在原退休金比率基础上提高 12.55625%。喷气式战斗机飞行员或武器系统退休的职业军官（年龄限制为 41 岁）可获得高达 16.86131% 的应计退休金的百分比补充报酬。职业军人因无法工作而提前退休的，法定最低退休金可确保不低于当地最低生活水平。[④]

工伤退休金（养老金）。职业军人因工作事故无法工作并因此退休的，领取工伤退休金，其数额取决于服役年限对应退休金标准，再加上应计退休金工资的 20%。工伤退休金待遇最低为对应薪资组的 66.67%，最高为 75%。在遭遇操作事故或遭遇非法袭击等特殊情况下，将予以增加工伤退休金。[⑤]

年龄限制补偿。职业军人因超过一般年龄限制或岗位职级特殊年龄限制且在 67 岁之前退休的，除领取法定退休金外，另发一次性补偿金。补偿金为最后 1 个月工资的 5 倍，但最高不超过 4091 欧元。自 62 岁开始，每服役 1

① 德国联邦司法部．军人养老金法（Soldatenversorgungsgesetz-SVG）[EB/OL]．[2022-03-27]．http://www.gesetze-im-internet.de/svg/BJNR007850957.html#BJNR007850957BJNG000708377.

② Bundesministerium der Verteidigung. Hinweise zur Sozialen Absicherung der Soldatinnen und Soldaten der Bundeswehr [M]. 2. Auflage. Bonn：Zentraldruckerei BAIUDBw，2020：13-14.

③ 刘涛，黎雨昕．生命历程视角下的德国军人社会保障制度［J］．治理研究，2020，36（3）：60-67.

④ 同②：14.

⑤ 同④：14-15.

年，这个数额就会减少五分之一。①

（二）退役金（过渡阶段补助）

根据德国法律规定，有期限服役的军人因服役期届满或因丧失劳动能力而退役的，可以获得一次性的过渡津贴和一段时间内的过渡期津贴保障。

1. 过渡津贴

根据《军人养老金法》规定，服役6个月及以上的退役军人，因服役期满或丧失劳动能力而退役的，予以支付过渡津贴。过渡津贴将于军人退役后一次性支付。过渡津贴发放标准基于军人服役时长和服役时最后一个月的工资。未取得“融合证书”或许可证的退役军人过渡津贴发放标准如表4-1所示。服役时长越长，过渡津贴标准越高。退役军人服役期（超过6个月）未满18个月的，过渡津贴计1.5倍工资，服务期满20年及以上的，最高可计12倍工资。

表4-1 德国过渡津贴发放标准

服役时长	过渡津贴标准（基于最后一个月工资）
（超过6个月）少于18个月	1.5倍
18个月及不到2年	1.8倍
2年及不到4年	2倍
4年及不到5年	4倍
5年及不到6年	4.5倍
6年及不到7年	5倍
7年及不到8年	5.5倍
8年及不到9年	6倍
9年及不到10年	6.5倍
10年及不到11年	7倍
11年及不到12年	7.5倍
12年及不到13年	8倍
13年及不到14年	8.5倍
14年及不到15年	9倍

① 德国联邦司法部．军人养老金法（Soldatenversorgungsgesetz-SVG）[EB/OL].[2022-03-27].http://www.gesetze-im-internet.de/svg/BJNR007850957.html#BJNR007850957BJNG000708377.

续表

服役时长	过渡津贴标准（基于最后一个月工资）
15 年及不到 16 年	9.5 倍
16 年及不到 17 年	10 倍
17 年及不到 18 年	10.5 倍
18 年及不到 19 年	11 倍
19 年及不到 20 年	11.5 倍
20 年及以上	12 倍

持有“融合证书”的退役军人，其过渡津贴为上述服役年限对应标准的 25%。

2. 过渡期津贴

根据《军人养老金法》规定，服役 4 年及以上的军人，因服役期满或丧失劳动能力而退役的，发给一段时间内的过渡期津贴。过渡期津贴在服役期满后按月发放。过渡期津贴发放标准为服役时最后一个月工资的 75%，如果且只要过渡期津贴的领取者在过渡期间内参加由联邦政府资助的全日制学校和职业培训措施（在这种情况下的教育补贴是最后一个月工资的 25%），其过渡期津贴将是最后一个月工资的 100%[①]。过渡期津贴发放时长与服役时长挂钩，如表 4-2 所示。服役 4 年及以上的退役军人根据服役时长，最短可领取 12 个月、最长可领取 60 个月的过渡期津贴。如果受益人在该过渡期津贴发放期间死亡，其未支付完全的过渡期津贴必须转由其法定直系亲属领取。

表 4-2　德国过渡期津贴发放时长标准

服役时长	过渡期津贴发放时长
4 年及不到 5 年	12 个月
5 年及不到 6 年	18 个月
6 年及不到 7 年	24 个月
7 年及不到 8 年	30 个月
8 年及不到 9 年	36 个月
9 年及不到 10 年	42 个月

① Bundesministerium der Verteidigung. German Armed Forces Vocational Advancement Service [M]. Bonn: Zentraldruckerei BAIUDBw, 2018: 12-13.

续表

服役时长	过渡期津贴发放时长
10 年及不到 11 年	48 个月
11 年及不到 12 年	54 个月
12 年及以上	60 个月

持有“融合证书”任公职的退役军人，领取的不是过渡期津贴，而是为期 10 年的财政补偿，数额相当于他们以前在部队的工资和新职业的工资之间的差额。[①] 也就是说，领取新职业的工资，标准若低于在部队的原薪，则用退役金补至原薪，但发放时间最长不得超过 10 年，若高于原薪则不再发给退役金。到私营企业任职者，领取薪金不受限制，并保留退役金。[②]

二、德国退役军人伤残及遗属抚恤

根据德国《联邦供应法》，任何因军事行动或服役期间发生事故而遭受健康损害的军人、因损害而死亡的军人的遗属等均为法律规定的战争受害者，有权享有一定的社会照护与补偿，其有关福利由德国联邦劳动和社会事务部负责认定与提供。

（一）伤残军人抚恤

德国联邦国防军伤残军人在退役后可以享有广泛的社会保障待遇。[③④] 具体包括：（1）免费治疗及康复服务。（2）基础养老金。伤残军人根据身体受伤害的严重程度和等级可以获得相当于基础养老金的待遇，根据健康受损程度（从 30% 至 100%），每月可领取基础养老金最低 156 欧元，最高 811 欧元。（3）重度伤残人士可以获得额外的补偿养老金待遇。重度残疾军人（健康受损程度达 50% 及以上）年满 65 岁的，其每月的基础养老金相应增加

① Bundesministerium der Verteidigung. German Armed Forces Vocational Advancement Service [M]. Bonn: Zentraldruckerei BAIUDBw, 2018: 12-13.

② 范军. 德军退役制度简介 [J]. 中国人才, 2006 (24): 40-41.

③ 德国联邦司法部. 联邦供应法 (Bundesversorgungsgesetz-BVG) [EB/OL]. [2022-03-27]. http://www.gesetze-im-internet.de/bvg/BJNR104530960.html.

④ 刘涛, 黎雨昕. 生命历程视角下的德国军人社会保障制度 [J]. 治理研究, 2020, 36 (3): 60-67.

32～48 欧元（具体视身体健康受损情况认定）。对健康受损程度达 100% 的重度残疾军人，按月发放重度残疾补贴。重度残疾补贴分为六级，从一级 94 欧元到六级 578 欧元不等。（4）护理津贴。（5）职业受损经济补偿，这是考虑到因为身体伤残无法就业而给予的一定经济补偿措施。（6）基于职业康复给予的职业康复待遇。（7）住房补贴及协助寻找残疾人宜居的住所补贴。

（二）遗属抚恤

军人因公死亡的，其配偶、子女、父母等法定遗属有权领取遗属抚恤金。根据德国《联邦供应法》，因公身故军人的配偶领取 488 欧元/月的基本养老金，另有不同程度的死亡赔偿金、补偿性养老金。因公身故军人的未成年子女领取孤儿抚恤金。

三、德国退役军人养老保险

有期限服役的军人在联邦国防军服役期间不参加养老保险，但在退役后将参加法定养老保险，除非他们退役后从事另一项不属于法定养老保险的工作（例如公务员）。有期限服役的军人其服役期间的法定养老保险由联邦政府承担全部保险费用，包括雇主和雇员的份额。[①] 此外，在军事服役期结束转为其他具有养老保险义务的就业关系后，德国联邦政府还会资助退役军人，为这段没有参保的年限办理“补回保险”。这段空窗期的养老保险费用由联邦管理局承担，退役军人有豁免缴纳保费的义务[②]。

此外，德国联邦国防军还在不断提高有期限服役军人的养老金。有期限服役军人今后在社会保障方面与普通文职人员相比应该不会有任何劣势。根据德国 2016 年颁布的新法，在计算退役军人“补回保险”收入基础时，其服役期间的税前收入会虚拟上调 20%。德国联邦管理局根据提高后的净收入核

① 德国联邦国防军．德国联邦国防军的税收和社会保障［EB/OL］．［2022-03-27］．https://www. bundeswehr. de/de/betreuung-fuersorge/besoldung-versorgung-soldaten/steuern-sozialversicherung-bundeswehr.

② 刘涛，黎雨昕．生命历程视角下的德国军人社会保障制度［J］．治理研究，2020，36（3）：60-67.

算出应缴的养老保险费用，然后将其汇入法定养老保险的经办机构。①

退役军人服役期间的个人工资对于其相应提高的养老金起决定性作用。例如，对于一个签约服役 8 年的下士，新法可以将其每年的养老金最多增加 400 欧元；对于一名服役 12 年的上尉，每年的养老金最多可以增加 860 欧元；对于一个服役 20 年的高级军医来说，每年的养老金甚至可以增加 1730 欧元。②

四、德国退役军人医疗保险

德国联邦国防军军人在服役期间不受法定医疗健康保险的约束，由军队提供免费医疗护理。德国境内约有 100 家军队医院，军队医疗护理的质量与社会医院的平均水平接近。③ 但军人退役后便不再享受免费医疗，其退役后的医疗保障主要靠参加社会医疗保险解决。根据德国 2007 年加强法定医疗保险的法律，居住在德国的每个人都有义务购买法定医疗保险。④

退休的职业军人（退休金领取者），有权在生病时领取退休金和医疗补助，因此他们可免于参加法定医疗保险，但必须购买补充私人医疗保险。⑤ 医疗补助是对受益人及其家属在生病时所产生费用的补充援助，补助金额以个人评估率为准。退休职业军人的医疗补助费用评估率为合格费用的 70%，而剩下 30% 的医疗费用则需要通过购买私人医疗保险来覆盖。⑥

有期限服役军人在退役后根据自愿继续参加法定医疗保险或参加私人保

---

① 刘涛，黎雨昕．生命历程视角下的德国军人社会保障制度［J］．治理研究，2020，36（3）：60-67.

② 德国联邦国防军．德国联邦国防军的税收和社会保障［EB/OL］．［2022-03-27］．https://www.bundeswehr.de/de/betreuung-fuersorge/besoldung-versorgung-soldaten/steuern-sozialversicherung-bundeswehr.

③ KIM Y J，YUN S J. International Comparison of Military Welfare Service in the US，UK and Germany and Its Implications for Korean Military Welfare Service［J］. Journal of International Trade & Commerce，2016，12（2）：27-42.

④ Bundesministerium der Verteidigung. Hinweise zur Sozialen Absicherung der Soldatinnen und Soldaten der Bundeswehr［M］. 2. Auflage. Bonn：Zentraldruckerei BAIUDBw，2020：26-27.

⑤ 同④：26.

⑥ 同④：27.

险，但必须自己支付保险费用，不过可以免税。[①] 如果在服役结束后不满足参加法定社会医疗保险的基本条件，就必须参加私人医疗保险。[②] 如果军人在入伍前已经在法定社会医疗保险制度中参保，可以与医疗保险公司签署一个期待权保险，这意味着在一定期限内参保人将其医疗保险参保权冻结，保留了在冻结期的期待权。而冻结期一旦结束（服役期限之后）参保人就可以根据期待权合约重新恢复法定医疗保险的参保人资格。[③] 不过，根据德国 2019 年开始实施的新规定，所有在 2018 年 12 月 31 日之后退役的有期限服役军人，在退役后均可获得法定医疗保险，不论个人年龄和之前的参保情况如何。[④] 此外，有期限服役军人如果在退役后领取过渡期津贴期间内生病，还有权获得相当于其医疗费用 70% 的医疗补助津贴。[⑤]

五、德国退役军人护理保险

在德国，法定长期护理保险是社会保险的一个重要分支，能够有效为需要护理的被保险人提供护理费用的补助。社会长期护理保险由法定健康保险公司设立的长期护理保险基金提供，私人长期护理保险则由私人健康保险公司负责提供。在德国，购买长期护理保险是公民的法定义务。[⑥]

德国军人在服役期间必须根据其服役之前存在的医疗健康保险范围，选择继续加入社会长期护理保险或私人长期护理保险，退役后也仍需参加长期护理保险。任何未购买长期护理保险并受强制保险义务约束的人都有可能被处以罚款。[⑦]

社会长期护理保险的缴费率由法律规定，在德国全国所有的社会长期护理保险基金的缴费率都相同，年满 23 岁且无子女者还需额外缴纳 0.25% 的保

---

① 德国联邦国防军．德国联邦国防军的税收和社会保障［EB/OL］．［2022-03-27］．https://www.bundeswehr.de/de/betreuung-fuersorge/besoldung-versorgung-soldaten/steuern-sozialversicherung-bundeswehr.

② 刘涛，黎雨昕．生命历程视角下的德国军人社会保障制度［J］．治理研究，2020，36（3）：60-67.

③ 同②.

④ Bundesministerium der Verteidigung. Hinweise zur Sozialen Absicherung der Soldatinnen und Soldaten der Bundeswehr［M］. 2. Auflage. Bonn：Zentraldruckerei BAIUDBw，2020：29.

⑤ 同④：27.

⑥ 同④：37.

⑦ 同④：38.

险费用。有权享受免费医疗护理或医疗补助津贴的军人只需支付一半的保费；无子女人员的保险附加费则必须始终由本人承担。[①]

六、德国退役军人失业保险

联邦国防军有期限服役军人在退役后如果处于失业状态，可以向联邦劳动局申请失业保险待遇。这里分为两种情况：第一种是服役时间少于 2 年的军人，如果退役后处于失业状态，假定不具备领取失业保险金的权益或是在领取失业保险金权益已失效的情况下，则可以向劳动局申请“失业金二号”。这也是德国在“哈茨四号”改革后实施的一项主要失业救助福利，主要是针对具有工作能力的群体，在他们领取失业保险金一年之后发放的救助福利，其金额与一般社会救助等同。第二种是服役 2 年以上的军人，如果退役后处于失业状态，根据《军人养老金法》，则可以获得一项失业补助，失业补助最长可以领取 12 个月，其金额大致相当于失业保险金，属于收入替代型福利。而退役军人如果在这一阶段领取了过渡期津贴，那么失业补助的给付时间则会相应缩减。在领取失业补助及过渡期津贴时间段终止后，退役军人可以申请“失业金二号”的救助。[②]

七、德国退役军人住房保障

德国退役军人住房保障问题的解决方式是以自主解决为主，国家及军队原则上不负责为其解决住房。对于确有困难的退役军人，政府可以通过提供优惠的贷款政策来帮助他们购买住房。德国军官在退役前绝大多数都有一套私人住房。退役军人的住房主要依靠个人修建、购买和租赁等方式解决，其建房、购房或租房，地点不受地域、城市限制，面积与职务、军衔、地位无关[③]。

---

① Bundesministerium der Verteidigung. Hinweise zur Sozialen Absicherung der Soldatinnen und Soldaten der Bundeswehr [M]. 2. Auflage. Bonn: Zentraldruckerei BAIUDBw, 2020: 39.

② 刘涛，黎雨昕．生命历程视角下的德国军人社会保障制度［J］．治理研究，2020，36(3)：60-67.

③ 范军．德军退役制度简介［J］．中国人才，2006（24）：40-41.

八、德国退役军人政治待遇

德国退役军人享有崇高的社会地位。德国军人退役前，军队会按照与他们身份相适应的规格举行退役仪式。[①] 军官退休前 1 个月，高级将领通常由总统接见，并授予勋章。中级以上军官退休时均举行隆重仪式，邀请军政要员参加，名人出席，而后到军营检阅仪仗队，并由摩托车护送出军营。少校以下军官退役时一般也以与他们身份相适应的规格举行类似的仪式。军官退休后，在重大节日或参加重要活动时，仍可着军装，并佩戴预备役军衔。[②]

此外，所有未失去军衔（光荣退役）的退役军人都有权申请获得退役军人徽章，徽章的登记发放由联邦国防军联邦人事管理办公室负责。截至 2020 年，联邦人事管理办公室已发放约 62000 枚退役军人徽章。[③]

第四节　德国退役军人社会工作与慈善救济

德国联邦国防军设立的社会服务处，由社会工作科和社会服务咨询科组成[④]，其下辖的社会服务机构聘有社会工作专业、相关法律专业、心理学专业等专业人士，为所有现役、退役军人及其家属等提供咨询、建议与支持。服务内容涵盖疾病援助与护理（国防军医院社会服务）、婚姻家庭关系、退休金（养老金）、伤残抚恤、护理、社会保险等各项社会事务，服务方式包括一对一会议、家庭和小组讨论、家访和讲座等形式。此外，国防军社会服务处还与国防军士兵援助协会、国防军社会工作协会等慈善组织、职业发展服务机构、社会保障和社会福利机构等军内外有关部门密切合作，[⑤] 共同服务和处理退役军人的各项社会事务。

---

① 山乔．英国、德国退役军人安置概览［J］．中国人才，2011（8）：39-43.

② 范军．德军退役制度简介［J］．中国人才，2006（24）：40-41.

③ Deutscher Bundestag. Unterrichtung durch die Wehrbeauftragte Jahresbericht 2020（62. Bericht）［R］. Berlin，2021：71.

④ 德国联邦国防军．德国联邦国防军的社会服务［EB/OL］．［2022-03-27］．https://www.bundeswehr.de/de/betreuung-fuersorge/der-sozialdienst-der-bundeswehr.

⑤ 德国联邦国防军．德国联邦国防军的社会服务，关于我们［EB/OL］．［2022-03-27］．https://www.bundeswehr.de/de/betreuung-fuersorge/der-sozialdienst-der-bundeswehr/-wir-ueber-uns.

一、德国退役军人社会工作部门与慈善组织

德国联邦国防军作为德国最大的雇主之一，为承担其雇主社会责任，专门设立了社会工作科，其下辖的社会工作机构为危机干预（在失去亲人、发生突然改变生活的事件、创伤等情况下）、工作中的人际关系问题、家庭关系、婚姻和伴侣问题、经济困难、精神障碍、成瘾障碍（酒精、媒体、赌博成瘾等）、家庭与服役兼容性问题、性骚扰以及其他紧急情况等问题提供建议和支持。服务提供的方式包括个人咨询、家庭咨询、讲座、辅导、培训和研讨会等。①

国防军社会工作处还通过购买社会服务的方式，与国防军社会工作协会等慈善组织合作。德国国防部每年为国防军社会工作协会提供一部分资金，用于落实法律规定的由联邦国防部负责的社会关怀措施②，并指派2名正式任命的评估员和总参谋委员会的1名代表入驻国防军社会工作协会执行委员会③。如果有军人因残疾、非因自身过错而陷入紧急情况，或在国外执行军事任务期间发生伤亡情况，国防军社会工作协会将在经济和物质上为军人及其家属提供支持。④

此外，德国众多与联邦国防军有关的慈善组织还能够为退役军人提供制度之外无法涵盖的救济服务和社会服务。如德国联邦国防军社会工作协会、国防军士兵援助协会、国防军协会、国防军退役军人协会、德国困难基金会等，这些慈善组织广泛招募国内外各地志愿者，积极开展组织间合作，从社会层面上，为退役军人提供及时、多元、全面的救济服务与其他社会服务。

---

① 德国联邦国防军．企业社会工作［EB/OL］．［2022－03－27］．https://www.bundeswehr.de/de/betreuung-fuersorge/der-sozialdienst-der-bundeswehr/－die-betriebliche-sozialarbeit.

② 德国联邦国防军社会工作协会．德国联邦国防军社会工作协会章程［EB/OL］．［2022－03－27］．https://www.bundeswehr-sozialwerk.de/fileadmin/bundeswehr-sozialwerk.de/pdf-downloads/satzung/Satzung_BwSW.pdf.

③ 德国联邦国防军社会工作协会．融入德国武装部队［EB/OL］．［2022－03－27］．https://www.bundeswehr-sozialwerk.de/bundeswehr-sozialwerk/einbindung-in-die-bundeswehr/.

④ 德国联邦国防军社会工作协会．德国联邦国防军社会工作协会［EB/OL］．［2022－03－27］．https://www.bundeswehr-sozialwerk.de/.

二、德国退役军人社会工作与慈善救济内容

（一）退役军人困难救济

德国联邦国防军退役军人协会为有需要的退役军人及其家属逐案提供经济援助。① 为更好地帮助生活困难的退役军人，国防军退役军人协会不断优化组织架构、人员培训及案例管理指南。② 协会通过个案管理、提供凭单票据报销的方式为退役军人提供维持生计的直接经济支持。③ 此外，协会还为有需要的退役军人提供额外的儿童保育补助金、娱乐和康复补助金、特殊治疗措施补助金、法律咨询补助金等支持。④

如果退役军人面临的生活困难是由于其服役期间发生的事件引起的，在服役期间非因自身过错事故而受伤或患有严重疾病的情况下，还可以在退役后的 3 个月内向德国联邦国防军士兵援助协会申请获得快速援助。⑤

（二）残障退役军人援助

德国对残障退役军人（尤其是因公致残的）社会工作及救济工作非常重视，国防部与有关社会组织建立了长期稳定的合作，以共同维护残障退役军人及其家属的福利。其中，德国困难基金会为残障军人服务作出了重要贡献。在其成立的 8 年时间里，共计接收了 721 份申请，提供了超过 1000 万欧元的资助。除困难基金会之外，还有很多其他基金会为有需要的军人及其家属提供了经济和物质援助，如国防军士兵援助协会、国防军社会工作协会、“肖特勒上校残疾基金会”和“罗迪奇遗产基金会”⑥。

---

① 德国联邦国防军协会．德国退役军人协会章程［EB/OL］．［2022－09－24］．https://www.veteranenverband.de/download/3337/.

② 德国退役军人协会．德国退役军人协会 2021 年活动报告［EB/OL］．2021［2022－03－27］．https://www.veteranenverband.de/2021/08/28/taetigkeitsbericht-2021/.

③ 同②.

④ 同②.

⑤ The Bundeswehr Service Relief Association. 50th anniversary of the Bundeswehr Service Relief Association［EB/OL］．（2007）［2022－03－27］．https://www.soldatenhilfswerk.org/Fuenfzig%20Jahre%20SHWBw/Broschuere_2007_EnglischeVersion.pdf.

⑥ Deutscher Bundestag. Unterrichtung durch die Wehrbeauftragte Jahresbericht 2020（62. Bericht）［R］. Berlin，2021：119.

其中，联邦国防军社会工作协会平均每年有超过 50 万欧元可用于残障退役军人援助服务。该协会为残障退役军人提供的援助服务内容不仅包括补助保险及制度未覆盖到的医疗费用等经济援助，还包括车辆无障碍改装、购买楼梯升降机等无障碍环境改造服务，以及组织因公致残的残障退役军人及其家属免费休闲旅游的项目。此外，国防军社会工作协会与国防军社会服务部门建立了合作，在必要时还会为有需要的残障退役军人提供 24 小时内的快速援助。①

德国联邦国防军协会下属的士兵和退役军人基金会也有援助残障退役军人的项目。该项目以“在一起，不孤单”为名，旨在推动改善由于军事行动受伤的残障退役军人的相关法律体系和治疗方法。例如，2020 年，该项目就起草了一项名为“使命之魂”的政治诉求文件，并以公开的方式提交给了德国武装部队的议会专员。②

（三）精神医疗社会工作

当今世界局部地区形势紧张复杂，军人在国外执行军事任务期间必须时刻保持高度警惕状态，因为他们所面临的威胁往往不是明确的敌人和战线，而很有可能是身着便衣的普通民众。诸如此类的、甚至更严重的冲突和战争，导致许多军人因此患上创伤后应激障碍。除患有创伤后应激障碍的军人之外，还有很多因军事行动而患有不同程度适应障碍、焦虑、抑郁等精神疾病的军人。这些军人在退役后经常感到难以回归正常社会生活。

为帮助这些因军事部署而患有适应障碍、焦虑、抑郁、创伤后应激障碍等精神疾病的退役军人重新建立与社会支持系统的联系，帮助他们顺利重新融入社会，德国联邦国防军退役军人协会采取了多种方式开展服务。包括促进和支持区域自助小组及联络对话小组的建立，与医生、诊所和服务提供商

---

① 德国联邦国防军社会工作协会．我们帮助有需要的家庭和个人［EB/OL］．［2022-03-27］. https://www. bundeswehr-sozialwerk. de/bundeswehr-sozialwerk/wir-ueber-uns/einzelhilfen/.

② 德国联邦国防军协会．士兵和退役军人基金会-我们的项目-“在一起，不孤单”［EB/OL］．［2022 - 03 - 27］． https://www. dbwv. de/der-verband/stiftungen-engagement/soldaten-und-veteranen-stiftung-svs/unsere-projekte/beitrag/gemeinsam-nicht-einsam.

合作支持退役军人的治疗护理，[①] 以及在互联网建立退役军人论坛和虚拟社区。[②③] 国防军退役军人协会针对创伤后应激障碍者及其家属建立了“创伤后应激障碍小组”。这个小组 2020 年 8 月有 740 名成员，到 2021 年增长到了 800 多名成员。[④]

德国联邦国防军协会下属的士兵和退役军人基金会也有针对患有创伤后应激障碍的退役军人援助项目。鉴于传统医学在创伤后应激障碍治疗上的局限性，该基金会创造性地支持了一种名为“霍尔曼”的动物辅助治疗项目。[⑤] 此外，基金会还为患有创伤后应激障碍的退役军人提供陪同治疗服务。[⑥]

（四）行政救济及法律援助

1. 行政救济的重要渠道——武装部队议会专员

德国联邦议院依法在武装部队设有议会专员。武装部队议会专员是德国退役军人寻求行政救济的重要渠道之一。议会专员可以通过实地调查访问、会议、面谈等方式，了解全军各区组织运转情况和问题，并听取军人的愿望和建议。[⑦] 根据《德国联邦议院武装部队专员法》[⑧]，每位军人都有权直接联系武装部队的议会专员，并且无须通过官方渠道。如有需要，军人应实名向议会专员提交请愿书，议会专员将依法对其进行保密。武装部队议会专员应

---

① 德国联邦国防军协会．德国退役军人协会章程［EB/OL］．［2022-09-24］．https://www. veteranenverband. de/download/3337/.

② 同①.

③ 德国退役军人协会．德国退役军人协会 2021 年活动报告［EB/OL］．2021［2022-03-27］．https://www. veteranenverband. de/2021/08/28/taetigkeitsbericht-2021/.

④ 同③.

⑤ 德国联邦国防军协会．士兵和退役军人基金会（SVS）-我们的项目［EB/OL］．［2022-03-27］．https://www. dbwv. de/der-verband/stiftungen-engagement/soldaten-und-veteranen-stiftung-svs/unsere-projekte.

⑥ 德国联邦国防军协会．士兵和退役军人基金会（SVS）-我们的项目-使命援助之手［EB/OL］．［2022-03-27］．https://www. dbwv. de/der-verband/stiftungen-engagement/soldaten-und-veteranen-stiftung-svs/unsere-projekte/beitrag/mission-helfende-haende.

⑦ Deutscher Bundestag. Unterrichtung durch die Wehrbeauftragte Jahresbericht 2020（62. Bericht）［R］. Berlin，2021：5.

⑧ 德国联邦司法部．武装部队议会专员法（Gesetz zu Artikel 45b des Grundgesetzes-WbeauftrG）［EB/OL］．［2022-03-27］．https://www. gesetze-im-internet. de/wehrbbtg/BJNR006520957. html.

根据联邦议院或国防委员会的指示对某些事件进行审查，并向联邦议院提交书面的年度综合报告。根据德国联邦议院公布的《德国武装部队2020年年度报告》，2020年武装部队议会专员共计处理由军人及其家属等提交的个人请愿书2753份，其中18.7%由预备役人员及退役军人提交，涉及养老和社会事务的有680份。①

2. 法律援助的重要渠道——联邦国防军退役军人协会

德国联邦国防军退役军人协会根据人员实际情况需要（如残障退役军人行动不便的情况），为退役军人及其家人提供与政府及军队部门对接行政事务的协助服务。② 此外，国防军退役军人协会还积极协助退役军人根据《军人养老金法》和《联邦供应法》获得养老金，③ 为有需要的退役军人提供社会赔偿等相应专业领域的法律援助。④

第五节　德国退役军人管理保障的特点

一、德国完善的退役军人管理保障立法

德国非常重视退役军人管理保障立法，在立法过程中通过书面陈述和听证程序等方式广泛听取军人自组织团体代表的意见，建立了相对完善的退役军人管理保障法律体系。以《军人地位法》、《军人养老金法》、《职业发展条例》、《应征入伍时工作岗位保护法》和《联邦供应法》为核心的法律法规，从人的生存与发展出发，涵盖了军人从服役至退役，从职业规划、教育培训到退役再就业的全过程，对军人服役年限、退役待遇、教育培训、就业、医疗护理等都作了比较详细的规定。德国通过完善的社会立法，明确了退役军人管理保障机构职责，维护了退役军人权益，解除了军人退役的后顾之忧，

① Deutscher Bundestag. Unterrichtung durch die Wehrbeauftragte Jahresbericht 2020 (62. Bericht) [R]. Berlin, 2021: 124-126.

② 德国联邦国防军协会．德国退役军人协会章程［EB/OL］．［2022-09-24］．https://www.veteranenverband.de/download/3337/.

③ 同②.

④ 同②.

也扩大了军队对人才的吸引力。

二、基于职业军人制度的个性化退休方案

德国实行职业军人制度，并采取逐案程序制订个性化退休方案，不断提高职业军人的平均退休年龄以适应国家社会保障制度结构的调整。

德国联邦国防军中的职业军人群体主要是军官和一部分士官。根据德国的规定，任何想要成为军官的人，最初签约的服役年限至少需要 13 年。而且根据军官的职责范围和所需培训要求，军官的最短服役年限也可长达 17 年。鉴于军官服役年限较长，事实上大部分军官都会选择成为终身服役的职业军人，在军队服役至退休。此外，由于近年来国家社会保障制度结构和军队人才需求结构的调整，德国一直在不断提高职业军人的平均退休年龄。为实现该目标，德国联邦国防军人事管理办公室对所有即将退休的职业军人实行逐案程序，对每个职业军人进行面谈协商以推迟退休时间，并制订个性化的退休方案。

德国实行的职业军人制度，使军事职业成为一种稳定的职业类型，不仅有助于留住军官和士官队伍中合格且有经验的军事人才，还为退役军人安置减轻了压力。

三、内部劳动力市场的整合安置

德国充分开发和整合了国家行政系统内部的劳动力市场资源，在联邦政府、州和市镇各级公共服务部门以及国防军内部，为退役军人提供了大量的安置岗位。德国法律规定，联邦政府、州和市镇各级公共服务部门必须为退役军人预留一定比例的岗位。服役 12 年及以上的合同制军人在通过资格审核等法定程序之后，可以获得公务一体化的资格证明——“融合证书”，退役军人可持证申请各级公共服务部门为退役军人预留的工作岗位。此外，从 2014 年起，德国联邦国防军内部也开始吸纳优秀的退役军人进入军队文职岗位，负责职业发展服务的专家也会及时向退役军人提供有关文职岗位的信息和建议。德国这一做法，充分开发和整合了国家行政系统内部的劳动力市场资源，既为国家留下了合格的工作人员，又实现了相当一部分长期服役军人的制度性安置，一定程度上缓解了长期服役军人的过渡性压力。

四、现代化职业发展服务体系

德国建立了以现代化理念和客户为导向的职业发展服务体系和专业化的就业培训体系。在整个军旅生涯周期为退役军人提供了充足的职业发展机会，包括职业咨询、职业规划、教育培训和就业介绍服务，最终以促进退役军人就业来实现退役军人保障向公民社会保障的平稳过渡。据2022年1月的数据，德国联邦国防军现役军人中终身服役的职业军人占比约30%，剩下的近七成军人都需要面临退役后重新求职和向平民生活过渡的问题。因此，德国非常重视退役军人的职业发展服务。

军人在服役期间，须强制参加长期的个性化职业咨询，制订个性化的职业发展计划。通过专家给予的专业意见，帮助军人建立清晰的自我定位与职业目标，同时制订与其职业目标相适应的教育培训计划。与此同时，得益于德国发达的职业教育体系和联邦财政充足的经费保障，德国军队与军地各高校、职业教育培训机构广泛合作，建立了覆盖全国各地区的专业化的退役军人就业培训体系。此外，德国职业发展服务机构非常重视维持、更新和发展军人入伍前的专业知识，提前为军人退役后的再就业做准备。总之，德国通过一系列的措施，实现了退役军人培训与就业的有机结合，有效促进了退役军人从职业培训到就业的顺利平稳过渡。

军人在退役后，其就业信息可以通过联邦国防军搭建的面向雇主和退役军人的网络信息平台检索，也可以通过职业介绍所获取。国防军通过更新维护公开的网络信息平台，可以实现各类职业发展服务项目信息（包括申请流程及表格）的快捷共享，提高了服务效率，减少了行政服务成本。

五、与公民社会保障体系有机结合

德国的社会保障是基于标准雇佣关系的社会保障。[①] 德国通过促进非伤残退役军人顺利再就业，以及依靠广泛的医疗和专业护理、职业教育等方式帮助伤残退役军人重新融入社会和劳动力市场，从而实现退役军人保障与公民

① HINRICHS K. A Social Insurance State Withers Away. Welfare State Reforms in Germany-or: Attempts to Turn around in a Cul-de-sac//Palier B. A Long Goodbye to Bismarck? the Politics of Welfare Reform in Continental Europe [M]. Amsterdam: Amsterdam University Press, 2010: 45-72.

社会保障体系的有机结合。此外，在退役过渡期内，德国还为退役军人提供一次性的过渡津贴和一段时间内的过渡期津贴保障，为退役军人再就业建立了缓冲期，确保了退役军人过渡期内的基本生活水平。

六、有效的社会服务与救济体系

作为保守主义福利制度的典型代表，德国在退役军人管理保障方面除强调传统的家庭支持和劳动就业之外，还非常重视发挥中间社会团体的社会功能。德国国防部、联邦劳动局与国防军士兵援助协会、国防军社会工作协会等一系列非政府组织及社会团体建立了密切的合作，共同为退役军人构建了一张紧密的社会安全网，从而使生活困难的退役军人能够及时获得物资援助和社会服务。而这些由退役军人参与组成的非政府组织及社会团体，还能为退役军人的社会适应过程提供长足的心理支持和社会支持。

第五章

加拿大退役军人管理保障

第一节 加拿大退役军人管理保障概况

一、加拿大退役军人基本情况

加拿大退役军人事务部对退役军人的定义是，任何成功接受基础训练并光荣退役的加拿大武装部队前成员。加拿大退役军人具体包括三类人员：第一类是在第一次世界大战、第二次世界大战或朝鲜战争期间服役的武装部队和商船海军退役军人；第二类是加拿大军队的前任和现任成员，包括特殊任务区和维和行动中服役的成员；第三类是盟军退役军人，包括第二次世界大战或朝鲜战争期间曾在盟军之一服役，并且在加拿大居住至少 10 年或在入伍前居住在加拿大。

截至 2020 年 3 月 31 日，加拿大的退役军人总数为 62.93 万人，包括 3.21 万名战争服役退役军人和 59.72 万名加拿大武装部队退役军人。战争服役退役军人和加拿大武装部队退役军人的数量预计在未来 5 年内将下降。①

接受加拿大退役军人事务部服务的退役军人约占加拿大退役军人总数的 19%。截至 2020 年 3 月 31 日，加拿大退役军人事务部服务了 12375 名战争服役退役军人（占 39%）和 106744 名加拿大武装部队退役军人（占 17%）。此外，加拿大退役军人事务部向 37828 名战争服役军人遗属、14848 名武装部队军人遗属提供福利，并向 15306 名加拿大皇家骑警队成员或前成员及其遗属提供福利。② 加拿大退役军人事务部的预算每年都会随着退役军人的需要和应享权利的变化而变化。总的来说，2019—2020 年，加拿大退役军人事务部所服务对象的总数（包括退役军人和其家属）增加了 0.5%。据预测，加拿大

① Veterans Affairs Canada, Facts and Figures [R]. March 2020 Edition, VAC Facts and Figures Book, 2020: 6-8.

② 同①.

武装部队和加拿大皇家骑警退役军人及其遗属的增长速度将略超过战争服役的退役军人及其遗属的下降速度，这将导致未来 5 年加拿大退役军人事务部服务对象总量会平均每年增长 1.0%。[①]

二、加拿大退役军人管理保障历史沿革

第一次世界大战期间，超过 60 万加拿大人应征入伍，其中包括 3000 名妇女护士。若将加拿大境外的部队，如加拿大远征军和在英国的军队考虑在内，入伍的人数接近 70 万。其中，战争死亡人数接近 6.7 万。在第二次世界大战期间，超过 100 万的加拿大人参军，其中 4.5 万人丧生。在过去的半个世纪里，加拿大军队保卫了领土，与北大西洋公约组织（北约）合作，与北美航空航天防御司令部结盟，并在许多地区履行维持和平和建立和平的职责。有超过 500 人在"冷战"期间被埋葬在英国、法国和德国，115 人在其他海外军事行动中丧生，还有许多人在加拿大接受战争训练时失去了生命。

加拿大拥有一种将就业、服务和认可有机联系起来的福利计划，以保障退役军人的权益，保护军队的作战效能。其退役军人管理保障制度的变迁大体经历了以下四个阶段：

第一阶段：加拿大退役军人管理保障制度的萌芽期

第一次世界大战至世界经济大萧条（1929—1933 年）时期是加拿大退役军人管理保障制度的萌芽时期。

1915 年 6 月 30 日，加拿大政府成立了军事医院委员会，该委员会在 1918 年经营着 50 家医院和疗养院，拥有 10754 张病床。随着时间的推移，退役军人医院网络从哈利法克斯延伸到温哥华。

士兵地方重建部在詹姆士·拉菲德爵士的领导下成立于 1918 年 2 月 21 日。詹姆士·拉菲德曾担任军事医院委员会的负责人。这个重建部将军事医院委员会的大部分医疗设施转移到军队并开始专注于康复。5 年多来，重建部为 4 万名退役军人提供了 140 种不同的职业培训，在医疗部门的全力支持下，为近 10 万名退役军人提供免费、全方位的医疗服务。

---

① Veterans Affairs Canada. Facts and Figures [R]. March 2020 Edition, VAC Facts and Figures Book, 2020: 6-8.

1919年加拿大颁布了《养老金法》，明确规定伤残退役军人也有资格领取养老金，同时还采取了一系列应对战时紧急情况的行动措施。根据该法，加拿大设立了养老金委员会，并规定了领取退役军人死亡和伤残抚恤金的条件。根据申请和医疗评估，按百分比发放伤残抚恤金。残疾百分比（5%～100%）是根据20个残疾等级以及在部队中的军衔或等级而确定的。养老金支付与一般劳动力市场的就业有关，但与入伍前的职业或收入因素无关。对于身体健全的退役军人，渥太华重建计划只提供有限的帮助。

从1920年9月1日起，所有参加了第一次世界大战的退役军人，包括1914年8月4日居住在加拿大的帝国和盟军退役军人，也有资格享受《退役军人保险法》待遇。此法为这些退役军人提供了500～5000加元的优惠税率人寿保险，旨在为退役军人的受抚养人提供服务。保单不能作为贷款的抵押品，只能在“被保险人死亡或全部和永久残疾”时兑现。

根据加拿大1918年2月通过的一项政令，所有光荣退役的海外退役军人在申请公务员岗位时会得到优先考虑。本措施为一些人提供了一定程度上的支持，但实际上许多人发现很难获得空缺的公共服务职位，尤其是在大萧条时期。此后，加拿大又采取了不同的方法协助提高退役军人的福利，首先是1917年颁布了《协助退役军人定居土地和增加农业生产法案》，1919年出台《协助归国士兵定居在这片土地上的法案》，退役军人首付10%即可以向士兵安置委员会申请耕种或改善现有农场。

1933年，养老金裁决的责任被转移到加拿大养老金委员会，直到1995年才终止，而根据《养老金法》规定的养老金免收入税这一优惠也因经济大萧条而被取消。1930年出台的《养老金及其他战后福利》法案为退役军人提供津贴，直到1987年。这种津贴是一项酌情福利，提供给那些无谋生能力并有海外服务经历的退役军人。

到1936年，经济萧条时期的加拿大估计有3.5万名失业退役军人。为满足他们的需求，政府成立了退役军人援助委员会，为失业的退役军人提供就业机会。该委员会建立了加拿大门卫或警卫军团。1937年2月，养老金和国民健康部更新了军团的专属权利，总督特威兹穆尔勋爵成为该军团的第一任管理者。到 2004 年，该军团有 17 个师，雇用了 1.7 万多名成员[1]。它成为加拿大最大的保安公司，其雇员主要来源于加拿大军队的退役军人。

第二阶段：加拿大退役军人管理保障的建立期

第二次世界大战前后被认为是加拿大退役军人管理保障的建立时期。

1939 年 12 月，加拿大联邦政府任命了复员内阁委员会。这个委员会的主要任务是明确国家“对那些生活因服役而中断的人”的义务，并得到了复员康复总咨询委员会的支持，由此建立了 14 个小组委员会。这些不懈的努力推进了 1941 年 10 月 1 日加拿大第 7633 号枢密院令的颁布。此枢密院令是加拿大历史上的里程碑文件。它承诺造福于战争期间在武装部队服役的每一个人。这是一个巨大的进步，因为第一次世界大战后的康复福利仅限于残疾人和已入伍的未成年人。

要兑现第 7633 号枢密院令的承诺，做好迎接新一代退役军人的准备是一项艰巨的任务，这一任务落到了养老金和国民健康部的肩上。好在政府得到了加拿大退役军人团和其他退役军人组织的协助以应对这一挑战。

政府通过的计划基于以下假定：“绝大多数退役军人宁愿工作也不愿从国家获得任何形式的救济。”因此，康复计划旨在提供“保障的机会”。为无法自理的人提供的综合长期计划（病人、残疾人和死亡或丧失行为能力的人的家属）也是基于此假设制订的。该计划是在一系列法规和条例中实施的，法律法规的制定考虑了服役的时间和地点（加拿大境内或海外）以及服役的性质（志愿入伍或应征入伍）。

1939 年 9 月 2 日，加拿大政府通过议会命令，延长了那些在第二次世界大战期间服役军人的养老金福利。1940 年 5 月，又对享受这一福利的资格作了修订，对在“保险原则”和“赔偿原则”下的承保范围作了严格的区分。此后，那些在国外服役的保险原则涵盖了在服兵役期间发生残疾或死亡的军人。根据赔偿原则，在加拿大境内服役的人只能在可能与其兵役直接相关的死亡或残疾的情况下才可领取养老金。

---

① Veterans Affairs Canada—Canadian Forces Advisory Council. The Origins and Evolution of Veterans Benefits in Canada 1914—2004 [R]. Reference Paper for Honouring Canada's Commitment: Opportunity with Security for Canadian Forces Veterans and the Families in the 21st Century, 2004: 5.

1941年，加拿大修订了《养老金法》，并于1942年开始实施，这一次养老金再次免征所得税。1942年，加拿大《退役军人土地法案》出台。这项新的土地法案建立在第一次世界大战士兵定居者的经验上（其中许多人仍在努力偿还他们的资产欠债），并强调“兼职农业与其他职业相结合”原则。

加拿大1944年的《战争服役补助金法案》提出支付酬金和重建信贷，强调这些都是应享权利，而不是可自由支配的福利。战争服役酬金的数额是根据服役时间和地点而定的，如每6个月在海外服务一次，还可额外获得一笔酬金。这种酬金是按月分期支付的，既可提供给志愿军，也可提供给根据1940年《国家资源动员法案》应征入伍的军人，只要他们曾在海外服役。重建贷款的金额与补助金的数额有关，可以通过累积账单的方式来获得。它可以用于多种用途，包括购买家庭用品、工作开支、支付政府保险费或购买政府年金等。重建信贷是大多数加拿大退役军人履行第7633号枢密院令的承诺所获得的康复福利。

退役军人可以根据1942年的《退役军人土地法案》申请土地，或根据1945年的《退役军人康复法案》申请接受教育和培训，为刚刚起步的企业提供“可预期回报”担保、为暂时丧失工作能力的人提供补助金以及为不符合失业保险资格的人提供失业救济金。土地、教育和培训以及1946年《退役军人商业和专业贷款法案》所提供的福利，都不是应享权利，而是需要官方批准才能自由支配的福利。

为第二次世界大战退役军人提供的其他福利包括100加元的服装津贴；免费送他们到入伍地点或加拿大其他地方，费用不超过运送其到入伍地的费用；退役军人保险和退役军人津贴计划；到地方就业权利；优先在国家就业服务局就业和一个全面的医疗计划。

1944年，加拿大《退役军人事务部法案》出台。退役军人事务管理部成为协调退役军人开展所有活动的政府机构。从一开始，该部门就与许多其他联邦和省政府以及私人机构开展协作。例如，战争服役津贴由国防部管理；到地方就业是国家就业服务局负责管理。这种协作一直延续至今。

退役军人事务部早期实施的措施之一就是通知部队成员关于政府重建公民生活的计划。加拿大没有承诺为退役军人提供工作，而是为他们提供获得工作的机会。退役军人事务部根据加拿大职业培训部颁布的《退役军人康复法案》进行培训，成果显著。截至1951年3月31日，多达8万多名退役军人从职业培训中受益，5.3788 万名退役军人得到去大学学习的支持。在 1947—1948 学年，多伦多大学里 49% 的大学生是退役军人。1949—1950 年退役军人占所有加拿大大学生人数的 21%。批准上大学的退役军人可获得生活津贴；学费可贷款。通过这些方式，迅速培养了整整一代加拿大专业人士，并极大地扩展和加强了加拿大学校的基础设施建设。

“回归公民生活”计划有一节主题为“女性完全有资格”。曾在加拿大女军任职的心理学家罗素被任命为康复总干事的执行助理，负责女军复员事务。在她的指导下，女性军人在退役军人事务部康复中心接受女性退役军人的咨询。罗素认为退役军人宪章康复计划为挑战加拿大的性别分工提供了前所未有的机会。截至 1947 年 9 月 30 日，加拿大接受过政府资助的职业培训或上过大学的女性退役军人比例高于男性。

从第 7633 号枢密院令开始，加拿大为第二次世界大战退役军人制订了不断发展计划，它有一个明确的目标：为战争鼓舞士气，并确保退役军人顺利过渡到和平时期。其宗旨是照顾那些不能自理的人，同时为身体健全的人提供就业机会。这一系列计划得到了执政者强有力的支持，政府与退役军人组织之间建立了富有成效的伙伴关系。这一系列计划得到了来自各政党的支持，并在此基础上不断完善。这一系列计划促进了男女平等，激发了医学创新，创新了对残疾的认知。这一系列计划增强了公共舆论对退役军人的支持，特别是通过退役军人事务部在全国范围内组织的工作进一步落实各项政策与措施。

退役军人宪章计划是这一系列计划中的一个。它还鼓励退役军人互相帮助，并取得很好的效果。宪章计划提醒加拿大人退役军人福利是由国家管理，因为武装部队是一个国家机构。它树立了明确的国防部和退役军人事务部之间的分界线，后者是一个协调机构，而不是为退役军人提供所有服务的机构。最重要的是，它促进了对为国家服务的人的尊重。

第三阶段：加拿大退役军人管理保障的整合改革期

20 世纪 60—90 年代是加拿大退役军人管理保障的整合改革时期。

到 20 世纪 60 年代，退役军人宪章计划的鼎盛时期结束了，国家社会福利制度改革不可避免地影响了退役军人的福利。

1940 年加拿大推出失业保险，1944 年推出家庭津贴，1951 年推出养老金计划。这些普惠性的福利，把退役军人宪章计划保障的对象都纳入进去了。1957 年加拿大又推出公立医院保险；1960 年，加拿大和魁北克养老金计划和医疗保险计划使加拿大全民福利达到新的高度。所有加拿大人——退役军人和非退役军人——都有资格参加上述计划，鉴于这一现实，退役军人事务部有充分的理由进行反思和重组。

退役军人事务部重组的任务 1962 年得到了皇家政府组织委员会的协助。重组的主要目的之一是明确退役军人事务部作为为受伤的退役军人提供护理的职责已经不重要。1963 年 12 月，联邦内阁同意将退役军人医院转移到省级主管部门，但须符合以下三个条件：与服役相关的残疾医疗服务必须始终得到及时满足，且必须根据退役军人事务部的标准提供服务；有可接受的社区设施，满足退役军人津贴领取者的需要；确保部门工作人员继续提供就业和抚恤金的领取服务。1964 年，在这个政策框架和全国范围内的医院保险的基础上，退役军人事务管理部门开始将退役军人医院的运作转移到“非联邦机构”。

1969 年加拿大军人福利的另一个重要发展是引入服役收入保障保险计划。在《养老金法》“补偿原则”下的残疾养老金保险的覆盖范围有限，对军事人员非因兵役造成的伤害或死亡没有足够的经济保护，只有自愿性质的“死亡和残疾保险计划”。它最初向遗属提供了相当于当时工资 50% 的收入福利，如果遗属里有受抚养子女会再给予额外补偿；对那些因非服役所致的伤害或疾病而导致完全残疾的人还有长期伤残津贴，提供的初始补偿水平是军人退役时工资的 60%，每个受抚养子女增加 5%，最高为最后工资的 75%。

1974 年，服役收入保障保险计划的变更获得批准。对这一计划的担忧在于长期残疾保险的受益人不愿参加职业康复，因为一旦就业将意味着长期残疾保险福利会无限期停止。因此，该计划的 5 年恢复豁免获得批准。1995 年恢复豁免期减少到 36 个月。

退役军人独立计划于 1981 年开始试点。此计划通过综合服务帮助退役军人保持独立，综合服务内容包括家庭护理、流动医疗保健、家庭适应和中级家庭护理。它以连续服务或分级护理模式为模型，强调早期最低限度的干预，以防止退役军人过度依赖医疗系统，使他们尽可能长时间地在自己的家里舒适、安全和有尊严地生活。

20 世纪 90 年代及以后，加拿大对退役军人独立计划进行了修改，增加家庭和机构中的姑息治疗、护理人员支持、家庭痴呆症护理和健康促进等服务内容。1991 年 6 月，在坚持与第一次、第二次世界大战退役军人和朝鲜战争退役军人待遇相同的基础上，曾在特别值勤区服役的前加拿大部队成员也可以享受退役军人独立计划的服务。

1985 年，加拿大政府根据 1972 年提出并在 1980 年被参议院重提的建议，将伤残抚恤金的比率与初级公务员待遇比率挂钩。1986 年 3 月又取消了现有的伤残抚恤金和战俘补偿合并上限，对退役军人受抚养子女可获得的福利增加了一年。同时，采取各种措施改善退役军人受抚养子女及战争中死去亲人的孤儿的教育支持；允许退役军人配偶共同购买《退役军人土地法案》的财产，改进许多其他措施，以确保退役军人的财产可以更公平地传给他们的继承人。

在 1986—1987 年，加拿大政府对退役军人服务管理机构进行了整合重组。1986 年的“一站式服务”试点开始启动，退役军人事务部、退役军人土地管理局的办事处与加拿大养恤金委员会的办事处设在一起。1987 年退休金审查委员会和退役军人津贴委员会被退役军人上诉委员会取代。退役军人事务部承担了提供伤残养恤金服务的全部责任，使加拿大退役军人上诉委员会能够集中精力处理索赔等工作。

20 世纪 90 年代，加拿大致力于养老金改革，养老金 C-67 法案于 1995 年 9 月 15 日生效。因此，许多组织开始改革，试图将现有资源集中在能够提供最有效服务的领域。曾经是一个独立实体的抚恤金事业者局与退役军人事务部进行了合并，以便更集中地处理养老金申请的审核与上诉。加拿大养老金委员会也被废除，与退役军人上诉委员会合并成一个新的机构退役军人审核及上诉委员会。该委员会为伤残抚恤金申请人提供两级上诉的审核及战争老兵津贴申请的最终裁决。

在推进养老金改革的同时，服役收入保障保险计划也进行了改革。1991 年期间，以非全时工作或短期调派工作（A 和 B 类）受雇的后备部队成员根据该计划可选择投保。1995 年期间，修订后的服役收入保障保险计划，将长期伤残补助金支付年限修订为 65 岁，而不是终生支付，并对主要医疗福利进行了更新，使其与覆盖其他联邦政府雇员的公共服务医疗保健计划一致。

第四阶段：加拿大退役军人管理保障的发展完善期

2000 年至今是加拿大退役军人管理保障的发展完善期。

2001 年，退役军人独立计划又作了进一步修订，与正规部队服役相关的伤残退休人员可享有退役军人独立计划资格。2003 年 6 月，加拿大退役军人事务部将此计划的覆盖范围扩大到海外退役军人和完全残疾的战俘。

1999 年，海外退役军人“居家护理”试点项目启动。它的目的是提供家庭护理福利，使那些在家里等待安置的退役军人能够获得治疗福利。2000 年，退役军人事务部推出了一项全面的居家护理战略，解决诸如痴呆、姑息治疗和临时看护等问题。为了支持这一战略，政府宣布将向加拿大各地符合条件的退役军人提供多达 2600 张优先使用的床位。同年，退役军人事务部同意为等待优先使用床位的海外服务退役军人提供社区护理设施。到 2002 年，有 3750 名退役军人住在退役军人事务部承包的 170 个医疗机构中，另有 4500 名退役军人在 1500 多家社区护理机构接受长期护理，还有 550 人住在加拿大蒙特利尔圣安妮退役军人医院。[①]

2002 年 1 月，退役军人事务和加拿大卫生服务认证委员会签署了一份合同，规定由退役军人事务部和加拿大卫生服务认证委员会向长期护理进行质量评估，以监测长期护理的绩效并确保维持高标准。

自 2000 年起，退役军人事务部开始实施以客户为中心的服务方针。旨在专注并服务于退役军人或其他客户的个人需求，包括他们的家庭和照顾者。

2002 年 7 月 3 日，国防部长约翰·麦卡勒姆和退役军人事务部部长雷伊·帕特汉共同宣布在退役军人事务部优先使用的长期护理地点开设新的心理健康诊所，形成一个卓越中心网络，以改善加拿大部队现役和退役人员的心理健康服务。根据这些措施，加拿大退役军人事务部在处理创伤后应激障碍和其他精神疾病的方式上作出了一系列改变，包括制定新的养恤金和医疗协议，以确保更好地帮助患有精神疾病的人。2001 年，该部与加拿大部队亦推出一项免费援助服务，为需要获得专业辅导的前部队成员及现役部队成员及其家人提供危机支援。

2001 年 2 月，退役军人事务部启动了过渡协调员试点项目，旨在帮助退役军人找到工作，平衡过渡到平民生活中。

---

① Veterans Affairs Canada—Canadian Forces Advisory Council. The Origins and Evolution of Veterans Benefits in Canada 1914—2004 [R]. Reference Paper for Honouring Canada's Commitment: Opportunity with Security for Canadian Forces Veterans and the Families in the 21st Century, 2004: 5.

自2000年以来，一项家庭照顾援助计划补偿了父母双军职家庭以及单亲家庭的一些家庭照顾费用。

总体来看，加拿大退役军人管理保障制度的发展有以下规律：第一，保障内容逐步丰富，从单一向多样化、多层次化发展。从其历史发展沿袭过程来看，加拿大退役军人保障的内容最早主要是对伤残退役军人提供医疗服务，并对其发放抚恤金，后来则逐渐发展到包括养老金、就业促进与教育培训、康复等方面，形成广泛丰富的退役军人福利保障体系。第二，保障形式从单纯的物质援助向综合福利发展。从发展之初的现金福利，发展到现今的以人为本、以客户为中心的多层次需求满足的综合福利。第三，立法先行，注意保障退役军人的诉求与权利。从其历史发展脉络来看，第一项福利的实施大多通过立法予以保障，对退役军人的诉求及权利以法律的形式加以确认的同时，建立法律诉求渠道予以保障。第四，保障的管理体制从分散转向统一，提高了效率。成立了退役军人事务部，作为一个协调部门全面管理加拿大的退役军人事务工作。

三、加拿大退役军人事务管理组织机构及其职责

（一）加拿大退役军人事务管理组织机构

加拿大退役军人事务管理组织机构包括三部分。第一部分是退役军人事务部，向退役军人事务部部长报告；第二部分是退役军人审查和上诉委员会，通过退役军人事务部部长向议会报告；第三部分是退役军人监察专员办公室，通过退役军人事务部部长向议会报告。退役军人事务部由四个分支机构和三个司组成，向加拿大退役军人事务部副部长报告。四个分支机构分别是：服务递送分部、战略政策与纪念分部、首席财务官和企业服务分部、战略监督和沟通分部。三个司是：审计和评估司、抚恤金事业司、人力资源司。

各分支机构的职责如下：

服务递送分部负责提供福利和服务，并提供社会和经济支持，以满足退役军人及其家人的需求。

战略政策与纪念分部负责确保加拿大退役军人事务部的各项计划和政策保持联动性并满足当前和未来的需求；发展战略伙伴关系以支持计划和政策的制订与实施；铭记那些在战争、军事冲突与和平时期为加拿大服役并继续

为加拿大服役的人所取得的成就和所作出的牺牲。

首席财务官和企业服务分部负责满足加拿大政府在财务管理、公司报告和关键责任等领域的要求；该分部还提供以下领域的内部企业服务：人力资源、财务、信息技术、信息管理、保障和管理、采购和承包、综合规划、获取信息和隐私的途径。

战略监督和沟通分部负责沟通、宣传与协调，确保该分部战略目标和优先事项与加拿大政府的宣传政策相一致。

人力资源司提供广泛的战略和运营建议和服务，包括：人力资源规划；资源配置（招聘、人员配备、劳动力调整）；就业公平；官方语言沟通；学习和组织发展；奖项和认可；行政服务；员工援助计划；非正式的冲突管理；价值观和道德宣传；组织设计和分类；薪酬福利；劳资关系；政治活动。

审计和评估司具有双重作用，其审计功能提供独立、客观的服务，在部门内提升价值和改善业务咨询服务。其评价功能提供基于系统的和中立的立场来收集和分析证据并作出判断。评估为决策、政策改进、创新和问责提供信息。

抚恤金事业司为那些对其残障福利或其他任何评估感到不满的个人提供免费的建议、帮助并代表其上诉。抚恤金事业司首席司长向退役军人事务部副部长报告，并由两名区域经理协助。该司的律师专职协助当事人进行申诉。

（二）退役军人事务部的职责与使命

加拿大退役军人事务部的任务是为退役军人及其家人的福祉提供支持，并促进对在战争、军事冲突与和平时期为加拿大服役人员所取得的成就和所作出的牺牲进行认可和纪念。为实现这一任务，该部重点发挥以下 4 个主要作用。(1) 作为退役军人的拥护者领导、管理和协调其所需要的福利和服务；通过加拿大政府，省政府、社区以及非政府组织展开合作。(2) 帮助退役军人从各级政府和社区获得他们所需的支持和服务，并在照顾和支持所有退役军人及其家人方面发挥领导作用。(3) 听取退役军人及其利益相关者的建议以指导部门工作和进行研究，并努力设计相应的计划和方案以满足不断变化的退役军人及其家人的需求。(4) 鼓励并倡导所有年龄段的加拿大人致敬退役军人以及那些在服役中去世的军人，确保他们为和平与自由作出的巨大贡献被子孙后代所铭记。

加拿大退役军人事务部通过提供伤残福利、经济福利、康复服务、养老金、教育和培训支持等计划来履行职责，发挥作用。该部门还致力于组织纪念加拿大军人在战争、军事冲突与和平时期所取得的成就和所作出的牺牲。

第二节　加拿大退役军人教育培训及就业促进

一、加拿大退役军人职业过渡服务

退役军人职业过渡服务是为了确保符合条件的加拿大武装部队成员、补充储备成员、退役军人、配偶、同居伴侣和遗属能够获得服务，帮助他们发展所需的知识和技能，以有效地寻找、申请和获得就业。随着知识和技能的增加，项目参与者将做好准备，不仅在他们离开部队的最初过渡期，而且在他们可能面临从一种就业类型过渡到另一种就业类型的任何时候，都能适应地方劳动力市场。这是通过提供服务来实现的，这些服务将协助这些人具备工作所必需的知识、技能和能力。

职业过渡服务计划由以下部分组成：

一是提供劳动力市场信息。包括：（1）关于国家、地区、省和部门的劳动力市场趋势；（2）以国家、地区、省和部门为基础的就业机会；（3）雇主所需的技能，哪些行业招聘岗位及其地点、信息；（4）正在招聘的雇主信息，特定行业的工作信息，以及特定工作需要哪些教育和培训；（5）阻碍就业的因素，未来工作岗位需求以及其他相关统计数据。

二是职业咨询服务。包括：（1）确定可从军事经验转移到地方就业的技能；（2）教育、技能和经验的自我评估；（3）能力倾向测试；（4）兴趣量表；（5）简历和求职信的准备和更新；（6）为特定工作量身定制简历和求职信；（7）求职技巧培训和研究；（8）面试和自我营销技能和技巧；（9）确定进一步的培训要求和协助转介到其他组织；（10）任何其他可以合理预期有助于确保就业的职业咨询活动。

三是求职援助服务。包括：（1）评估在获得或维持劳动力就业方面可能存在的障碍；（2）协助寻找适合客户技能和经验的特定工作机会；（3）求职过程中的个人支持，包括协助准备求职信、参加模拟面试、组织、记录和维护求职日志；（4）促进退役军人进入现有的潜在雇主联系网络，包括跨行业和跨省份联络，可以进一步支持具有适当技能和知识的退役军人找到工作；（5）任何其他求职援助活动，例如工作安置援助等。

二、加拿大退役军人教育和培训福利

加拿大退役军人教育和培训福利计划的目的是帮助退役军人成功地从军队过渡到地方生活中；实现他们的教育和退役后就业目标；更好地定位自己，使其在劳动力市场中更具竞争力；并从事那些能够给他们带来成就感和满足感的工作或活动。

（一）福利金额

教育和培训福利为参加教育计划的退役军人提供最高 8 万加元的资助，以支付强制性教育费用以及一些杂费和生活费。一部分资金可用于那些与自我发展和个人兴趣相关的一次性课程费用和成本。

（二）资格与待遇

退役军人必须正式从加拿大武装部队正规或预备役部队退役，或成为补充预备役成员，并满足服务年限要求：至少 6 年（2191 天）的加拿大部队服役可能有资格获得最高 4 万加元资助；至少 12 年（4382 天）的加拿大部队服役才可能有资格获得最高 8 万加元资助。

（三）限制条件

一是在退役军人参与康复服务和职业援助计划期间，或在有资格获得加拿大军队收入支持福利期间，不能支付教育和培训福利金。但是，符合条件的退役军人可以在参加康复服务和职业援助计划之前或之后，或者不再有资格获得加拿大军队收入支持福利之时，获得教育和培训福利。

二是被监禁的退役军人有资格获得学习课程的资助，前提是获得惩教机构的允许，并且退役军人能够在学习过程中取得所要求的进展。

三是同时获得来自其他的教育和培训资金（例如助学金、奖学金等）不影响其获得教育和培训福利计划的资助资格。

四是如果退役军人被批准获得此项资助，然后重新加入加拿大武装部队，或者在补充预备役期间获得此项资助后转移到部队的另一个组成部分，则他们的教育和培训计划被视为结束，并且在重新注册后不能支付额外费用。个人可以在兵役解除或转移到补充预备役后重新申请该项资助。之前支付的款项都将从总金额中扣除，新的服役时限从最新服役日或转移日期开始。

（四）正规的课程教育和培训计划

正规教育和培训计划的资金提供给符合条件的退役军人，以供其在大专水平上继续接受培训和教育。

每个退役军人必须在教育计划开始之前制定并提交教育和培训申请。这个申请可以与国家职业过渡服务提供者协商或在其协助下完成。该计划必须同时满足以下三个条件：获得学位、文凭或证书；由指定的教育机构提供；15 周内至少学习 12 周或全职学习，对于研究生水平的培训，全日制由授予机构定义。注意：术语可能会有所不同，但授予的证书必须基于对特定研究或职业领域的知识、技能或能力的最低标准进行评估。例如，在参加可能不需要评估的知识、技能或能力的最低标准的教育或培训计划后，会提供结业证书。

该计划须明确规定教育和培训的目标或目的，计划结束可获得的证书以及用于确定学习期间相关付款的时间表。该计划必须包括：学习期间在教育机构进行登记、注册或有机构出具的接收证明；项目的名称、正式开始和结束日期以及机构确定的项目标准和学习时长；来自机构的文件，确定学费或强制性教育费用以及每个学习阶段的预计日期和课程数量；退役军人培训计划的预计开始和结束日期；由机构确定的全日制课程学习费用。

（五）正式计划资助

应付金额根据学习时间确定，并使用以下信息计算：支付金额；符合条件的金额；由教育机构确定的课程学习时间；以及以满足计划要求的退役军人的预期学习期限。

如果不需要确定计划的成本费用和学习时间，则不提供全部金额。需要增加付款金额的非标准计划将根据具体情况进行评估。

符合条件的金额将在课程学习期间平均分配，通常每学期或每学年支付，每标准学年最多 2 万加元。

延长或压缩的学习时间将根据退役军人的预期学习时间按比例分配。

在付款金额的计算中，将作为强制性课程要求的实习期包括在内。

（六）教育机构

教育机构必须列在加拿大就业和社会发展部指定教育机构清单上。不在清单上的公立或私立高等教育机构可能会被特殊考虑，前提是这些机构已被相关政府机构授予可以颁发学位、文凭和其他证书的权力。

（七）技术教育课程

技术教育课程包括贸易学校、职业学校和专业技术技能培训学校提供的以职业技能为重点的强化课程。许多涉及课堂和实践相结合的学习，培训完成后，个人有资格在特定的就业领域工作。

要获得全额技术教育课程资助，培训必须满足适用于正式计划资助的所有标准，但学习时间（15 周内的 12 周）除外。如果该计划不符合正式计划资助的标准，它可能有资格获得最多 5000 加元的短期课程资助。

付款金额必须包括参与教育或培训计划所需的所有强制性教育费用总额，由教育机构在该学年收取，此外还有最多 5000 加元的额外资金。

（八）监控进度

退役军人必须在完成一段时间的学习（例如学期）后填写并提交福利监测表。与表格一起的，还必须包括以下证明：最近完成的学习证明（例如成绩单），以及在即将到来的学习阶段的注册证明（例如注册确认）。

（九）完成奖金

退役军人可以申请并获得 1000 加元的完成奖金，由他们的教育机构证明其已完成教育和培训计划。完成奖金仅适用于正规教育课程，不适用于短期课程。

（十）短期课程

短期课程资金旨在支持退役军人进行有意义的活动和有目的的职业或个人发展计划。短期课程资助申请必须在课程开始前提交，提交的内容包括：课程费用、谁提供课程、在哪里提供、它是如何交付的。最多有 5000 加元可用于参加资格认证、个人或专业发展的课程，例如，专业发展和行政领导课程；创业训练营；社区学校课程，如摄影、木工、艺术课程；业务发展研讨会和教练认证，例如舞蹈或健身教练课程。这些课程通常持续时间较短，并且不符合正式的资助标准。申请者可能会获得不止一门短期课程的资助，最多资助金不超过最高金额。短期课程必须是由组织、社区团体或个人提供；向广大退役军人、补充预备成员或普通加拿大公众提供和使用；在线或在公共论坛上提供；公众可以访问公开广告或有关课程的信息。

第三节　加拿大退役军人社会保障

加拿大退役军人享受广泛的社会保障待遇，包含了养老、伤残、医疗、救助和住房等方面。

一、加拿大退役军人退休及退役金

（一）退休收入保障福利

退休收入保障福利是一项每月应纳税的福利。这一福利使退役军人的年总收入至少达到其65岁之前从退役军人事务部获得的经济福利的70%。遗属也有资格享受这一福利。退役军人需满足以下条件方能享受：已年满65岁；有资格领取伤残抚恤金；在65岁时，由于完全和永久丧失行为能力，有资格领取收入受损福利。

（二）追加退休金

这是一项需缴税的一次性福利，提供给那些长期领取收入受损福利的老兵和遗属，以弥补其较低的养老金。当这些人不能再继续领取收入受损福利时，就可以领取追加退休金。

二、加拿大退役军人伤残类津贴福利

（一）伤残津贴福利

伤残津贴是一种向因服役而致残的退役军人支付的、免税的福利。其金

额取决于退役军人的病情与服役相关的情况，包括病情对退役军人的生活质量的影响。申请该福利需要有确诊的伤残状况证明，并且该证明能证明伤残状况与部队服役有关。伤残津贴分为两种：一种是疼痛和痛苦补偿，它是终身每月福利或一次性福利；另一种是伤残退休金，它是终身每月福利。如果伤残津贴领取人有任何受抚养人（例如配偶、同居伴侣子女），每月津贴金额将相应增加。

（二）特殊残疾津贴福利

特殊残疾津贴是一项免税的月度付款福利，作为对退役军人患有严重疾病或对其生活质量有重大影响的伤残的补偿。津贴金额基于退役军人的残疾等级而定。获得此津贴的退役军人通常会在一定程度上经历以下一种或多种情况：药物或设施依赖；持续的疼痛和不适；失去生活乐趣。

获得补偿的资格条件：拥有 98% 或以上的残疾退休金；或者拥有总计 98% 或更多的残疾退休金和奖励金；或者伤残抚恤金和战俘补偿金合计达到 98% 或以上；和有与获得残疾福利的一种或多种情况有关的特殊残疾情况。

（三）重大伤害福利

重大伤害福利是一项免税的一次性福利，旨在直接解决加拿大武装部队成员在突发的单一事件中所遭受的严重创伤或疾病。突发的单一事件主要指机动车事故、爆炸、枪伤以及接触有毒或传染性物质，可能会导致直接、严重和创伤性的疾病或伤害。享受该福利必须满足以下条件：（1）与服役相关；（2）2006 年 4 月 1 日（含）之后，在突发事故中所造成的结果；（3）造成了严重损害，影响了生活质量，如在手腕或脚踝处或上方截肢；住进重症监护室、急症治疗室或接受了 5 天或更长时间的复杂治疗等情形。

（四）择业影响津贴福利

择业影响津贴是一项需纳税的月度福利且终生支付。军人退役后，如果因为与服役期有关的疾病和伤残影响到择业时，可以享受该津贴。在 2017 年 4 月 1 日，择业影响津贴（以前被称为永久伤残津贴）引入了新的个人评估因素（服役年限和收入能力的水平）作为等级评定的一部分，这一变化增加了一些退役军人获得更高的择业影响津贴福利的机会。

（五）照顾者认可福利

照顾者认可福利通过向照顾者提供免税的月度福利来认可照顾者在日常工作中发挥的重要作用。如果出现以下情况，退役军人可申请照顾者认可福利：退役军人日常生活活动中至少有四项需要照顾者的日常帮助；照顾者未获得报酬且年满 18 岁；退役军人不是疗养院或长期护理机构的长期居住者；退役军人是加拿大武装部队的前成员，并且享有退役军人事务部残疾福利。

（六）服装津贴福利

如果退役军人需购买特殊衣服以适应其残疾状况，则有资格获得此津贴。例如，可能会需要特制衣服或防止额外磨损的支具、夹板或假肢。可以使用每月的津贴来支付修理损坏的衣服或用具的费用。津贴金额基于残疾的等级来确定。

（七）护理津贴福利

护理津贴用于支付聘请护理人员以帮助偿付退役军人的日常生活护理费用。可以获得的金额取决于需要的护理水平，并基于残疾等级而变化。

符合以下条件的退役军人可申请护理津贴：拥有 1% 或以上的伤残退休金或获得战俘补偿；完全残疾，无论其病情是否与服役有关；在日常生活活动（如吃饭、洗澡、穿衣或移动）方面需要帮助。

三、加拿大退役军人医疗保障

（一）生理疾病医疗福利

1. 治疗福利

如果退役军人符合治疗福利计划资格，将会收到一张退役军人事务部医疗健康卡。这张医疗健康卡提供的承保范围包括家庭医生服务或医院服务、护理服务、与专家（如物理治疗师、听力学家和心理健康提供者）的预约、医疗设备、假肢和处方药。承保范围取决于许多因素，包括退役军人资格、健康需求和退役军人个人情况等。

满足以下任何一个条件即可享受医疗健康卡：获得残疾津贴；参与退役

军人独立计划；享有退役军人津贴或来自退役军人事务部发放的长期护理财政援助。

2. 与医疗相关的旅行费用

退役军人在前往接受医疗健康服务或福利时产生的差旅费用可由退役军人事务部报销。与医疗相关的旅行费用包括交通、停车、膳食、住宿、省外旅行等项目，以及在需要时护送的费用。退役军人必须在就诊后的18个月内提交与医疗相关的旅行报销申请。如果退役军人参加了退役军人事务部康复计划，必须在就诊后的12个月内提交与医疗相关的旅行报销申请。

3. 团体健康保险

退役军人及其家人可能需要基本或额外的医疗保险。如果符合条件，则可以通过公共服务医疗健康计划提供团体健康保险。参与者有责任支付每月保费。保费金额取决于所选择的保险类型和级别。

公共服务医疗健康计划为各种与医疗相关的产品和服务提供保障。参与是自愿的，可以作为退役军人所拥有的其他医疗保险的补充，例如来自退役军人事务部提供的治疗福利或康复服务、私人保险等。

该计划为大多数符合条件的费用报销80%。符合条件的费用包括处方药、视力保健、医生服务、意外伤害导致的牙科治疗、其他服务和用品、省外转诊费用以及住院费用，具体取决于所选择的承保范围。

此计划提供两种承保范围：（1）补充保障，对于居住在加拿大的人，在所在省或地区的健康保险计划之上的附加保险；（2）全面覆盖，对于居住在加拿大境外且不受省或地区健康保险计划覆盖的人。

资格条件：在2006年4月1日或之后退役的前加拿大武装部队成员，并且已获准参加武装部队长期残疾计划，或有资格获得退役军人事务部康复服务的前武装部队成员，或在2006年4月1日之后因与服役相关的伤害或疾病而死亡的武装部队成员或退役军人的幸存者，并且尚未通过国防部获得公共服务医疗健康计划。

（二）心理疾病医疗福利

1. 心理专业人士咨询

这项免费且保密的服务，全天候为退役军人、退役军人家属及其护理人员提供心理支持。

2. 与牧师交流

此项服务可以为退役军人提供精神支持。许多提供此服务的神职人员是退休的加拿大军队教士或加拿大皇家军团牧师，他们熟悉军队的生活以及退役后生活或经历失去爱人可能面临的挑战与痛苦。此服务可用于：任何退役军人，包括商船海军退役军人；退役军人直系亲属。

3. 同行支持计划

压力伤害社会支持是一个同行支持网络，面向遭受压力伤害的部队成员、退役军人及其家人提供支持与帮助。该计划将使退役军人获得理解、体谅，得到具有相似经历的人和社区的支持以及其他有效资源的帮助。

4. 退役军人家庭计划

退役军人家庭计划为结束医疗治疗的部队成员及其家人提供继续使用军人家庭资源中心和一系列过渡支持计划与服务的机会，其中包括：关于过渡主题的小组会议、心理健康急救课程，以及退役军人的转型——回归到普通生活的路径各不相同。第一步也是关键的一步就是选择方向。为此，计划协调员会帮助退役军人制订家庭的“关爱计划”，确定适合退役军人需求的计划和服务，例如当地资源、过渡计划、转介或干预支持。退役军人家庭计划的核心是军人家庭资源中心，也就是加拿大武装部队基地和联队的军事社区中心，旨在促进以社区为基础的服务以提高军人家庭的福祉。服务包括过渡计划、转介服务、健康生活计划以及倡导与倡议服务。

5. 压力伤害诊所服务

压力伤害诊所的治疗选择包括一对一治疗课程和小组课程，以解决与服役相关的心理健康问题。每个压力伤害诊所都提供面对面和网上评估、治疗和支持，均有一支由精神科医生、心理学家、社会工作者、心理健康护士和其他了解退役军人需求的专业临床医生组成的团队。他们与退役军人一起确定治疗活动和个人目标，以提高退役军人的生活质量。该团队还与社区中的医疗健康提供者或组织密切合作，以确保在需要时进行跟进。家庭成员也可以接受或参与诊所提供的一些服务。

6. 长期照料福利

当退役军人在社区病床或合同病床（仅适用于第二次世界大战或朝鲜战争退役军人）接受 24 小时护理时，可获得加拿大退役军人事务部的经济支持；若想进入长期护理机构则由退役军人所在的省、地区或地方卫生局负责审批和管理；如果退役军人已入住长期护理机构，且曾在加拿大武装部队服役并且符合以下条件，则有资格申请经济援助：收入低，患有与服役相关的伤残或对长期护理有需求。自2019年10月1日起，退役军人每月支付的最高住宿和膳食费用为1058.28加元。任何附加费用，例如半私人或私人房间的费用，都不在此计算范围内。

（三）康复服务福利

康复服务旨在改善退役军人的健康，帮助他们适应家庭、社区或单位生活。康复服务将评估退役军人的康复需求，然后为其制订个性化康复计划。康复计划包括来自以下两方面的服务：医疗康复——最大限度地改善退役军人的身体健康状况的服务；社会心理康复——帮助退役军人重新获得独立的心理健康服务。

康复计划还包括职业康复——帮助退役军人参加新职业所需的培训或技能发展项目。如果退役军人的健康状况不允许其参加职业康复，这部分康复计划可以作为职业援助转移给其配偶。

接受康复服务的资格条件：曾在加拿大武装部队服役且有生活重建障碍。

四、加拿大退役军人被抚养人和遗属福利

（一）死亡抚恤金

如果加拿大武装部队成员因与服役相关的伤害或疾病而死亡，死亡抚恤金将支付给其遗属，前提是死亡发生在受伤或感染疾病后30天内。如果死亡发生在事故后30天以后，将通过残疾福利为其遗属提供死亡抚恤金。

这里的遗属被定义为：在成员死亡时与其同住的尚存配偶，或在加拿大武装部队成员死亡时是该成员的同居伴侣（同居伴侣是指与成员以夫妻关系同居至少一年的人）；加拿大武装部队成员（或其配偶或同居伴侣）未满18岁的子女，或未满25岁且在上学，或成年但身体或精神上无行为能力且无法谋生的。此外，受抚养人必须一直住在加拿大武装部队成员的家中才可以。

（二）遗属抚恤金

伤残养老金领取者去世时，其遗属将继续领取他们一年的养老金。如果

领取者还获得了战俘补偿、特殊丧失能力津贴或护理津贴，其遗属也将获得每项福利的全额。

遗属抚恤金获得的金额取决于退役军人的残疾养老金的评估水平。如果他们的养老金评估为48%或更高，其遗属将获得全额遗属抚恤金；如果他们的养老金评估在5%～47%，其遗属抚恤金将是其养老金的二分之一；如果退役军人的残疾养老金评估为5%或更低，其遗属将获得一次性支付的抚恤金。

（三）子女教育援助

主要针对死亡（因服役原因造成）的现役军人或去世的退役军人的子女提供教育援助。该援助每月为他们的子女提供财政支持，并提供相关费用（如学费），最长可达36个月或4年。获得此项援助的资格条件是此退役军人因服兵役而死亡，或他们去世时，他们正在领取残疾津贴，且残疾津贴评估为48%或更高。同时，他们的子女25岁之前参加全日制教育课程，并在年满30岁前毕业，才能得到该教育援助。

子女教育援助包括以下费用：学费、注册费、考试费用、学生活动费、实验室、实地或活动课程费用、乐器租赁、图书馆费用、信息技术费用；援助还包括每月基本生活津贴；每年根据生活成本指数调整生活津贴。

（四）遗属收入补助

遗属可在以下情况下申请加拿大军队收入补助：遗属收入低且以前领取过遗属收入损失补助金现在已经结束（该补助金规定在已故退役军人65岁生日时终止），或者已故退役军人死亡时正在享受加拿大军队收入资助福利，同时遗属须符合加拿大居住要求。作为受抚养子女，必须是未满18岁，或年龄在18～25岁仍在上学，或者是已丧失行为能力。

五、加拿大退役军人收入类津贴福利

（一）收入资助福利

这是一项免税的月度支付福利，旨在帮助低收入家庭退役军人及其遗属和受监护子女。具体资助条件为（满足其中一项即可）：1. 低收入家庭退役军人无法领取收入受损福利或者是年龄低于65岁并且未找到合适的工作；

2. 遗属和受监护子女在其配偶或父母去世时仍在领取加拿大退役军人收入资助福利。

（二）收入受损福利

这是一项需纳税的月度支付福利，旨在确保退役军人的总收入至少达到服役时全部工资收入的90%。2016年10月1日起，退役军人事务部进一步增加了收入受损福利的预算，以应对通货膨胀。该项福利在退役军人因服役造成的疾病或死亡时，可由配偶和子女继续享用（截至退役军人65岁），配偶享用该项福利金额的60%，子女享用其中的40%（实际支付给其监护人，截至子女18岁）。

（三）参战退役军人津贴

参战退役军人津贴每月提供，帮助低收入的参战退役军人或其遗属满足他们的基本生活需求。该津贴的数额是基于收入状况、婚姻状况以及是否有赡养人来确定，并根据消费者物价指数每季度调整一次。

六、加拿大退役军人丧葬福利

（一）丧葬援助

丧葬援助旨在保障有资格的退役军人可以得到有尊严的葬礼服务。当死者的遗产和遗属的财力不足以支付丧葬费时，“最后一程基金”（一个非营利性组织）可代表退役军人事务部提供援助，支付其全部或部分丧葬费用。

（二）墓碑的维护

加拿大退役军人事务部负责妥善管护加拿大政府提供和安装的所有坟墓和墓碑，以体现对加拿大阵亡将士的尊重。英联邦战争坟墓委员会代表加拿大政府，管护在第一次和第二次世界大战期间阵亡的110355名加拿大军人的坟墓。

第四节　加拿大退役军人权利与法律救济

一、加拿大《退役军人权利法案》

《退役军人权利法案》明确了长期以来退役军人认为的很重要的权利。它是所有退役军人和现役成员、加拿大皇家骑警成员和前成员、配偶、同居伴侣、遗属和主要照顾者、其他符合条件的家属和家庭成员，以及其他符合条件的人的全面权利宣言。

《退役军人权利法案》是与退役军人组织协商后制定的，以加强对退役军人关心的问题作出快速、公平反应的能力。它规定了退役军人在访问退役军人事务部的计划和服务方面的权利。这是一份清晰简洁的声明，即退役军人事务部将继续确保每一位退役军人都得到尊重，获得有尊严和公平的对待。

退役军人有权：受到尊重、有尊严、公平和有礼貌的对待；参与涉及退役军人及其家人的讨论；当处理与退役军人事务部的相关事务时，会有人提供支持；按照《官方语言法》的规定，以英语或法语接收有关计划和服务以便于清晰、易于理解相关信息；按照《隐私法》的规定保护退役军人的隐私；获得已发布的所有服务标准中规定的福利和服务，并了解退役军人的上诉权利。

二、加拿大退役军人信息及隐私获取权

退役军人事务部授权办公室负责《信息获取法》和《隐私法》的执行，并确保其符合立法和政策要求。该办公室主要工作职责包括：处理《信息获取法》和《隐私法》两种法案框架内的合理请求；在退役军人事务部的允许范围内，向查询信息的个人提供意见建议；提高两种法案的执行意识。

三、加拿大退役军人复议、申诉及法律援助

（一）抚恤金事业司

如果退役军人选择向加拿大退役军人事务部审查或上诉其决定，首先应

向抚恤金事业司提出救助申请。抚恤金事业司是退役军人事务部内部一个独特的全国性律师组织，面向那些认为对自身残疾福利认定不公平的退役军人，为其免费提供法律帮助。该司的机构遍布加拿大的10个省和3个地区。他们的团队将审查退役军人的档案，并根据具体情况建议退役军人审查和上诉委员会进行部门审查或听证。

（二）部门审查

加拿大退役军人事务部不批准残疾福利申请或评估低于退役军人预期水平的最常见的一种情况是，原始申请中缺乏足够的证据。如果退役军人的申请中没有包含新证据，退役军人可以请求部门审查并提交新证据。抚恤金事业司团队可以帮助退役军人提交书面材料和申请表格。

在部门审查中，加拿大退役军人事务部的裁决员将审查所提交的材料，包括新证据，以确定是否应作出新决定。

（三）退役军人审查和上诉委员会

如果部门审查不符合退役军人的期望，或者退役军人的具体案例未能得到部门审查，退役军人可以向退役军人审查和上诉委员会提出复议或上诉申请。

退役军人审查和上诉委员会是一个独立的联邦法庭，它提供三种途径处理退役军人事务部作出的伤残福利决定。

1. 复议听证会

加拿大鼓励退役军人出席听证会并做证，其旅行费用由退役军人事务部承担。退役军人的律师将承担以下三种职责：与委员会成员一起审查案件中的证据；向退役军人或任何其他证人提问；引入新的证据，并且代表退役军人进行口头辩论。如果退役军人无法亲自出庭，其律师可以作为代表出庭。如果得到委员会的同意，退役军人也可以通过电话做证。复审听证会后，退役军人将收到退役军人审查和上诉委员会的决定函。如果退役军人仍不同意委员会的决定，则有权提出上诉，下一步是上诉听证会。

2. 上诉听证会

上诉听证会在夏洛特敦举行，听证会的小组与复议听证会不同。对于上诉听证会，退役军人的律师将代表退役军人在专家组面前辩论，或者向专家组提交书面意见。退役军人无须出席上诉听证会。退役军人的律师将承担以下三种职责：与委员会成员一起审查案件中的证据；引入新的证据；代表退役军人进行口头辩论。委员会在上诉听证会上的决定是最终决定并具有约束力。如果退役军人对最终决定仍不满意，则只剩下另一种上诉途径——司法审查。

3. 司法审查

在某些特定情况下，退役军人可以通过加拿大联邦法院进行司法审查。只有在退役军人及其律师确定退役军人审查和上诉委员会在法律上或事实上犯了错误，或者退役军人审查和上诉委员会忽略了可能影响其残疾福利申请人的重要事实时，才应考虑这种方法。这通常涉及对特定法律的解释问题。重要的是，抚恤金事业司的律师没有义务在联邦法院代表退役军人出庭。他们可以就退役军人的案件向退役军人提供建议，但若要继续进行审查，退役军人需要聘请自己的法律顾问，或者退役军人可以选择自己代表自己出庭。为了进行司法审查，退役军人须在30天内向加拿大联邦法院提出申请。

第五节　加拿大退役军人管理保障的特点

一、秉承公平、关心与尊重的理念，贯彻于退役军人事务管理始终

重视退役军人对加拿大国家所作的贡献，并尊重他们在捍卫自由和追求世界和平方面所作的牺牲。以公平、关心和尊重为理念，发展并改善加拿大退役军人及其家人的福祉是加拿大退役军人事务部的使命。它们以“关怀、尊重、及时、沟通”为原则建立一个退役军人社区，指导他们的工作，处理和对待退役军人事务。即尊重并珍视所有退役军人，始终关注他们及其家人的福祉，对退役军人及其家人的照顾富有同情心，通过与他们建立牢固的人际关系，了解他们的需求并确保他们能够得到及时有效的支持。以退役军人喜欢的方式尊重和认可退役军人。政府、利益相关者和国际关系伙伴通力合作，在社会上纪念加拿大退役军人及其家人的服务和牺牲。对于那些结束医疗治疗的退役军人，立即进行分类，以开启病例管理并使他们快速获得相应的服务和福利。

二、立法先行，不断健全与完善现有的退役军人法律体系

综观加拿大退役军人保障发展史，可以看出，退役军人保障法案在不断

地修订和完善。《退役军人津贴法案》《战争服务拨款法案》《退役军人审查和上诉委员会法案》《退役军人土地法案》《退役军人保险法》《退役军人福利法》《养老金法》《退役军人事务部法案》《战争相关福利法案》《已故退役军人子女教育援助法案》，这一系列法案有力地保障了退役军人的权益与权利。除了上述法案，加拿大还制定了一系列更加具体的法规，比如《退役军人医疗条例》《退役军人保险条例》《退役军人土地条例》《退役军人丧葬条例》《退役军人津贴条例》等。这些条例对于具体法案的执行作出了更切实可行的规定。

三、以退役军人需求为本，拥有完备的退役军人保障

加拿大退役军人事务部的宗旨和战略目标是“以退役军人为中心”。以退役军人为中心意味着积极主动，对退役军人的新需求作出快速而富有同情心的反应，并确保他们获得应获得的所有福利和服务。对退役军人的关注意味着还需不断评估退役军人是否获得了他们需要的支持，如果没有，则需立即采取行动。加拿大退役军人事务部工作目标就是提供卓越服务，那些符合条件的退役军人的需求会得到预判并及时得到充分满足。卓越服务意味着退役军人始终受到关怀、同情和尊重。

四、鼓励多元主体积极参与，退役军人的贡献得到社会认可

加拿大退役军人管理由多元主体共同参与，除了政府相关部门外，社会团体、组织、企业、个人均积极参加，从资金到服务均有各个主体贡献的力量。加拿大退役军人事务部构建平台，协调沟通，鼓励多方参与。加拿大退役军人事务部致力于确保其工作和所做的决定能够听取来自加拿大各地退役军人及其利益相关组织的意见。他们搭建了“让我们谈谈退役军人”在线平台，帮助就退役军人及其家人关心的问题与广大群众进行协商与对话。同时，成立咨询小组，邀请各方主体参与，其中部长级咨询小组有 6 个：家庭咨询小组、关怀和支持咨询小组、纪念顾问团、心理健康咨询小组、政策咨询小组、卓越服务和过渡咨询小组。每个咨询小组都有一名集体任命的主席，一名来自加拿大退役军人事务部的高级官员担任联合主席。退役军人监察专员办公室的一名代表应邀作为观察员出席咨询小组。

第六章

澳大利亚退役军人管理保障

第一节　澳大利亚退役军人管理保障概况

一、澳大利亚退役军人的基本情况

澳大利亚是英联邦内的独立国家，全国分6个州（省），土地面积760万平方千米，人口数为1800万。澳大利亚国防军由陆军、皇家海军和皇家空军组成，总兵力约10万人（含常规军约5.5万人、预备役2.5万人以及文职人员等），其中皇家海军为现今太平洋地区整体实力最强大的海军力量之一。每年澳大利亚国防军约有常规军的10%合计5000名军人退役，其中军官占退役人员的1/3左右，目前澳大利亚共有30多万名退役军人。[①] 澳大利亚国防军实行志愿兵役制，职业化程度很高，未达到退休条件的军官与士兵的就业安置没有什么区别。同时澳大利亚是市场经济国家，退役安置主要采取退役军人自谋职业、国家提供就业支持的模式。[②]

二、澳大利亚退役军人法律体系

澳大利亚退役军人相关的法律法规十分丰富，其中最主要的有1903年的《国防法》、1986年的《退役军人权利法案》、1988年的《安全、康复和赔偿法》、2004年的《军事康复和赔偿法》。这些法案涵盖了退役军人养老金、伤残抚恤金、死亡抚恤金、遗属抚恤金、孤儿抚恤金、收入补助金、医疗服务与费用报销、护理服务及康复计划、退役军人子女教育等涉及退役军人及其家属生活待遇的各个方面。

它们大部分是从宏观角度上规定退役军人权利和义务的实体法，以1986

---

① 廖国庚．澳大利亚对退役军人的就业支持［J］．中国人才，2012（12）：33-35.

② 澳大利亚退役军人工作知多少［EB/OL］．（2020-08-31）［2021-08-17］．http://www.mva.gov.cn/sy/zzxc/202008/t20200831_41869.html.

年出台的《退役军人权利法案》为例，自该法颁布以来，每年都会进行多次更新，对退役军人获得就业支持等权利在法律上提供了支持，是退役军人维权的最权威法律。

此外，澳大利亚还根据上述实体法的精神，制订了具有程序法特点和效力的就业安置计划，比如 1997 年出台的《退役军人就业安置计划》《职业转换援助计划》，详细规定了退役军人就业支持的具体运作方式。这些法律涵盖了军官从服役至退役、培训、就业的全过程，并不断修正完善，将军人的权利与义务用法律的形式固定下来，在明确退役军人所享有的权利的基础上，同时还对他们权利遭到危害后的维权途径作了详细规定，从根本上解决了现役军人的后顾之忧，确保了军官队伍的稳定。①

第二节　澳大利亚退役军人管理体制及特点

一、澳大利亚退役军人管理机构及职责

澳大利亚国防机构由国防部和国防军共同组成，国防部是澳大利亚政府下属部门，成立于 1942 年，主要职能是保护澳大利亚国民以及国家利益，具体工作是为防务和军事政策提供建议，协调实施相关方案。澳大利亚退役军人事务部成立于 1976 年，主要负责为退役军人、国防军成员、联邦警察及其受抚养人提供政府支持计划。为便于管理，澳大利亚退役军人事务部在组织架构上为国防部的一部分，国防部有一名部长在澳大利亚内阁代表退役军人事务部部长履行职责，退役军人事务部的日常工作由 1 名部长、1 名专员、2 名副部长、1 名首席医疗官和 1 名副主席负责。

具体来说，澳大利亚退役军人事务部一共下设 4 个处，赔偿处主要负责伤残赔偿信息管理，健康服务处主要负责参战退役军人的健康医疗、住房与老年照顾，综合发展处主要负责资源管理和战略支持，战地墓地管理处主要负责在战争中阵亡军人的墓地管理。退役军人事务部在各州（省）及首都地

① 谢丹，陆旭丹. 外军退役安置相关制度研究［J］. 国家行政学院学报，2018（6）：153-160+192.

区共设立28个相应机构，同时还有26个小的地区性分支机构，约有工作人员2000余名（含兼职），虽然工作人员不多，但国家经费保障充足，年度经费总计120亿澳元。①

澳大利亚除退役军人事务部外，还有其他机构和组织共同服务退役军人，包括澳大利亚战争纪念局、康复和赔偿委员会、澳大利亚战争墓地管理办公室、退役医疗补偿局、医疗评估专家委员会、退役军人子女教育委员会以及退役军人评估委员会。

此外，澳大利亚多个政府机构亦从不同层面服务退役军人。国防部与退役军人事务部建有信息共享机制，专门设立军人退役咨询服务部门，协助军人做好退役准备。人力资源部与退役军人事务部合作推出“退役军人专属服务（My Service）”电子平台，为退役军人提供数字化服务。卫生部、社会服务部及卫生和福利研究所等协助调查退役军人健康状况，共同完善相关医疗救助方案，加强对伤残退役军人的救助工作。教育、就业和劳动关系部积极为退役军人提供就业支持，其创立的就业在线 Job Search 网站为服务退役军人发挥了重要作用。②

二、澳大利亚退役军人管理保障的特点

（一）政府力量与民间力量协同合作

在政府部门发挥作用的同时，澳大利亚民间力量也充分参与退役军人工作。澳大利亚可以为退役军人提供就业支持的民间组织主要有两类，一类是综合性民间组织。如军队服务人员公司、澳大利亚国防联合会、澳大利亚武装力量协会、澳大利亚海军协会、澳大利亚空军协会、越南战争退役军人协会等，这类组织都为退役军人提供就业支持，把协助退役军人就业作为重要工作内容。另一类是专业民间就业支持组织，如澳大利亚退役军人就业俱乐部、澳大利亚职业培训协会等。这类组织的目的是为包括退役军人在内的社会成员提供就业培训、就业指导、就业搭桥等就业支持服务。这些组织在澳

① 廖国庚．澳大利亚对退役军人的就业支持［J］．中国人才，2012（12）：33-35.

② 澳大利亚退役军人工作知多少［EB/OL］．（2020-08-31）［2021-08-17］．http://www.mva.gov.cn/sy/zzxc/202008/t20200831_41869.html.

大利亚退役军人就业中发挥着十分重要的作用。①

（二）尊重市场经济运行规律，人力资源市场配置

澳大利亚的市场经济制度运行完善，人力资源以市场配置为主导，社会法制化程度高，社会保障制度完备。因此，澳大利亚尊重市场经济的运行规律，由市场配置来实现退役军人的再就业，政府对退役军人一律不安排工作，只是在提供退役金的基础上，根据各项法律法规提供就业帮扶政策。②

第三节　澳大利亚退役军人的就业安置

一、澳大利亚军人的退役标准

澳大利亚军队实行职业军官制度，军官服役期满后，如果本人愿意继续服役，可以提出申请。军官退出现役的方式有三种。一是法定退役，是指军官达到服役最高年龄（上将 63 岁、中将 60 岁、少将 57 岁，预备役上将 63 岁，中将以下 60 岁）的规定必须离开部队。二是自愿退役，是指在年龄、军龄的弹性区间进行自我选择。澳大利亚军队的军官由总督任命，总督必须在军官任职命令中说明该军官的职务期限（医务官等特殊军官无任职期限），军官任职期满后可凭个人意愿申请退役，但需提前数月或一年提出。军种司令在接到申请后，给予该军官 28 天的重新考虑期，除战争、执行专门任务等 7 种特殊情形外，军队司令应批准退役申请，退役从批准之日起 7 日后生效。三是伤残退役，是指军人在服役期间因公、因战致残，不能在部队继续服役而退役。伤残情况分为 A、B、C 三个等级，根据伤残原因、程度和服役年限而定。近些年，澳大利亚为保持军官队伍的年轻化，出台了军官提前退役计划，对一些虽然没有达到最高服役年限，但缺乏竞争力的军官，提前安排退役。③

① 廖国庚．澳大利亚对退役军人的就业支持［J］．中国人才，2012（12）：33-35.

② 梁齐勇．澳大利亚军人退役制度概况［J］．中国人才，2005（20）：36-37.

③ 刘延光．透视澳大利亚退役军官的安置和培训［J］．中国人才，2007（12）：63-65.

二、澳大利亚退役军人移交安置

澳大利亚退役军人安置不存在军官与士兵的区别，统一由国防部退役军人事务部负责管理。对于退役军人，不论职务高低、服役时间长短，一律不安排工作，而是通过采取一系列社会保障和就业支持措施来保障退役军人的二次就业质量。①

澳大利亚军队有专门的军队退役协助系统。澳大利亚的国防部设有专门的退役协助官，同时，各军种的军人退役事宜由各自的人事部门负责，负责退役军人职业转换支持工作，各主要军事单位均设有专门的退役安置官，协助退役军人办理到各地定居和就业等事宜。

三、澳大利亚退役军人退役金

澳大利亚军人退役后主要享受退役补助金，伤残人员享受补贴，同时享受医疗保障、丧葬费、抚恤金。军官退役后，国家不负责安排工作，但根据其服役年限发给退役补助金。退役补助金由一次性退役补助金和定期退役补助金两部分组成。一次性退役补助金，也称退役军官安家费，其标准是：军龄不满 10 年者，发给 5 个月本人军队工资；军龄 10 至 15 年者，发给 10 个月本人军队工资；军龄 16 至 20 年者，发给 15 个月本人军队工资；军龄超过 20 年者，发给 20 个月本人军队工资，服役期间荣获国家勋章的，再增发两个月本人军队工资。定期退役补助金的标准是：军龄满 20 年的，每月发本人军队工资的 50%，军龄超过 20 年的，军龄每满一年，增发本人军队工资的 3%，但最高不得超过本人军队工资的 85%。定期退役补助金终身发放，由退役军官到当地银行逐月领取。②

四、澳大利亚退役军人教育优惠

为了解决军人退役后的就业问题，澳大利亚制定了教育优惠政策，帮助退役军人学习相关课程，提升就业能力，实现就业。

---

① 梁齐勇．澳大利亚军人退役制度概况［J］．中国人才，2005（20）：36-37.

② 魏岳江．外国退役军官培训一览［J］．中国人才，2011（24）：52-55.

（一）教育补助金

澳大利亚的社会福利机构为退役军人学习相关部门规定的课程所产生的学习费用提供援助，每两周发放一次教育补助金。这些课程范围广泛，涵盖中等教育、职业技术教育、高等教育的预备课程、大学和学院的学士以及更高学位的课程。社会福利机构将在退役军人申请教育补助金时确认该课程是否获得批准。

（二）教育入学金

澳大利亚规定领取伤残抚恤金、退役军人津贴、收入支持补助金或者伴侣服务养老金且年龄不高于60岁、已注册或打算注册全日制或兼读制教育课程、有资格获得社会福利机构支付的养老金且在本年度尚未收到教育入学援助的退役军人可以获得教育入学金。

教育入学金是一种旨在帮助符合1986年《退役军人权利法案》规定条件的退役军人，通过注册学习课程发展他们的技能、提高他们的能力的一项教育补助。教育入学金每年只发放一次，适用于新学生和现有学生，年支付标准为325澳元，需纳税。

五、澳大利亚退役军人就业扶持

澳大利亚是典型的市场经济国家，人们普遍认为政府强行干预市场有违公平竞争的原则，因此，在退役军人就业支持方面，澳大利亚国防部、退役军人事务部等政府机关为军人专门提供了职业转换援助，澳大利亚国防部人事行政部门出台了退役军人“职业转换援助计划”。根据该计划，国防部在军人离开部队时为他们提供职业转换援助，目的在于促进他们向非军事职业的转换。但是，国防部为退役军人提供职业转换援助不是为他们提供一个特定的工作，而是教会他们如何较好地在就业市场上销售自己的技能和经验。澳大利亚国防部职业转换援助工作主要由职业转换援助执行官、地方安置官、军队安置官、转换协调官共同负责组织。职业转换援助的基本原则是：尽量减少成员的职业中断过程，加快他们由军事职业向非军事职业的转换过程；最大限度利用现有条件和技能，尽量减少不必要训练，以最小代价帮助成员在就业竞技场上销售自己，获取职业能力；尽量满足成员的希望与需要；帮助成员成功实现职业转换，即帮助成员谋取可靠、适当的职业。职业转换援助计划主要包括以下四项内容。

（一）发展履历训练

符合条件的军人有权接受撰写履历的专业指导训练，即履历训练，其目的是帮助成员掌握撰写履历的技能。职业转换援助级别属于第二、第三等以及因身体、冗余等原因退役的成员，任何时候都可以使用该权益，但时间限制在退役后 12 个月之内。

（二）职业转换培训

职业转换培训的目的是提供直接指向就业的教育和培训，即职业技能培训。该训练必须与职业转换成员在地方上从事的职业技能相一致，特别是要与退役后就业相一致。享受该权益的成员要遵循最少必要培训的原则，即必须充分利用他们的现有条件和技能，以便他们在意向行业的竞争更具有竞争力。成员所选择的意向职业必须适当，也就是说，这个职业成员可以接受，而根据安置官员的意见，这一职业也充分利用了成员现有技能，仅需要最小额外训练。

（三）在职体验

现役军人经批准在离队前后可以接受相应职业转换援助级别的在职体验。所谓在职体验，就是一种与军人退役时预期职业相关的全职工作培训。成员从事在职体验期间不能接受雇主任何形式的报酬。因为，如果接受任何形式的报酬，一旦他们遭受与在职体验相关的疾病和伤害，他们在 2004 年《军事复原与赔偿法》下的索赔权益就会受到损害。退役前从事在职训练的成员，必须遵守军队纪律，服从军队指导，因为他们仍在服役，仍是军人。在职体验和职业转换培训一样，是为了帮助成员发展有助于获得适当工作的技能，须遵守最少必要训练原则，即必须充分利用他们现有条件和技能，选择与现有职业技能相一致、与就业目标相一致的在职体验。如果成员不遵循这个原则，他们所申请的在职体验就不可能获得安置官的批准。因为在澳大利亚人看来，尽管在职体验不付费用，但它涉及国防机会成本。

（四）军人服役期间的技能培训

澳大利亚军队设有专门的“国防资助学习项目”，所有服役满1年的现役军人和部分预备役人员均可享受。该项目对军人进行与军队工作相关的培训教育，其中包括社会职业技能培训，准备退役的军人可自费学习。军人可以参加社会行业和教育知识训练，军龄20年以上的军人报销全部学费，军龄不足20年报销75%学费。军人服役期间所掌握的技能，均可取得专业技术资格和证书，军队在专业技术方面尽可能采用与地方一致的标准，军人退役后即可从事该专业的工作。①

第四节　澳大利亚退役军人思想政治和权益维护

一、澳大利亚退役军人政治待遇

（一）褒扬证书

澳大利亚为在第二次世界大战期间在国内战线以及在其他战争、冲突和行动中服役的退役军人颁发褒扬证书，褒扬证书是以国家名义颁发的，主要表达国家对退役军人的尊重、认可和感谢之情。

（二）澳大利亚国防退役军人公约

澳大利亚老兵及预备役军人可以申请加入澳大利亚国防退役军人公约。该公约是人们对退役军人服兵役表示尊重和认可的一种方式。通过公约，退役军人可获得一个老兵卡、一个翻领别针。老兵卡和翻领别针是身份的象征。这使企业和社区团体能够很好地识别退役军人并提供折扣、活动或其他帮助。

（三）战争坟墓、纪念花园、纪念碑

澳大利亚十分重视战争坟墓，专门设置了战争坟墓办公室，负责战争坟

① 魏岳江. 外国退役军官培训一览［J］. 中国人才，2011（24）：52-55.

墓工作。此外，澳大利亚还建设了纪念花园、纪念碑等，向那些因服役而死亡的军人致敬，并且有专人对战争坟墓、纪念花园、纪念碑进行定期维护。战争坟墓所在社区也会在纪念日等重要日子组织学校及其他社区团体举行集体悼念活动。

二、澳大利亚退役军人权益维护

如果认为自己的权益受到侵害时，澳大利亚退役军人可以要求相关委员会、法庭等对退役军人事务部门以及法律规定的内容进行审查，以合理维权。澳大利亚退役军人主要可以通过以下两个渠道进行维权。

（一）退役军人审查委员会

退役军人审查委员会可以审查 1986 年的《退役军人权利法案》和 2004 年的《军事康复和赔偿法》所作出的赔偿决定。如果退役军人、战争遗属等对于退役军人事务部发放的抚恤金以及抚恤金的比率等问题存在争议，则可以要求退役军人审查委员会进行审查。退役军人审查委员会是一个独立于退役军人事务部、遣返委员会、军事康复和赔偿委员会的专家法庭，当退役军人审查委员重新审查时，这些专家会重新审视相关的事实、法律和政策，然后作出他们自己的决定。

（二）行政上诉法庭

如果对退役军人审查委员会所作出的决定仍然不满意，退役军人可以向行政上诉法庭提起上诉。行政上诉法庭是一个独立的审查机构，有权审查根据 1986 年的《退役军人权利法案》和 2004 年的《军事康复和赔偿法》所作出的赔偿决定以及退役军人审查委员会作出的决定，行政上诉法庭还可以对根据 1988 年的《安全、康复和赔偿法》和 2004 年的《军事康复和赔偿法》作出的复议决定以及遣返委员会关于服务养老金和特定退役军人津贴的决定进行审查，审查范围更广、效力更高。

三、澳大利亚退役军人法律救济途径

当退役军人需要时，他们可以通过其所在社区的倡导者登记册找到适合他们的倡导者，倡导者一般是退役军人社区里经过培训可以帮助退役军人获得服务和付款的志愿者，通常情况下倡导者都获得了倡导培训和发展计划的认可。

倡导者一直致力于让退役军人更轻松地通过“My Service”网站提出索赔。他们可以向退役军人审查委员会和行政上诉法庭提出上诉，在退役军人审查委员会和行政上诉法庭听证会上代表退役军人获取健康和治疗、住房、运输、平民生活过渡支持、葬礼安排和丧亲援助以及医疗、金融、法律和警察事务等方面的信息和转介服务。

第五节　澳大利亚退役军人的福利待遇

一、澳大利亚退役军人养老保障

1991 年 10 月 1 日，澳大利亚军队开始执行《军队养老金和红利管理条例》，自该条例生效之日起，所有军人一律被视为自动加入该条例。条例规定，其成员必须上交其基本工资和现役补贴的 5% 作为个人保险，也可以按个人意愿多交，但最高不超过 10%；军方（政府）提供个人工资的 18%~28% 作为雇主保险。个人保险由政府指定的基金会管理并进行投资活动，投资收益向参保人分红。澳大利亚法律规定，军人如发生退休、退役、死亡、伤残等情况，其所有缴费将连本带息返还。雇主保险由基金会管理，但不得用于投资，以确保为军人提供稳定的养老保险。军人退役后停止参加军人养老基金，个人和军队均不再向养老基金注资，但以前存入的部分将通过不同的方式向退役军人发放。军龄超过 7 年的军人，满 55 岁后依军龄可享受养老金，具体发放标准如下：服役 7 年或 7 年以下的军人，退役后可领取其年薪（退役前最后 3 年基本工资加“现役补贴平均数”）的 18%，乘以军龄数；服役 8 到 20 年的军人，可领取其年薪的 23%，乘以军龄数；服役 20 年以上的军人，可领取其年薪的 28%，乘以军龄数。支付方式为按正常寿命年限（26 年，澳大利亚人均寿命 81 岁）测算出每月或每周支付数额，既可按周或按月领取，也可一次性支付一部分，剩余部分按周或按月领取，因服役致残而提前退役的军人在养老保险上享受优惠政策。[①]

二、澳大利亚退役军人医疗保障

澳大利亚医疗保障体系非常完备，实行完全社会化的医疗服务保障，军队的医疗单位仅为现役军人服务，退役军人不再享受军队医疗保障，而是参加地方医疗保险，患病后到地方医疗单位就诊。

军人退役后可得到国家发给的医疗“白卡”，医疗费用全部由国家支付。通过“白卡”他们可以获得心理健康状况、恶性肿瘤、肺结核等方面的医疗服务。医疗服务主要包括由专职医疗人员提供的治疗、由全科医生或专科医生提供的治疗、由牙科或光学专业人士提供的治疗、以更便宜的价格购买药品、享受社区护理、病理学和医学成像服务等。一般可以接受“白卡”医疗服务者，医疗通常是免费的，高成本牙科用品可能会有一些自付费用。除了医疗服务之外，退役军人还可以通过“白卡”获得一些其他的服务和支持，主要有家庭帮助、往返医疗预约的旅行、护理服务以及辅助器具服务，这些服务和支持一般都是免费或低成本的。

退役军人 70 岁后国家发给医疗“金卡”，保障水平比“白卡”更高。退役军人因服役产生的后遗病症，国家都予以负责。生活需要照顾者，澳大利亚退役军人联盟会派人进行护理。参加过第一次世界大战的老兵可享受优惠的医疗待遇，经申请批准治病费用全部由政府承担，丧失工作能力者由国家发工资，身体残疾者则由政府提供一次性补偿，军人死亡、抚恤金、丧葬费由政府负责。此外，退役军人可同时享受澳大利亚公民所享受的生育奖励、养老金等社会福利待遇。[②]

澳大利亚的退役军人医疗保障是精细且全面的，只要获得了退役军人“金卡”或“白卡”，除了以上提到的服务外，退役军人还可以获得整脊服务、牙齿保健、饮食服务、运动生理服务、听力服务、光学服务、矫形服务、整骨服务、足病服务等帮助退役军人改变生理健康的服务。

---

① 方翱闻. 澳大利亚退役军官安置和社会保障情况 [J]. 中国人才，2013 (2)：32-35.

② 刘延光. 透视澳大利亚退役军官的安置和培训 [J]. 中国人才，2007 (12)：63-65.

三、澳大利亚退役军人住房保障

在住房方面，澳大利亚军队实行住房贷款辅助方案，军人在军队服役5年即有资格贷款买房，最大贷款额为8万澳元。此外，澳大利亚幅员辽阔，人口稀少，丰富的土地资源使澳大利亚房价不高。据统计，全国62.8%的人居住别墅。以800平方米地块两层的独栋别墅为例，在布里斯班、凯恩斯、悉尼等市分别需要30万~60万澳元。由于澳大利亚军队军官收入较高，如一名上尉年收入可达7万~8万澳元，一名上校年收入12万~16万澳元。因此，澳大利亚军官在退役时多数已经购买了自己的住房。①

四、澳大利亚退役军人优待抚恤与困难救助

（一）优待抚恤

澳大利亚的优待项目渗透在医疗健康、老年护理、后代教育等方方面面。

医疗优待主要体现在紧急情况救护车运输、出租车、跨省医疗交通费补助、住宿补助等方面。老年护理主要体现为为老年退役军人提供护理服务、护理费用报销、辅助设备、电器和家居改造等。后代教育优待表现为为参加越南战争的退役老兵子孙提供教育费用援助。澳大利亚以在越南战争期间进行的最著名的战役——龙潭战役命名设立了龙潭助学金，由澳大利亚退役军人儿童援助信托基金负责管理。龙潭助学金帮助越南战争中符合条件的退役军人子孙支付高等教育费用，每年有37项助学金提供给澳大利亚各地的成功申请者。以3年的连续全日制学习为例，每个助学金的价值高达1.8万澳元。

此外，在1986年的《退役军人权利法案》、1988年的《安全、康复和赔偿法》、2004年的《军事康复和赔偿法》中，对退役军人家属可获得的优待抚恤内容进行了规定，主要涉及抚恤金、遗属养老金、孤儿抚恤金、儿童教育福利、丧葬福利等各方面（见表6-1）。

① 方翱闻．澳大利亚退役军官安置和社会保障情况［J］．中国人才，2013（2）：32-35.

表 6-1 澳大利亚退役军人家属优抚待遇

优待对象	1986 年《退役军人权利法案》	1988 年《安全、康复和赔偿法》	2004 年《军事康复和赔偿法》
配偶	①国家为配偶因服役死亡的战争遗属每两周支付一次免税的终生养老金；②额外的收入补助（需要进行经济状况调查）；③终身退役军人医疗"金卡"	①家属之间共享的免税一次性补偿金；②额外的一次性死亡抚恤金	①国家为配偶因服役死亡的战争遗属每两周支付一次免税的终生养老金，遗属可以选择将该养老金的 25%、50%、75% 或 100% 转换为基于年龄的一次性抚恤金；②如果是因公死亡，则提供额外的基于年龄的一次性抚恤金；③终身退役军人医疗"金卡"
受抚养子女	①如果父母因战争（服役）而死亡，其子女可获得每两周一次的孤儿抚恤金；②如果孩子年满 16 岁，在全日制教育期间获得退役军人医疗"金卡"	①家属之间共享的免税一次性补偿金；②额外的受抚养子女一次性福利金；③16 岁以下或 16 至 25 岁全日制教育期间的每周教育补助金	①16 岁以下或 16 至 25 岁接受全日制教育的受抚养子女的免税一次性补偿金；②16 岁以下或 16 至 25 岁接受全日制教育的受抚养子女的每周教育补助金；③退役军人医疗"金卡"（16 岁以下或 16 至 25 岁之间接受全日制教育）
儿童教育福利	①退役军人儿童教育计划：为严重残疾军人或已被认定为因服役死亡的军人子女提供教育津贴（无须经济状况调查）；②16 岁及以上的全日制学生或 16 岁以下的全日制学生（符合领取双孤儿、无家可归或寄宿教育津贴条件）的收入补助金		①教育和培训计划：为重伤军人或死亡军人的受抚养子女提供不同比率的教育津贴；②16 岁及以上的全日制学生或 16 岁以下的全日制学生（符合领取双孤儿、无家可归或寄宿教育津贴条件）的收入补助金
丧葬福利	对因公死亡退役军人提供丧葬津贴	对因服役或与服役相关的医疗状况而死亡的退役军人提供丧葬津贴	对因服役或与服役相关的医疗状况而死亡的退役军人提供丧葬津贴

资料来源：澳大利亚退役军人事务部官网，https://www.dva.gov.au/financial-support/support-families/comparison-benefits-dependants.

（二）困难救助

澳大利亚为在战争中失去伴侣的遗属提供收入支持计划。收入支持计划只能支付给符合 1986 年的《退役军人权利法案》规定的遗属抚恤金的合格领取者，以及根据 2004 年的《军事康复和赔偿法》规定的因完全依赖退役军人生活而领取终生养老金的遗属。

收入支持计划需要接受收入和资产调查，支付的费率取决于申请人的收入金额和所拥有的资产，即使申请人满足收入支持计划的其他标准，如果他有高收入或大量资产，也无权获得任何援助资金。

如果退役军人因病残而永久丧失工作能力，可以享受残疾收入支持计划。残疾收入支持计划的申请条件与社会福利机构根据 1991 年的《社会保障法》规定的残疾支持养老金的申请条件类似，即身体、智力或精神方面有残疾、双眼永远失明或者根据 1991 年的《社会保障法》进行残疾评估达到 20 分或以上，在接下来的 2 年中申请人因为残疾无法每周工作至少 30 小时的。

第七章

印度退役军人管理保障

第一节 印度退役军人管理保障概况

一、印度军队和退役军人的基本情况

印度武装力量由现役部队、预备役部队和准军事部队三部分构成。截至2016年，印度现役部队总人数约为133万，其中陆军113万人，海军6.7万人，空军12.7万人，海岸警卫队5440人。除现役部队外，印度还有114万人的预备役部队和144万人的准军事部队，官兵比例约为1∶8，军队人员数量位列世界第三。

印度国防部发布的数据显示，印度军队每年的退役人数各不相同，大体上每年约有5万~5.5万人。印度实行强制退役制度，一般情况下，士兵服役满15年后，可随时被强制退役，也可由本人申请退役。印度陆、海、空三军士官最高服役年限为21至33年不等，退役以最高服役年限和强迫退役年龄先到期者为准。军官按委任方式分为永久委任军官、短期委任军官和紧急委任军官。永久委任军官服役达到本级军衔规定的最高服役年限或强制退役年龄时须退役。短期委任军官服役期为5年，期满可续签服役合同。军官最高服役年限为20至30年；强制退役年龄为48至60岁。专业技术军官的最高服役年限可延长2至3年。①

进入21世纪以来，印度为了实现建设世界一流强国目标，不断推进军事制度创新，走上了军官职业化道路，在退役军官安置制度建设方面，经过多年的深化改革，探索出了一条符合印度基本国情的退役军官安置制度，对稳定军心、鼓舞士气、维护退役军人合法权益，解决退役军人后顾之忧提供了

① 孟李，彭军荣．印度军人退役安置主要做法［J］．中国人才，2005（10）：38-39.

有力的制度保障。[①]

二、印度军队和退役军人管理保障历史沿革

随着全球化的发展与政治格局的改变，很多国家在军事方面不断加深交流合作，相互借鉴兵役制的优势，兵役制度逐步向一体化方向发展。印度军队的发展过程大致与其国情相适应。印度的兵役制度起源于英国殖民统治时期。在18世纪中期，出于保护本国在印度权益的目的，英国开始在印度组建军队，当时参照英国的兵役方式，采用招募制，部队由英、印两国人民组成，试图打造出职业化军队。为了控制以印度人为主的军队，英国采取文官治军的办法。

在印度独立之后，印军仍然沿用了与英军相似的编制结构，一直保留和采用募兵制[②]，文官治军的原则也被保留。印度独立后，国防部成立，由一名内阁部长负责，在军队中实行三军分立，陆、海、空三军在国防部直接领导下分别建立各自的行政管理与指挥体系，三军的参谋长作为陆、海、空军种最高指挥官，上对国防部部长负责，下对本军种行使作战指挥职能。为协调各军种活动，印度在国防部内下设三军参谋长委员会，由陆、海、空军参谋长组成。

2001年，针对三军参谋长委员会功能弱化的问题，“卡吉尔冲突评估委员会”和“部长小组”[③] 建议印度设立“国防参谋长”，并成立“国防参谋部”指挥三军，从而解决三军分立体制带来的弊端。这一重大改革遭到国防部保守势力的强烈反对，最终过渡方案为成立“联合国防参谋部”。[④] 直到2019年的印度独立日纪念日当天，印度总理突然宣布了一个新的职位——国防参谋长。

在退役军人的管理机构设置上，1986年印度建立退役军官安置独立管理

① 鲍闯，涂德敏．印度退役军人安置制度概述［J］．基层政治工作研究，2016（4）：66-67.

② 甘洋．军队转业干部安置模式研究［D］．深圳：深圳大学，2017.

③ 1999年，印巴卡吉尔冲突爆发。战争中反映出印军指挥体制不顺畅、军种间协调不力等弊端。战后，印度政府先后成立“卡吉尔冲突评估委员会”和“部长小组”，全面检讨印度在国防和指挥领域存在的问题，其中最重要的一项内容就是破解三军联合难题。

④ 王贺，张苗．大国军队总参谋部源起之七：印度军队参谋部［N］．中国国防报，2018-11-22.

机构，此后为解决退役军官安置难问题，又于2004年9月成立了隶属国防部管辖的退役军人福利局①。

第二节　印度退役军人管理体制、机构及职责

一、印度退役军人管理保障的特点

一方面，印度退役军人的安置工作由军地共同负责，强调多部门之间的协同配合。国防部退役军人福利局负责制定有关安置和福利的政策，退役军人安置总局负责各项政策的实施和落实，同时负责与联邦政府和各邦的士兵福利局、地区军人福利办公室之间的联络和协调工作。在退役军人的安置经费方面，中央政府和各邦分别承担50%。②

另一方面，印度退役军人管理保障工作比较注重信息化建设和宣传工作。在信息化建设方面，退役军人安置总局耗资860万卢比建设了计算机数据库，推动退役军人管理保障工作高效发展。在宣传方面，退役军人安置总局通过期刊、手册和传单以及电子媒体等进行宣传，让全国各地每个分队、每名退役军人和军人遗孀都能知晓退役军人安置总局赞助的各种计划方案③，极大提升了退役军人管理保障工作的社会关注度。

二、印度退役军人管理机构

印度退役军官安置独立管理机构始建于1986年，随着印度退役军官的不断增加和新军事变革的推动，该机构在工作执行中面临诸多挑战。为解决退役军人安置难的问题，印度政府于2004年9月成立了隶属国防部管辖的退役军人福利局，统筹和实施印度退役军人保障事务。该局制定退役军官福利和安置的各类政策和方案，集中管理退役军人及其家属的退役金（抚恤金）、再就业与复员等福利事务。退役军人福利局下设两个处：安置处与退役金（抚

① 武玮迪．国外退役军人保障制度概览［J］．政工导刊，2017（12）：23-25.
② 李开卉．我国军队转业干部安置模式及政策研究［D］．长沙：国防科学技术大学，2011.
③ 向辉，王树和．印度、越南退役军官安置概况［J］．中国人才，2011（6）：59-61.

恤金）处①，配合退役军人福利局工作的还有三个办公室：陆军委员会秘书处、退役安置总局和退役军人贡献健康计划组织（如表7-1所示）。其中，陆军委员会秘书处是经管退役军人和其家属福利并与邦、县军人事务委员会进行联络的关键部门，负责制定退役军人和其家属的福利以及福利基金管理的总体政策。

表7-1 印度退役军人管理保障机构设置

组织机构名称	行动部门	主要工作
退役军人福利局	安置处、退役金（抚恤金）处	制定各种有关退役军人福利与安置政策，集中管理退役军人及其家属的退役金（抚恤金）、再就业与复员等福利事务
	陆军委员会秘书处、退役安置总局和退役军人贡献健康计划组织	负责落实退役军人的安置工作

资料来源：作者根据相关材料整理。

目前，印度全国共有32个联邦陆军委员会秘书处和398个县级陆军委员会秘书处，均由各自联邦政府行政区统一管理。② 退役安置总局与中央及邦、县等各级军人事务委员会负责贯彻政府的各项政策，落实退役军人的安置工作③，例如退役前后的培训、再就业、自谋职业等工作，共设置5个安置区域主管，每一主管负责5个军事区④。退役军人贡献健康计划旨在通过该组织的网络综合医院为领取退役金（抚恤金）的退役军官及家庭人员提供医疗服务。根据当地退役军人数量的多少分为5个等级，即从A到E，最高级A级的服务范围是2万名以上退役军人，最低级E级服务对象是在800人左右，政府共批准建立28个办事中心，其中26个已经投入使用。⑤

在退役军人培训方面，印度政府明确规定，退役军人（包括已故军人遗孀及其子女）的安置培训主要由隶属于退役安置总局的训练部负责。同时，国防部在退役军人安置总局设立了自谋职业部，为退役军人提供最新工作信

① 也有的研究将其翻译为养老（或抚恤）金处。

② 印度国防部2018—2019年度报告。

③ 向辉，王树和．印度、越南退役军官安置概况［J］．中国人才，2011（6）：59-61.

④ 鲍闯，涂德敏．印度退役军人安置制度概述［J］．基层政治工作研究，2016（4）：66-67.

⑤ 同④.

息①。而退役军人职业技术培训由各级政府机构负责，在训练中心由国防部联络秘书负责，安置总监协助，通常由官方、半官方和有声望的私人机构具体实施②。在邦一级，首席秘书主要负责协调，由军事委员会秘书协助。由退役军人团体和退役军官代表组成一个组织协调委员会，具体负责退役军人职业培训以及就业安置工作。在县一级，由副县长、县军事委员会秘书、银行和计划委员会等机构领导人组成一个委员会，专门负责组织、协调和实施退役军人培训计划，以保证培训计划的落实。为了便于了解每个受训人员的培训情况，管理部门设置了退役军人受训情况卡，登记培训人员的姓名、要求、受训情况和享受各种待遇情况。③

在退役金（抚恤金）管理方面，印度政府于 2012 年设立内阁秘书委员会，由内阁秘书长负责退役军官的退役金（抚恤金）工作。④

在福利待遇方面，印度广泛成立士兵委员会，在印度各县都有“士兵、水兵和航空委员会”这样的管理和监督部门，专门负责现役和退役军人的福利问题。其主要职责是向公众介绍国家武装部队，维护和促进公民与现役、退役军人之间的友好关系；关心帮助现役、退役军人家属解决就业问题；与当地行政机构进行交涉，帮助退役军人及其家属领取补助和获得应享受的其他权益；帮助退役军人及其家庭获得勋章、退役金（抚恤金）、证件以及教育与培训补贴；帮助退役军人通过职业介绍所谋职；帮助退役军人进入技术训练学院接受专业培训等⑤。

三、印度退役军人法律体系

相较于大部分情况下的国家保障，退役军人管理保障具有更为特殊的意义，在退役军人管理保障方面构建健全的法律体系，是稳定军心和提升国防事业水平的重要举措。《印度共和国宪法》（1949 年 11 月由印度制宪议会通过，并于 1950 年 1 月 26 日生效）规定：公民不分种族、性别、出身、宗教信仰和出生地点，在法律面前一律平等。《印度共和国宪法》以国家根本大法

---

① 武玮迪．国外退役军人保障制度概览［J］．政工导刊，2017（12）：23-25.
② 同①.
③ 永春．印度退役军人职业技术培训有新招［J］．现代兵器，2000（2）：39-40.
④ 同①.
⑤ 同③：39-40.

的形式对包括退役军人在内所有印度公民的基本人权提供最权威的制度保障，为保障退役军人提供了基本的方向。在宪法的统领下，印度还颁布了《士兵（诉讼）法》《军队退休（退役）人员及家属应知信息》《陆军法》《海军法》《空军法》《陆军和空军（私有财产处置）法》《国民服役法》等配套法律法规，用以保障退役军人的各项合法权益。

第三节　印度退役军人的福利待遇

军人按照相关规定退出现役，国家对其退役后的生活给予资金补偿并提供相应的服务保障，使之重返并适应日常社会生活，是大多数国家的普遍做法。印度目前已形成了较为完备的制度体系，军人退役后可享受较好的福利待遇。

一、印度军人的退役标准

第二次世界大战结束后，世界局势总体上处于稳定阶段，在各国政府大量根据各自国情进行改革的基础上，大部分国家开始使用军衔、服役时间、年龄等复合指标规范军人的服役年限，保持军事人员的良性更替。[①]

在印度，军队现有军官体系采用委任制，大体上可以划分为永久、短期、紧急委任三种类别，见表 7-2。永久委任方式的现役军官在军衔和年龄上满足最大条件限制时必须退役，印度军官种类多样，退役年限也大不相同（见表 7-3），如印度装甲部队、步兵部队、炮兵部队军官的最高服役年龄为：少校 50 岁，中校 51 岁，上校 52 岁，准将 54 岁，少将 56 岁，中将和上将分别是 58 岁和 60 岁；军法部、陆军教育机构、军需部队和陆军训练兵团军官最高服役年龄为：上校 55 岁，准将 56 岁，少将 57 岁，中将 58 岁；陆军医疗单位、医护军官的最高服役年龄为：中校 55 岁，上校 57 岁，准将 58 岁，少将 59 岁，中将 60 岁。[②] 短期委任方式的现役军官有 5 年的服役时间，采取续签

① 甘洋．军队转业干部安置模式研究［D］．深圳：深圳大学，2017.

② 鲍闯，涂德敏．印度退役军人安置制度概述［J］．基层政治工作研究，2016（4）：66-67.

合同的方式继续在部队服役，具体安排由委任单位决定。紧急委任方式的军官指在遇到突发情况或需要时，委任符合条件的人员；紧急委任军官多在突发情况或需要解除后退役。

表 7-2　印度军官的服役要求与退役条件

委任类别	服役要求与退役条件
永久委任制军官	在军衔和年龄上满足最大条件限制时必须退役
短期委任制军官	有 5 年的服役时间，采取续签合同的方式继续在部队服役，具体安排由委任单位决定
紧急委任制军官	在遇到突发情况或需要时，委任符合条件的人员做紧急委任军官，其多在突发情况或需要解除后退役

注：作者根据相关材料整理。

表 7-3　印度不同种类与级别军官的最高服役年龄（单位：岁）

军官种类	少校	中校	上校	准将	少将	中将	上将
装甲部队、步兵部队、炮兵部队军官	50	51	52	54	56	58	60
军法部、陆军教育机构、军需部队和陆军训练兵团军官			55	56	57	58	
陆军医疗单位、医护军官		55	57	58	59	60	

注：作者根据相关材料整理。

根据级别差异，印度军官有 20 至 30 年的最大服役期限；48 至 60 岁为军官的强制退役年龄。另外，根据相关规定，对于印军专业技术干部，其服役的最长期限可以增加 2 至 3 年。[①] 一般情况下，印度军官最低服役年限为 12 年，达到最高服役年限想要延长服役期限的军官，需在退役日期之前 6 个月提交延长退役申请，经批准后可延迟 2 至 3 年退役。每一级别将官任期最多 3 年，医疗中将可放宽至 4 年，但均不能超过 60 岁[②]。

二、印度退役军人的退役金（抚恤金）

为规范退役金（抚恤金）管理和发放工作，印度政府于 2012 年设立内阁秘书委员会，由内阁秘书长负责退役军官退役金（抚恤金）工作。退役金

① 田小文．外国兵役制度概览［M］．北京：军事科学出版社，1997：20-21

② 鲍闯，涂德敏．印度退役军人安置制度概述［J］．基层政治工作研究，2016（4）：66-67.

（抚恤金）支出和审查中心机构设立在印度中北部城市阿拉哈巴德，2012 年至 2013 年，印度的退役金（抚恤金）支出总额为 3900 亿卢比，约合 375 亿元人民币，总计共有 225 万名退役军人领取退役金，平均每年新增约 5.5 万 ~6 万名退役金申请者。印度退役金涵盖范围广，还包含多类与服役经历相关的抚恤金、退休金，大体可分为六类。

（一）服役退役金

印军规定：凡服役期满 15 年的官兵，退休时每月可领取退休金，退休金每月不低于 375 卢比，不高于 4500 卢比，但不发放一次性退休费。[①] 服役满 20 年的指挥军官可以领取退役前 10 个月平均工资 50% 的薪酬；服役不满 20 年的官兵，可在退役时一次性领取退役费，即以退役前最后一个月的基本工资与所有补贴总和为标准，按实际服役年限，每年发放 1 个月的薪金。如退役前晋衔不满 2 年者，则以晋衔前的军衔按上述比例发给退休金。短期服役军官在解聘时付给解聘费，按每服役半年付给半个月的薪金计算。

（二）普通家庭抚恤金

对于退役军官自然死亡的家庭可领取 30% 的家庭抚恤金，最低为 3500 卢比。

（三）特别抚恤金

军官在服兵役期间死亡的，其家庭可领取其薪酬的 60% 作为特别家庭抚恤金，最低为 7000 卢比。

（四）自由抚恤金

家庭成员在战争或军事准备活动、冲突和反恐中死亡的，可领取死亡者可计算薪酬的 100% 作为抚恤金。

（五）伤残退役金

完全失去自主能力的退役军人可领取薪酬 30% 的伤残退役金，最低为 3100 卢比，退役金额随伤残等级的减轻而减少。

---

① 李开卉．我国军队转业干部安置模式及政策研究［D］．长沙：国防科学技术大学，2011.

（六）战争伤残退休金

完全失去自主能力的退役军人退休金额为最后薪酬的 100%，退休金额随伤残等级的减轻而减少。①

三、印度退役军人家庭保障

印度退役军人的家庭保障涉及退役军人家庭医疗保障、子女抚养、困难帮扶等多个方面，为现役军人安心服役提供了有力保障。

在医疗保障方面，印度针对退役军人及其亲属，在全国建有多个诊所，提供医疗专业服务。②

在退役军人子女抚养方面，印度政府为在战争中死亡或致残的退役军人子女免除所有在公立学校学习的费用，为其预留 25% 的少年军校名额，同时为就学子女提供每月 300 卢比的旅社住宿补贴。对于贫困且年老体弱的退役军人，政府每月为其子女提供 100 卢比的教育费，并一次性提供 1 万卢比房屋修缮费和 8000 卢比女儿出嫁费。③

在退役军人家庭困难帮扶方面，退役军人及其亲属在遭受自然灾害和其他意外不幸时可得到 1.5 万卢比的救济费④，同时还有印度国防部退役军人福利基金计划为退役军人家属提供贫困补助金。⑤

四、印度退役军人保险

在印度，军人可参加集体保险，保额一般为 15 万～35 万卢比，军人遗属在领取抚恤金的同时可领回全部保险金。同时，所有官兵在退休满 15 年或满 70 岁时都可以得到 10 万卢比的养老保险费。⑥ 此外，印度政府还为退役军官提供“老年储蓄计划”，退役军官通过 24 所国有银行和一家私有银行进行投

---

① 鲍闯，涂德敏．印度退役军人安置制度概述［J］．基层政治工作研究，2016（4）：66-67.

② 甘洋．军队转业干部安置模式研究［D］．深圳：深圳大学，2017.

③ 孟李，彭军荣．印度军人退役安置主要做法［J］．中国人才，2005（10）：38-39.

④ 同③.

⑤ 印度国防部 2018—2019 年度报告。

⑥ 同③.

资，可从该项目中获得年约9%的回报率。[①]

五、印度退役军人优待与救助

在退役军人优待方面，印度退役军人除享有退役金、伤残费、抚恤金外，还享有其他福利待遇。退役军人的福利资金主要由国防部退役军人安置总局负责管理，福利资金的投资收益主要用于资助生活困难的退役军人及其家属，以及向为退役军人及其家属提供服务的机构（如红十字会、军队医院、养老院、伤残军人培训学院等[②]），以便为广大退役军人提供更加优质的服务。此外，凡获得对敌英勇作战奖章和优异服役奖章的退役军人，在国内旅行乘坐交通工具时可享受优惠或免费待遇。[③] 每当连队有重大纪念活动和遇到重大节日时，这些退役军人都会收到活动邀请，并在部队受到上宾待遇。印度政府还在每年的国庆阅兵仪式上特别设置退役军人方阵，以表示对退役军人的尊重。[④]

在退役军人救助方面，对无收入来源的退役军人，政府每月发放救济金500卢比，伤残军人还可领取伤残费，还有包括免费住房、免费医疗、免交所得税等其他特殊待遇。[⑤] 此外，还有不同类型的基金计划为有需要的退役军人提供各方面的援助，如国防部退役军人福利基金计划为退役军人及其家属发放贫困补助金、儿童教育及婚姻补助金、医疗补助金等；军队国旗日基金为有需要的退役军人提供重疾资金援助和康复器械购买资金援助；军队战斗伤亡福利基金为遭受致命伤、伤残程度在60%及以上的战斗伤亡人员及因伤残而退役的战斗伤亡人员提供20万卢比的资金援助，为伤残程度在60%以下的战斗伤亡人员提供10万卢比的资金援助，还向战争伤亡人员的家属提供资金援助。[⑥]

---

① 鲍闯，涂德敏．印度退役军人安置制度概述［J］．基层政治工作研究，2016（4）：66-67.

② 孟李，彭军荣．印度军人退役安置主要做法［J］．中国人才，2005（10）：38-39.

③ 冯沁．中外退役军人安置的制度比较与社会差异［D］．上海：上海社会科学院，2019.

④ 永春．印度退役军人职业技术培训有新招［J］．现代兵器，2000（2）：39-40.

⑤ 同②.

⑥ 印度国防部2018—2019年度报告。

六、印度退役军人医疗保障

印度十分重视退役人员的医疗保障工作，退役军人拥有多项医疗权限。军人退役后可继续享受在军队医院免费就医的待遇，对部分军队医院无法医治的疾病，退役军人可在地方医院就诊，印度陆军委员秘书处会为其报销75%~90%在其他医院治疗的费用，大概可为其提供7万至10万卢比不等的集体医疗保险。① 对部分没有参与医疗保险的退役军人，政府也可承担将近60%的地方医院医疗费用。在印度全国还设有24个医疗诊所和12个牙科中心，专门为退役军人及其亲属提供医疗专业服务。

此外，印度还专门为退役军人开办了多个疗养院提供服务。② 为了进一步扩大受益人群的数量和范围，2003年印度政府开始实施“退役军人贡献健康计划”，旨在通过该计划的网络综合医院为领取退役金（抚恤金）的退役军官及家庭人员提供对抗疗法的医疗保险。2010年印度政府批准在原有基础上又建立了182所网络综合医院和17家专科医院。③

七、印度退役军人住房保障

在住房保障方面，印度中央政府和各联邦政府对退役军官购买住房和买卖土地制定了详细的规划。返乡的退役军官可以申领一块土地用于房屋建造，在城市购买住房的退役军官可申请经济援助。印度住房福利社会组织还会为退役军官建造经济适用房，小区一般建在军营训练场周围，以方便退役军官及其子女就读军事学校。④

① 李开卉．我国军队转业干部安置模式及政策研究［D］．长沙：国防科学技术大学，2011．

② 甘洋．军队转业干部安置模式研究［D］．深圳：深圳大学，2017．

③ 鲍闯，涂德敏．印度退役军人安置制度概述［J］．基层政治工作研究，2016（4）：66-67．

④ 同③．

第四节　印度退役军人安置措施

一、印度退役军官就业安置措施

印度现行的退役军官安置为计划安置和自谋职业相结合的混合安置方式。经过长期的实践改革，该安置形式目前已相对完善，能够为大多数退役军官所接受。

在计划安置方面，印度中央政府和各联邦政府每年为退役军官提供了大量政府职位。印度的政府公务员级别分为 A、B、C、D 四类，其中 A 类级别最高，D 类级别最低。中央政府在年度新增职位中会给退役军官预留 10% 比例的 C 类职位，各联邦政府预留 20% 的 D 类职位，公营部门和国有银行分别为退役军官预留 14.5% 的 C 类职位和 24% 的 D 类职位。准军事部队在招收指挥官助理时，必须预留 10% 的名额给退役军官。印度国家安全部队的全部职位均面向退役军人。同时，在录取条件上，政府为退役军官就职提供了很多便利，例如放宽年龄限制和教育资格认证、免除申请和考试费用等。在安置过程中，在同等条件下，伤残军官及烈士遗属在选择职位时具有优先权，遵循特殊情况特别对待原则。

二、印度退役军人移交安置

印度军人的服役期很长，陆军一般为 18 年，最长达 32 年，技术兵种的服役期可以更长。在印度，由军地部门共同负责退役军人的移交安置工作，国防部退役军人福利局负责制定有关安置和福利政策，退役军人安置总局负责有关政策的实施和落实，并负责与联邦政府及各邦的士兵福利局、地区军人福利办公室的联络协调工作。在退役军人的安置经费方面，由中央政府和各邦各承担 50%①。

一般情况下，在印度军人服役期满的前半年，其所在的军队就会拟定退役军人名单上报退役军人安置总局，并且开始向院校申请对退役军人进行培

① 李开卉．我国军队转业干部安置模式及政策研究［D］．长沙：国防科学技术大学，2011.

训。为了鼓励退役军人参加培训，国家向他们提供低息和无息贷款，银行鼓励个人创业、经商、办工厂，所需的原材料和产品销售由国家提供相应的便利。退役军人（包括已故军人遗孀及其子女）的安置培训主要由隶属于安置总局的训练部负责，通常由官方、半官方和有声望的私人机构具体组织实施。军官在退役之前的前 2 年或退役之后的 3 年内，可参加由政府通过培训组织提供的最长 6 个月的退役安置培训，政府负责 60% 的培训费用，对低级军官则实行全额免费。政府还为退役军官的继续教育提供多种奖学金和助学金。①

培训结束后，部分退役军人按比例到中央和联邦部门或公私企业任职，部分到警察和预备役部队服役。政府和军队还直接向有关单位推荐培训过的人才。这样，每年政府都能为退役军人提供就业机会。军人即将离开部队时，所在部队还会视情况将一些旧物品低价处理给他们，使他们获得一部分生活资料。②

三、印度老兵与伤残退役军人福利待遇

印度法律规定，政府为所有退休时间达到 15 年以上或年纪达到 70 岁以上的军人提供养老保险费，数额一般为 10 多万卢比。同时，印度政府还为伤残军人建有专门的培训教学机构，以通过技能传授提升其再就业能力。③

第五节　印度退役军人教育培训与就业扶持

一、印度退役军人教育培训

为提升退役军人的再就业能力，帮助退役军人完成从军营生活向地方生活的角色转变，进而更好地融入社会，印度设立多级机构安排退役军官的就业和培训工作，如国防部下设的退役军人安置总局以及各军种总部的相关机构，其中，退役军人安置总局主要担负经费支持和人员管控工作。印度退役

---

① 武玮迪．国外退役军人保障制度概览［J］．政工导刊，2017（12）：23-25.

② 永春．印度退役军人职业技术培训有新招［J］．现代兵器，2000（2）：39-40.

③ 甘洋．军队转业干部安置模式研究［D］．深圳：深圳大学，2017.

军人安置制度的主要特色是在开展后续培训时，集结院校的资源，开展多梯度的培训。同时，在后续的就业帮助中，给予一系列的优惠政策以帮助退役军人顺利实现就业。[①]

印度官方每年都要根据退役军人的情况制订相应的培训计划，旨在培训即将退役和已经退役的军人，包括在乡村落户的退役军人。在计划实施之前，官方首先选定在几个地区试行，观察计划试行的进程和效果等，发现问题并及时纠正，之后逐渐在其他地区推行。在每年计划培训的人员中，现役军人和退役军人分别占60%和40%，受训人员的年龄控制在50岁以下。培训的第一年，选在6个县（分别分属6个邦）进行，训练人数约600人；第二年，在上述6个县和其他县训练约900人，每个专业组不超过20人。

印度政府对退役军人开展的培训科目内容丰富，涵盖了很多基础专业，如农、林、渔、商、保险、运输、加工等，有500多种类别，其中包括300多种政府规定的课程，其余培训科目则是依托地方和社会组织或者以广播电视教育的方式开设，85个公营企业的训练机构也负有此类在职培训任务[②]。针对低级委任军官和士兵开设的职业培训课程有：安全管理、进出口管理、市场营销、旅游和旅行社管理等。为提高退役军人自谋职业能力，还进行诸如证券和资金管理、办公室自动化、网络工程、职业咨询、计算机应用、医学实验操作、制陶、电器安装、消防、有线电视管理等专业技能的培训[③]。

退役军人就业培训的内容主要依托地方机构开展，如地方院校等。由院校开设专业科目，退役军人通过后可获得院校的证书，培训的时间从3个月到3年不等。培训的专业有工商管理、人事管理、饭店和旅游业经营、人员培训等。[④] 除此之外，印度政府还建有专门为伤残退役军人培训开展教学的机构，通过技能传授提升其再就业能力，帮助伤残军人融入社会。近几年来，针对未能找到工作的退役军人和即将退役的现役军人，印度政府选择退役军人集中、培训设施完善且自谋职业潜力比较大的地区，开展一系列短期适应性培训，如退役军人自谋职业培训班等。

---

① 雷恒心．武警部队团职干部转业安置问题及对策研究［D］．长沙：国防科学技术大学，2014.

② 甘洋．军队转业干部安置模式研究［D］．深圳：深圳大学，2017.

③ 孟李，彭军荣．印度军人退役安置主要做法［J］．中国人才，2005（10）：38-39.

④ 徐鹏．外国退役军官培训工作集锦［J］．中国人才，2011（12）：36-37.

为了保证培训工作的顺利实施，印度从多种渠道筹集教育培训经费，如军费开支、政府补贴以及企业赞助等。① 印度政府在对退役军人进行专业培训方面投资力度很大，实行不同类型的经济补助。比如，受训人员每人每月可领取 250 卢比，解决食宿问题；在整个培训期间，受训人员可领取 100 卢比，作为往返学校的交通补助；接受过培训的退役军人联系工作，每人最高可得 300 卢比的补助；接受过培训的退役军人如果打算个体经营，可享受有关当局按照规定提供的优惠的银行贷款；军人购买培训用品和参考书以及有关培训专业的资料，由学校给予报销；另外，接受培训的军人只要写一份就业报告送交银行，即可在培训期间获得经济补助；培训结束后，县工业中心向受训人员提供贷款和机械、原料等，以使他们尽快找到谋生之道②。军官在退役之前 2 年或退役之后 3 年参加退役安置培训时，政府负责 60% 的培训费用，军官只需负担 40% 的培训费用，对低级军官则实行全额免费。③

为了调动受训人员的积极性，鼓励他们利用好学习机会，掌握更多的就业本领。一方面，印度政府为退役军人的再教育提供多种奖学金和助学金。例如，印度政府自 2006 年设立“首相奖学金”，旨在鼓励退役军官提升专业技术和教育水平；陆军“自由基金”则为每名选择继续教育的退役军官提供 0.5 万 ~3 万卢比的助学金④。另一方面，在培训结束后，经培训院校考试，合格者可获得相应的毕业证书或结业证书，这些证书与地方院校毕业文凭一样具有同等效力。当印度政府机关和企业招工时，优先安排持有证书的退役军人。⑤

二、印度退役军人就业扶持

印度现行的退役军官安置为计划安置和自谋职业相结合的混合安置方式。总体来说，能够得到政府计划安置的退役军人数量有限，所以大多数退役军

---

① 雷恒心．武警部队团职干部转业安置问题及对策研究［D］．长沙：国防科学技术大学，2014.

② 永春．印度退役军人职业技术培训有新招［J］．现代兵器，2000（2）：39-40.

③ 鲍闯，涂德敏．印度退役军人安置制度概述［J］．基层政治工作研究，2016（4）：66-67.

④ 同③.

⑤ 同②.

人需要面临再就业问题。为帮助退役军人顺利实现再就业，国防部在退役安置总局设立了自谋职业部。[①] 该部长期致力于提升企业对退役军人人力资源可用性开发和退役军人就业创业能力建设，缩短军人离开部队到地方后的社会适应时间，提升其岗位专业能力，主要负责自谋职业退役军人工作信息和计划的日常公布和更新，为退役军人提供最新的工作信息。

印度政府通过多种措施积极鼓励与支持退役军官自谋职业。为鼓励军官自谋职业，印度政府提供多项便利政策，主要包括：一是提供多种便利支持，如优先采购退役军官开办的企业所生产的商品。二是在资金以及生产资料等方面提供诸多优惠，如在土地租用、租金和税负等方面提供的大力支持。[②] 三是给予一定的优先权，比如免税、政府招标可以加分等。

印度政府同样通过政策支持，鼓励自谋职业退役军官创办中小型企业和维修服务网点，或通过在农村开办乡村企业、建立小型农场等方式实现退役军人的再就业。政府通过银行提供三种优惠贷款：第一种是以印度小型工业发展银行为主的贷款，用于支持年龄在 60 岁以下的退役军人开办小型工业企业、服务行业、养老院等；第二种是国家农业和乡村发展银行支持开办与农业相关的企业贷款；第三种是乡镇工业委员会资助退役军人在人口少于 1 万人的村镇开办乡村企业，为退役军人开设乡镇企业培训中心。[③]

印度政府还制定了包括自主创业贷款—Ⅱ、自主创业贷款—Ⅲ和《国家资产基金计划》等几个自主创业方案项目。[④] 需要注意的是，印度政府为自谋职业退役军人提供的扶持并非无条件的，创办企业的退役军人或多或少都要满足一定的条件或遵守相应的条约，这样能够有效提高退役军官创办企业的成功率，通过“以点带面”的方式惠及更多的退役军人。[⑤]

---

① 鲍闯，涂德敏. 印度退役军人安置制度概述［J］. 基层政治工作研究，2016（4）：66-67.

② 甘洋. 军队转业干部安置模式研究［D］. 深圳：深圳大学，2017.

③ 李开卉. 我国军队转业干部安置模式及政策研究［D］. 长沙：国防科学技术大学，2011.

④ 向辉，王树和. 印度、越南退役军官安置概况［J］. 中国人才，2011（6）：59-61.

⑤ 同①.

第六节　印度退役军人思想政治和权益维护

一、印度退役军人政治待遇

印度退役军人的政治待遇主要体现在政治荣誉规定方面。每年的 12 月 7 日，全国各地都会举办军队国旗日庆祝活动，以纪念为国家作出牺牲的军人们。印度政府广泛收集来自公众的自愿捐款，用于为遗孀和伤残退役军人及其家属提供福利待遇。①

此外，每当部队有重大纪念活动和遇到重大节日时，退役军人都会收到活动邀请，并在部队受到上宾待遇。印度政府还在每年的国庆阅兵仪式上特别设置退役军人方阵，以表示对退役军人的尊重。②

二、印度退役军人权益维护

在印度 1972 年的《国民服役法》中，第五章“恢复应征兵役的合格人员”强调了要维护服兵役人员的相应权利，指出依法服兵役的合格人员，在服役期间广泛享有公积金或其他计划下的权利，以保障其因放弃受雇而损失的雇员利益。

印度有一套适合国情的退役军人待遇保护法律法规。这些完善的法律，对军人退役后的许多方面权益予以明确细分，这样能够减少政府工作人员在执行安置工作中的不作为现象，为退役军人回到地方的工作生活奠定强有力的法制基础，保障其合法权益不受侵害。

---

① 印度国防部 2018—2019 年度报告。

② 永春．印度退役军人职业技术培训有新招［J］．现代兵器，2000（2）：39-40.

第八章

拉美国家退役军人管理保障

第一节　巴西

巴西国土面积851.49万平方千米，位于南美洲东南部；2020年，巴西总人口为2.12亿；[①] 巴西是拉美地区面积最大、人口最多的国家，经济实力居拉美首位。

1500年，葡萄牙航海家佩德罗·卡布拉尔抵达巴西；16世纪30年代巴西成为葡萄牙殖民地；1822年9月7日，佩德罗王子宣布独立，建立巴西帝国；1889年11月15日，成立巴西合众国；1964年到1985年，军人政变上台，实行独裁统治，其间更名为巴西联邦共和国。巴西现同192个国家建有外交关系。[②]

一、巴西退役军人管理概况

（一）军队基本情况

巴西的军队分为陆、海、空三个军种，分别建立于1648年8月25日、1823年12月11日和1940年10月23日。巴西宪法规定，巴西军队的基本功能在于“保卫祖国和保障宪法权力、法律和秩序”[③]。1999年8月，巴西政府

① 中华人民共和国商务部．对外投资合作国别（地区）指南：巴西（2021年版）[EB/OL].[2022-11-14]. http://www. mofcom. gov. cn/dl/gbdqzn/upload/baxi. pdf.

② 中华人民共和国商务部．对外投资合作国别（地区）指南：巴西（2020年版）[EB/OL]. [2022-11-14]. https://www. yidaiyilu. gov. cn/wcm. files/upload/CMSydylgw/202012/202012241115046. pdf.

③ Federal Constitution of Brazil, 1988: “article 142. the armed forces, comprised of the navy, the army and the air force, are permanent and regular national institutions, organized on the basis of hierarchy and discipline, under the supreme authority of the president of the republic, and are intended for the defense of the country, for the guarantee of the constitutional powers, and, on the initiative of any of these, of law and order.” https://pdba. georgetown. edu/Constitutions/Brazil/english96. html.

将原陆、海、空三部合并，成立国防部，总统为三军最高统帅，武装部队各军种司令、参谋长和总统府机构安全部长协助总统制定有关军事政策和处理军务。2022 年全军总兵力约 37.6 万人，其中陆军 21.4 万人、海军 8.1 万人、空军 8.1 万人。[①] 2021 年，国防预算为 1168 亿雷亚尔，约占国内生产总值的 1.2%。[②③] 自 1947 年起，巴西参加联合国维和行动，是十大维和人员派遣国之一。

巴西实行义务兵与志愿兵相结合的兵役制度。义务兵的服役期为一年或一年半，年满 18 周岁的男子必须服役，女子和牧师在和平时期可免除义务服役。义务服役期满后，根据本人自愿和军队需要，可以转为志愿兵，与军队签订为期一年的服务合同，并可顺签。适龄青年在进行兵役登记时，如以宗教或政治信仰为由要求免除兵役，则必须服替代役[④]。其征兵程序为：年满 18 周岁的男性公民到基层兵役站报名、应选征兵机关进行体检和面试。选上的直接进入所征集的兵种，未被选上的领取兵役机关颁发的免服兵役的证明。征兵工作由各兵种自己负责。陆军自上而下设有陆军兵役局、军区兵役处、地区兵役署、市县兵役代表处和基层兵役站；海军设有海军军人局、海区兵役处、基层兵役站；空军设有空军人事局兵役处、航空区兵役处、地区动员署、基层兵役站。各兵种的征兵体系独立运行，互不隶属。[⑤]

从巴西人力资源的整体状况来看，军队人员在受教育水平、健康状况、工资收入、社会福利等方面远高于社会平均水平。在军人退役方面，巴西十分重视依法治军，建立了较完善的法律和制度，对保证军官队伍进出有序，实现年轻化、知识化起到了积极的作用。[⑥]

---

① 中国领事服务网・巴西［EB/OL］.［2022-11-14］. http://cs.mfa.gov.cn/zggmcg/ljmdd/nmz_657827/bx_657953/.

② Stockholm International Peace Research Institute. Trends in World Military Expenditure, 2021［R/OL］.［2022-11-14］. https://doi.org/10.55163/DZJD8826.

③ Orçamento da Defesa Disparou. Mas não Houve Investimento no Poderio Militar［EB/OL］.［2022-11-14］. https://www.correiobraziliense.com.br/brasil/2022/05/5007980-orcamento-da-defesa-disparou-mas-nao-houve-investimento-no-poderio-militar.html.

④ 替代役一般为行政或生产性活动，为期 18 个月，其间享有与义务兵同等的权益。

⑤ 借鉴与启示：古巴、巴西退役军人安置保障制度考察［J］. 中国民政，2006（4）：33-35.

⑥ 邓宝双. 巴西军官退役安置制度简况［J］. 中国人才，2009（20）：51.

（二）退役军人管理保障的历史沿革

巴西退役军人社会福利开始于葡萄牙殖民时期。[①] 葡萄牙自定居伊始就十分关注第一批定居者、水手和士兵的医疗保健，到16世纪中叶，已为现役及退役军人建立起宗教医院。整个殖民期间，福利项目发展极为有限，只有医院和因残疾或年老而给予的退休金计划，并且医院数量不足，不是所有军事人员都有权领取退休金。

巴西帝国时期（1822—1889年）[②]，尽管民众和政府当局已经形成了解决退役军人需求的意识，但在19世纪30年代到40年代间，情况仍未得到改善。后来，陆军与海军成立了援助单位，退役军人除了最低级别军衔外，都有权领取退休金。

1841年出台的第244号法令授权政府，为陆军中因提供国家服务而丧失工作能力的军人建立庇护所，1845年国家海军也被纳入庇护范围。但由于缺乏强制措施来执行法令，最后只设立起残疾人援助单位，这些单位最后也停止运行。直到1865年至1870年间爆发的巴拉圭战争，情况开始改变。巴拉圭战争的人员伤亡情况给巴西国内带来了强大的舆论压力，里约热内卢商业协会开始负责庇护所的筹建工作，组织了国家伤残者庇护协会，并发起了一项全国筹款运动，所筹资金用于机构的建立和运营。1866年庇护所指挥官得以任命；1867年机构运行指南发布；1868年7月29日，在佩德罗二世的女儿伊莎贝尔公主生日之际，庇护所在正式完工前举行了落成典礼；同年10月15日国家伤残者庇护所开始在里约热内卢的瓜纳巴拉湾岛上正式运作。庇护所包括了住宿、病房以及药房、学校、管弦乐队、商店、面包店、理发店、洗衣房等公共设施。当全国所筹资金耗尽时，陆军开始通过特定的预算拨款支持其运行。1976年6月6日第77801号法令宣布这类为无工作能力或年老军人提供服务的“军队适度避难所”停止运行。

巴西退休金计划源于1865年1月7日颁布的第3374号法令。该法令还为

---

① Celso Barvoso Leite. Social Security in Brazil [J]. Journal of International and Comparative Social Welfare, 1994, 10: 1, 28-39.

② 1822年9月7日，佩德罗王子宣布独立，建立巴西帝国。1889年11月15日，丰塞卡将军发动政变，推翻帝制，成立巴西合众国。

巴拉圭战争建立了志愿制度①，它保证不属于军事单位的志愿者可以领取同军事志愿军相同的报酬，外加补助金；他们在服役期满后，还可获得一些福利，包括一笔一次性军费，军事或农业安置点的一块土地，返乡的旅费津贴；并且在同等资格的条件下优先进入公务系统工作。提供了杰出服务的人还有资格被视为荣誉陆军军官，按职务终身领取报酬。给予职业军人的社会保障则主要是军事退休金，下士甚至更低级别都可领取。1939 年 8 月 25 日出台的第 1544 号法律，更精确地规定了对巴拉圭战争退役军人的保障措施，并将之前参与乌拉圭小规模战争②的退役军人以及海军退役军人也纳入其中。陆军、海军志愿者以及参加巴拉圭和乌拉圭战争的军人，可以每月领取终身退休金，其遗孀也可领取稍少的退休金。1949 年 12 月 3 日出台的第 1031 号法律，又将这项终身退休金扩展至这些退役军人的女儿。虽然巴拉圭战争在 1870 年就已结束，但直到 20 世纪 90 年代初，这项退休金仍有人在领取。

1870 年到第一次世界大战期间，巴西仅在卡努杜斯之战中③为包括志愿者和军队在内的退役军人提供了特殊退休金④。巴西在第一次世界大战中的参与相当有限。在第二次世界大战中，巴西于 1942 年向德国宣战，并于 1944 年向意大利派遣出巴西远征军。巴西为这些第二次世界大战退役军人及其家属出台了大量法规，且对退役军人的界定相当广泛。1949 年 2 月 2 日出台的第 616 号法律，将给予第二次世界大战老兵的福利扩大到第一次世界大战武装人员。1960 年 5 月 4 日出台的第 3765 号法律，即所谓的《军人养老金法》，规定了针对前战斗人员的特定方案，这里的前战斗人员包括以某种方式参加军事行动的民兵和未参加军事行动的军事退休人员。1963 年 12 月 23 日出台的第 4297 号法律，首次规定了前战斗人员的社会保障福利随同职位、等级、职能或类别人员的工资上涨作相应调整。1971 年 1 月 31 日出台的第 5698 号

---

① 虽然巴西将他们的步兵描述为志愿兵（Voluntários da Pátria），但其他阿根廷修正主义者和巴拉圭的描述则贬低巴西步兵主要是从奴隶和无土地（主要是黑人）下层阶级中招募的，这些人被许诺可以免费征募土地。WILSON P. H. Latin America's Total War [J]. History Today, 2004, 54: 5.

② 乌拉圭战争（1864 年 8 月 10 日—1865 年 2 月 20 日）本是乌拉圭内部党派间的一场战争，因为阿根廷、巴西、巴拉圭等国先后卷入，成为一场国际战争。

③ 卡努杜斯之战（Guerra de Canudos，1893—1897 年）是巴西合众国与东北部巴伊亚州卡努杜斯居民之间的冲突。

④ 由 1965 年 4 月 15 日的第 4615 号法律规定。

法律，又将福利调整与一般标准挂钩，但不适用于已经生效的福利。

1988 年巴西宪法中制定了一些关于退役军人的社会福利条款。军队人员享有的特殊优待主要包括：职位晋升、重新安置、延期服务、大学级机构录取资格以及税收优惠等。此外，宪法还给予退役军人免试公务员录取资格及其他各种福利。对于以前的战斗人员，即便他们不是军人或公务员，1988 年宪法也为他们提供了“惠及家人的免费医疗服务”，还给予没有房子的军人及其遗孀或未婚伴侣优先购房权（临时条款的第 53 条）。但这些援助和优待实际更多是原则上的，未有具体条款。这些前战斗人员在社会保障资格方面也有优待，男性可以在服务满 25 年（女性为 30 年）后获得全额退休金，或在服务满 20 年后获得 80% 的退休金。1988 年宪法为第二次世界大战退役军人设立了一项新福利：向那些除社会保障退休金外，没有从政府领取其他退休金的人，支付一份相当于武装部队少尉领取的特别退休金[①]。1990 年 7 月 4 日出台的第 8059 号法律，规定由各军部支付该项费用。1988 年宪法第 54 节，还规定了另一种特殊退休金，即向第二次世界大战期间在亚马孙地区为收获盟军所需橡胶而工作的橡胶收割者支付一笔相当于最低工资两倍的退休金。1989 年 12 月 28 日出台的第 7986 号法律，又对这项退休金的适用作出规定，退休金可以向家属转移。

（三）军队养老金制度改革

1988 年宪法制定的巴西养老金制度给政府财政预算带来了巨大压力，与发达国家的养老金体系相比，巴西的养老金制度替代率很高但退休年龄又很低。巴西在 2019 年养老金改革引入最低退休年龄之前，规定缴费年限男性达 35 年、女性达 30 年即可不受退休年龄限制，因此，巴西平均退休年龄为男性 56 岁、女性 53 岁。到 2021 年，巴西养老金替代率与西方发达国家和其他发展中国家相比仍然很高，以男性平均收入为基准，养老金替代率男性达 88.4%，女性达 93.3%。[②] 据巴西财政部数据，2017 年巴西军方的福利赤字

① 仅是一笔死亡抚恤金。

② 张浩淼．巴西社会保障：从发展中国家典范到深陷泥潭［J］．社会保障评论，2022，6（4）：17-31.

高达约 377 亿雷亚尔①。2018 年，养老金支出占联邦政府预算的 44%，占 GDP 的 8.5%②。根据此时规定，到 2060 年，养老金支出将达到 GDP 的近 17%（包括公共部门制度在内则达 GDP 的 20%），这会大大加重政府的总体预算赤字③。同时，巴西将面临迅速老龄化，据巴西地理统计局数据预测，65 岁以上人口的比例将从 2010 年的 7.3% 增长到 2060 年的 25.5%④。慷慨的福利及人口结构变化使巴西养老金制度在财政上面临不可持续问题，深入的改革势在必行。

在过去 20 多年间，养老金改革一直是巴西历届政府工作的焦点。费尔南多·恩里克·卡多佐总统在 1999 年就试图改革，却以失败告终。米歇尔·特梅尔总统在 2016 年 12 月向国会提出改革议案，因腐败丑闻，这项议程也在 2017 年搁置。但 2000 年 12 月 28 日出台的第 2131 号临时措施，成功调整了武装部队的薪酬结构，取消了如延长服役时间、住房援助等几项福利。这使 2003 年至 2015 年间，对退役军人和养老金领取者的支出从占 GDP 的 0.73% 降至 0.51%⑤。国防部每年提交的精算报告也证实了开支减少的趋势。2019 年 2 月 20 日，贾尔·博尔索纳罗总统向国会提交了养老金改革法案，10 月 22 日巴西参议院最终以 60∶19 的优势批准了对该国养老金制度的全面改革。此次改革将直接影响 7200 万公共部门和私营部门工人。最显著的变化在于私营部门最低退休年龄改为男 65 岁、女 62 岁；最低缴费年限更改为女 15 年、男 20 年。农民工、教授、联邦警察的缴费率及最低退休年龄也发生了变化。军人的养老金改革提案也于 3 月 20 日提交给国会，该提案将退休所需的最低服役年限从 30 年提高到 35 年，将缴费率从工资的 7.5% 提高到 10.5%，改变了

① 彭桦．盘根错节的巴西养老金制度改革［J］．劳动保障世界，2019（4）：71.

② Reuters. Factbox：Pension Reform：Brazil's Uphill Battle to Save 1 Trillion Reais［EB/OL］.（2019-04-05）［2022-11-14］. https://www.reuters.com/article/us-brazil-politics-pensions-factbox-idUSKCN1RH1VY.

③ OECD. Pension Reform in Brazil，OECD Policy Memo［EB/OL］.［2022-11-14］. https://www.oecd.org/brazil/reforming-brazil-pension-system-april-2017-oecd-policy-memo.pdf.

④ Instituto Brasileiro de Geografia e Estatística. Projeção da População［EB/OL］.［2022-11-14］. https://www.ibge.gov.br/apps/populacao/projecao/.

⑤ EBlog do Exército Brasileiro. A Reestruturação da Remuneração dos Militares das Forças Armadas e os Efeitos na Redução de Gastos do Governo［EB/OL］.（2017-01-30）［2022-11-14］. http://eblog.eb.mil.br/index.php/menu-easyblog/a-reestruturacao-da-remuneracao-dos-militares-das-forcas-armadas-e-os-efeitos-na-reducao-de-gastos-do-governo-2.html.

转入预备役的年龄限制，减少了法定家属人数，并对所有类别的军队总收入征税。但总的来说，这些改革不如对民众的改革激进。2019 年 12 月 16 日，众议院和参议院一致通过了第 13954 号法律，该法律不涉及工资调整，只是对军人职业生涯进行了重组，并规定了军人社会保障制度。这项法律规定是武装部队与经济部长期研讨的结果，遵循了财政可持续性原则，预计将在 10 年内节省 104.5 亿雷亚尔。① 在这次改革中，虽然军人、消防员、警察的养老金待遇下降了，却也得到了提高工资待遇的补偿。2020 年，现役及退役军人的工资支出为 48.4 亿雷亚尔，军人职业生涯重组带来 55.5 亿雷亚尔的收入，共产生 7.1 亿雷亚尔左右的经济效益。②

二、巴西退役军人管理机构

（一）管理机构

巴西国防部设有职能部门管理军人福利保障事宜。2019 年 2 月 14 日出台的第 12 号规范性法令规定，人事、教育、卫生和体育秘书处负责提出关于文职人员、军人、养恤金领取者的有关政策，并监管政策执行。该机构下设五个部门：人事部门、教育部门、卫生和社会福利部、军事体育部、武装部队医院。③

退役军人主要由军队管理。陆、海军人事部也分别设有管理局，主管退役军人的退役金发放、购房贷款、医疗保障等工作。陆军人事部下设文职人员、非在职人员、退休金领取者和社会援助委员会，管理陆军退休人员计划、

① Brazil Institute. What's Happening with Pension Reform in Brazil? [EB/OL]. (2019-10-22) [2022-11-14]. https://www.wilsoncenter.org/blog-post/whats-happening-pension-reform-brazil.

② Ministério da Defesa. Nota de Esclarecimento: Balanço de Receitas e Despesas Militares, Decorrentes da Lei No. 13.954/2019, Resultou em Economia para o Erário em 2020 [EB/OL]. (2021-01-08) [2022-11-14]. https://www.gov.br/defesa/pt-br/centrais-de-conteudo/noticias/nota-de-esclarecimento-balanco-de-receitas-e-despesas-militares-decorrentes-da-lei-no-13-954-2019-resultou-em-economia-para-o-erario-em-2020.

③ Ministério da Defesa. PORTARIA NORMATIVA N° 12, DE 14 DE FEVEREIRO DE 2019 [EB/OL]. (2019-02-25) [2022-11-14]. https://www.gov.br/defesa/pt-br/arquivos/lai/servico_de_informacao/Portaria-Normativa-n-12-de-14.2.2019.pdf.

前战斗人员福利、提供丧葬协助等。海军人事部[①]下设海军军事人事局，其下又设海军退休人员、退休金领取者服务处，为退役军人、文职退休人员、前战斗人员、退休金领取者提供服务。空军则由经济、财政和航空管理部负责提供关怀和社会支持。[②]

（二）军人保障计划分类

巴西退役军人社会福利计划大致可分为两类：为武装部队成员制订的方案和为前战斗人员制订的方案。第一种是为到了年龄的退休军人及其家属提供的军人退休金。第二种是向第二次世界大战退役军人提供福利保障，参战军人和民兵都包括其中。在福利待遇上军人和民兵有所不同。军人可以从岗位上得到全薪，退休后可以保留大部分工资，这部分工资还可以转移给他们的亲属。并且军人还有权在更优惠、特殊的条件下享受各军部提供的个人服务。前战斗人员中的民兵则有权在更优惠的条件下享受社会保障福利，以及其他特定立法规定的福利。虽然给予退役军人的保障总体来说是令人满意的，但这些制度也有可商榷之处。

首先，军人和民兵待遇的差异造成了两类人群社会福利的不公平。其次，军队人员总体上富有竞争力、身体健康、心志坚定，大多数从部队提前退休的个人会进入公务部门工作，公务部门也会受益于这种高级人力的涌入。但与此同时，他们在军人退休金的有力支持下进入劳动力市场，这在某种程度上给了他们不公平的优势。最后，巴西对于前战斗人员的规定似乎过于广泛，虽然这些受益者终将随时间而消失，但专门立法为这类退役军人提供社会福利过于烦琐。

三、巴西退役军人的福利待遇

（一）军人退出现役条件

对于一年期义务兵，除每月领取 150 雷亚尔的补贴外，能享受的其他福

① Marinha do Brasil. Estrutura Organizacional [EB/OL]. [2022 - 11 - 14]. https://www.marinha.mil.br/estrutura-organizacional.

② Presidencia da Republica Federativa do Brasil. Decreto No. 6834 [EB/OL]. (2009-04-30) [2022-11-14]. http://www.planalto.gov.br/ccivil_03/_Ato2007-2010/2009/Decreto/D6834.htm.

利项目有限，退役后政府不负责安排就业，亦不承担其他责任。[①] 但针对志愿兵的社会福利保障体系则相当完善。1960 年的《军人养老金法》规定军人通过转入预备役或退休退出现役成为退役军人，可以继续领取与其职务相应的基本工资作为退休金，外加津贴等其他福利项目，同时，退休金随工资变动而调整。2019 年 12 月 16 日通过第 13954 号法，对军人职业生涯进行了重组，并更新了军人社会保障制度。

按上述法律规定，军人退休可分为两个步骤。首先，将现役军人调到预备役，在这个中间阶段军人可被召回现役；调到预备役一段时间后，方可办理退休。现役军人向预备役的调动可以自己申请，也可自动进行。前一种情况在服务期满 35 年、被纳入各职位设立的强制性配额时可申请；后一种情况则需依据法律所规定的具体情况进行，最常见的是达到最高服役年龄时必须退休。第 13954 号法第 98 条规定，根据职位或等级不同，最高年龄限制从 50 岁到 70 岁不等，如水手、士兵最高年龄限制 50 岁，海军上将、陆军上将和准将最高年龄限制为 70 岁。预备役也有年龄限制，同样根据职位或级别的不同而变化。对于已达到最短服役时间，或在预备役中达到了最高年龄限制，或丧失进入现役能力的军人，通常可以自动从预备役完全退休。军事教职员工无须进入预备役即可申请退休金。

（二）养老金及其他社保待遇

1. 养老金

巴西第 13954 号法第 71 条规定，武装部队军人及其养老金领取者是军人退休金的义务缴款人，每月从其工资单中扣除缴费。2020 年 1 月 1 日起缴费率为 9.5%，2021 年 1 月 1 日起，缴费率为工资的 10.5%。从 2020 年 1 月 1 日起，以下养老金领取者将根据这些费率特别缴纳军人养老金：终身养老金领取者的非残疾女儿缴纳 3%；除了终身养老金领取者的非残疾女儿，养老金初始参保人已于 2000 年 12 月 29 日前去世，并在其生前选择支付 2001 年 8 月 31 日第 2215-10 号临时措施第 31 条规定的缴纳费用的养老金领取者，按 1.5% 缴纳。

---

① Presidencia da Republica Federativa do Brasil. Decreto No. 6834 [EB/OL]. (2009-04-30) [2022-11-14]. http://www.planalto.gov.br/ccivil_03/_Ato2007-2010/2009/Decreto/D6834.htm.

遗属养老金是退役军人的一项延续性福利待遇。当退役军人本人死亡后，其家人自己如果不能维持基本生活，可以遗属养老金的名义继续申请领取薪金或者养老金，数额不变。法律同时规定了可以领取养老金的家属排序以及限制性条件受益人将有权获得全额养老金；如果有多个具有相同优先权的人，则养老金将在他们之间平均分配。遗属养老金由政府通过各军部向法定亲属支付。法定亲属包括：（1）保持稳定关系的配偶或伴侣；（2）事实上分居、法律上合法分居或离婚的伴侣；（3）未满 21 岁或残疾的子女、继子女；以下人群若没有收入且经军人在主管军事组织中申报后也可以被视为军队的亲属：（4）未满 24 岁的学生子女、继子女；（5）父亲、母亲；（6）由其法定监护的未满 18 岁或残疾的被监护人。

以海军退役军人的军人养老金为例。军人遗孀或伴侣领取养老金的权利始于军人去世之时，按月分期支付 5 年。首先，遗孀或伴侣需要前往银行开立个人账户，并将资料交于退休金领取者服务处。其次，申请人需要向离其居住地最近的退休金领取者服务处提交资格审查材料，如遗孀通常要准备的材料有：军人死亡证明、结婚证书、申报子女证明、军人及遗孀本人身份证、个人账户证明等。在退休金领取者服务处资格审查结束后，还需提交联邦审计法院做最后合法性审定。①

2. 医疗保障

现役军人及其家属均可享受近乎免费的医疗保障，各兵种均建有自己的医院可以直接向军人提供门诊牙医、住院等医疗服务。军队医院无法治疗的则可以转至协同医院。符合鳏夫资格的养老金领取者，如果结婚或结成稳定的伴侣关系，将失去获得医疗援助的权利。

3. 社会救助服务

政府实施了许多针对现役、退役和退休军人家属的，涵盖医疗卫生、住房、食品等内容的专门社会救助项目，帮助军人解决生活中遇到的实际困难。如，军方单独建立了两个专门用于医疗救助和贫困救助的福利性基金：医疗救助基金会和社会救助基金会。前者主要用于支付军人、家属及享受抚恤金

① Marinha do Brasil. Guia Rápido da Pensão Militar [EB/OL]. [2022-11-14]. https://www.marinha.mil.br/svpm/sites/www.marinha.mil.br.svpm/files/05%20-%20GUIA%20R%C3%81PIDO%20DA%20PENS%C3%83O%20MILITAR%2002SET21.pdf.

待遇人员在三军医院治病时产生的药品、住院费用，后者主要用于开展面向军人及其家属的贫困救助服务。基金会的资金源于所有军人（军校生和义务兵除外）强制性缴纳的3.5%工资收入，政府也会给予适当补贴。①

在几个主要的军事地点建有所有军人（包括预备役军人或退休军人）都可以加入的俱乐部，其中一些俱乐部会提供互助性质的援助项目，甚至还包括购房贷款。这些加入俱乐部的退役军人在谋求军人利益方面发挥了积极作用，政治活动中也有他们的身影。

三大兵种还设有许多前战斗人员协会。各地方和州协会隶属于全国协会，由巴西前战斗人员全国协会理事会管理。这些协会可以为成员及其亲属提供社会福利资助，国家也给予补贴。许多有利于前战斗人员的立法也由这些协会推进。

（三）退役军人安置政策

虽然巴西退役军人安置政策的核心是通过社会保障体系为退役军人提供不低于服役时期生活水平的基本保障，而不是提供直接的就业岗位。但政府和军人在促进退役军人就业方面还是做了大量的工作。巴西国防部与国家工业服务局、国家商业服务局、中小企业辅助局等单位合作，开办了一系列旨在提高退役军人就业能力的培训项目。培训内容涉及食品、印刷、金属冶炼、汽车、建筑、电力、通信等多个领域，并为退役军人开办小公司提供必要的协助和服务。各州教育部门、军队的文化基金会等机构也会为退役军人完成中等教育提供方便。此外，各军区司令部也积极联络当地的商业联合会等民间组织，出台一些具体的辅助性措施帮助退役军人掌握职业技能提高就业水平。②

第二节　阿根廷

阿根廷位于南美大陆，是拉美地区政治、经济、外交、军事和社会等领

① 借鉴与启示：古巴、巴西退役军人安置保障制度考察［J］．中国民政，2006（4）：33-35．

② 同①.

域的重要国家。自20世纪30年代起，阿根廷出现过军人与文人交替执政的局面。1982年马岛战争（马尔维纳斯群岛战争的简称）失败后，军政府垮台。1983年民选总统上台后，民主进程逐渐趋于稳固，但军人在阿根廷仍然是一个不可忽视的重要群体。阿根廷宪法规定，总统是武装力量最高统帅。国防部是最高军事行政机关，负责国防预算、国家军事政策的制定和执行，领导国防科研和军工生产。联合参谋部负责制定军事战略、军事条令以及协调陆海空三军。各军种参谋部为本军种最高军事指挥机构，参谋长为本军种最高长官。阿根廷军队总兵力7.77万人，其中，陆军4.63万人、海军1.85万人、空军1.29万人；准军事力量3.124万人，其中宪兵1.8万人、海岸警卫队1.324万人。阿根廷政府根据本国的国情通过和颁布了多部与退役军人有关的法律法规，较为重要的包括《军人法》《军人法实施细则》等，对军人退休、退役后的安置和待遇作出明确规定，确保退役军人能得到较好的生活保障。

一、阿根廷军人退役制度和管理保障机构

（一）军人退役制度

阿根廷军队实行两种退役制度：自愿退役和强制性退役。根据《军人法》第66条规定，自愿退役是指凡服役满15年及以上的军人，可按规定自愿申请退役；第67、第68条规定，有以下情况时，可强制军人退役：（1）达到上将军衔且担任军种参谋长职务的年限已满；（2）当需要腾出岗位时，业绩评定较差的高级军官和领导；（3）经考评认定需要退役的军人；（4）被判刑、失去公民权的军人；（5）非因公得病、孕产等原因，脱离军队岗位6~24个月的军人；（6）特殊情况，例如因配偶工作原因，需要随行到国外超过3年的军人；（7）不在常备军序列内的军校学员[①]和预备役人员不安排退休，因公致残后，无法正常工作生活的可作退役安排，并享受一定数额的退役金或赔偿金。

① 笔者注：此处学员指在培养军官的初级军校学习的学员，相当于本科生。本章中提到的军校学员均指此类人员。

（二）退役军人的管理保障机构

阿根廷根据本国国情建立了退役军官管理机构，采取以军队为主、政府参与的方式，负责退役军官安置管理工作，以维护退役军人的权益，促进军队建设。根据阿根廷1971年颁布的第2291号法律规定，阿根廷在陆军部、海军部、空军部各设立一个军人互助基金会，主管退役军官退役金和军人家属抚恤金的发放，由军队银行通过其他商业银行向全国各地退役军官发放；支付退役军官的医疗费用；向现役和退役军官提供购房贷款等。军人互助基金会也叫军队银行，其资金来源有几个方面：一是军官缴纳工资11%的养老保险金，存入军队银行，作为军官养老基金；二是国家财政按退役军官年养老金总额的30%拨款；三是军队银行的存、贷款利息或其他经营收益；四是社会团体、个人捐赠。军队银行由军队管理，基金会主席即军队银行行长，由总统任命，其理事会由6名退役将军组成。①

阿根廷在军人退休金、抚恤金、贷款等保障方面还有一个非常重要的机构，隶属于国防部的军人退休金和抚恤金财务支付辅助所。该所是根据1946年第13641号法令、第12913号法令建立，1947年1月1日正式运转的退役军人保障机构。其主要职责是“根据武装力量组织法的相关规定运作军人退休金和抚恤金”。该机构创立的初衷是建立一个能使退休金、抚恤金满足各方需求，使国家预算免受经济起伏的影响，以对国家最有利、最经济的方式运转的常设机构。该机构旨在成为一个高效、敏捷的国家金融机构，通过资本运营为现役、退役军人及其受益人谋求最大限度的利益。该所从成立之初就具备独立的法人资格，在当时完全是一种支付军人福利、巩固必要储备的全新的资本运作形式，为退役军人养老金的收益提供了一种结构性解决方案。1983年9月19日颁布了第22919号法令，也称《军人退休金和抚恤金财务支付辅助所法》，对该机构的职能、独立法人地位作了进一步规范，明确其在支付和运营军人退休金、抚恤金、赔偿金等方面的任务。军人的退休金和抚恤金既包括个人缴纳部分，也包括国家财政拨款，二者的比例由国家确定，财政拨款部分由国家预算定期确定。

根据阿根廷第1628/2007号政令修改的该所章程，新的领导委员会由以

---

① 邓宝双．阿根廷军官退役制度简介［J］．人中国才，2009（3）：42.

下6名成员构成：国防部选派1名代表担任主席，联合参谋长推荐三个军种各1名代表，经济和公共财务部与劳动、就业和社会保障部各选派一名代表。这样的领导层结构能够让与军人养老金相关的三个政府部门充分沟通协调，合力发挥作用。领导委员会成员任期2年，只能连任一次。管委会主席主要职责是承担机构的法律责任，执行管委会决议，安排外部审计以及其他相关事宜。在决策时，主席拥有2票权力，避免出现平票而无法决策。该所设立监察委员会，从公共管理层面确保该所运行的透明度、审计和管控，其成员包括2名全国总工会代表和1名国防部代表。①

尽管阿根廷在马岛战争中遭受了失败，但是国家、军队和社会还是高度关注参加过马岛战争的退役军人。国家专门设立了"马岛战争老兵和阵亡者纪念日"。2019年9月，国防部专门成立了马岛战争老兵事务协调办公室，便于为依然健在的参战退役军人和家属提供更好的服务保障。国防部、联合参谋部、各军种和包括军人退休金和抚恤金财务支付辅助所在内的各相关机构，每年也会为马岛战争的退役老兵举行各种座谈会、纪念活动或邀请他们参加国家和军队的重要庆典，表达对参战老兵的敬意。相关省份都设有马岛战争老兵中心、马岛战争老兵和阵亡军人家属协会等组织，为老兵和阵亡者争取一些权益。据英国《每日电讯报》2012年3月29日报道，在30年前的马岛战争中，有238名阵亡的阿根廷士兵的遗体被埋在马岛上的达尔文墓地中，其中123名死者身份未能确定，他们的墓碑上没有名字。来自退役军人委员会的欧内斯特·阿隆索就与战友们在2011年采取法律行动，希望能够确认阵亡战友的身份。许多死者的亲属支持阿隆索确定阵亡士兵身份的法律行动。

二、阿根廷退役军人的福利待遇

退役军人可分为退休、退出现役但继续在军队或地方工作、伤残退役等具体情况。符合规定退役的军人依法享受退休金、退役金、抚恤金、医疗等福利待遇。

（一）退休金或退役金

自愿退役的情况下，服役满25年及以上，且在本职级任职满一年（将军

① Institucional-IAF [EB/OL], [2021-06-20]. https://www.argentina.gob.ar/iaf/institucional/historia.

级军官不受此限制）的军人，可以领取退休金。

强制退役的军人，符合退休条件的领取退休金，不符合退休条件的领取退役金。退休金或退役金发放的标准是：服役满 15 年的，为本人月工资的 35%，超过 15 年后每年递增 1.5%；服役满 25 年的，为本人月工资的 50%，超过 25 年后每年递增 4%；服役满 30 年的，为本人工资的 70%，超过 30 年后每年递增 6%；服役满 35 年的，为本人月工资的 100%，超过 35 年后不再递增，详见表 8-1。

表 8-1　阿根廷退役军人退休金或退役金待遇

服役年数（年）	退休金或退役金百分比（%）
15	35
16	36.5
17	38
18	39.5
19	41
20	42.5
21	44
22	45.5
23	47
24	48.5
25	50
26	54
27	58
28	62
29	66
30	70
31	76
32	82
33	88
34	94
35	100
36	—
37	—

续表

服役年数（年）	退休金或退役金百分比（%）
38	—
39	—
40	—

退役军官的退役金同现役军官的薪金一样，每年按 13 个月计算。退役军官可自谋职业，并领取多份公司、企业的薪金和退休金，但被政府任命为国家公务员时，不能同时领取公务员薪金和退役金，只能领取数额较高的一份。① 如果是参加过马岛战争的退役军人，还可以通过国家社会保险管理体系申请一份荣誉退休金。

因战、因公致残的军人退休或退役时，退休金或退役金可按上一级职务工资为计算基数。根据伤残度，确定退休金或退役金比例，详见表 8-2。如果伤残度达到 66% 及以上，则退休金或退役金再多增加 15% 。伤残军人还可以得到一次性伤残补助。军官一次性伤残补助数额为本级月工资的 35% ，军校学员的一次性伤残补助数额为少尉军官月工资，士官一次性伤残补助数额为中士月工资。

表 8-2　阿根廷伤残军人退休金或退役金待遇

（单位：%）

伤残度	退休金或退役金比例
60 ~ 65	90
50 ~ 59	75
40 ~ 49	60
30 ~ 39	45
20 ~ 29	30
10 ~ 19	20
1 ~ 9	10

2020 年 10 月 1 日，阿根廷国防部部长阿古斯丁・罗西宣布，第 780/2020 号政令已获总统批准，军人工资和退休金、退役金将得到调整。他表示“这解决了 30 多年来一个不公正的问题”，“这一决定将惠及 16. 2 万现役军人和

① 邓宝双．阿根廷军官退役制度简介［J］．中国人才，2009（3）：42.

退役军人家庭”。以2020年2月为参照，通过本次调整，军人退休金和退役金平均增长30%。[①]

（二）医疗保障

退役军官的医疗由军队医院负责保障，实行免费医疗。阿根廷军队规定：退役（退休）军官的医疗由军队各级医疗机构负责，费用由陆、海、空军各自的社会福利协会或医疗卫生基金会负责支付。军官在服役时必须加入该协会，并缴纳工资的6%作为会费（或称医疗保险金）。退役军官及家属自愿参加。住院医疗，食宿免费，治疗用药个人要负担一部分。如果自愿参加地方的社会医疗保险，再缴纳工资的25%作为社会医疗保险费，可全免医药费。[②]

（三）住房保障

阿根廷规定，退役军官的住房主要由自己负责解决，可以通过个人贷款、抵押贷款等方式购买或自建住宅。截至2020年10月，军人用于购房建房的抵押贷款最高额度可达500万阿根廷比索，且贷款利率都比较有竞争力。[③] 由于阿根廷军队实行高工资制度，军官工资大大高于公务员，军官服役时收入颇丰，在职时都自行解决了私人住宅，退役后无须国家和军队解决住房。[④]

（四）退役志愿兵培训

为便于志愿兵退役后能顺利就业，2011年10月，国防部与劳动、就业和社会保障部签署了框架协议，军队在志愿兵服役期间为其提供相关技能培训并颁发证书，劳动、就业和社会保障部承认相关的培训证书，这样志愿兵在

---

① El Ministerio de Defensa Anunció la Regularización Salarial del Personal Military la Promulgación de la ley que crea el FONDEF [N/OL].（2020-10-01）[2021-06-20]. https://www.argentina.gob.ar/noticias/el-ministerio-de-defensa-anuncio-la-regularizacion-salarial-del-personal-militar-y-la.

② 邓宝双．阿根廷军官退役制度简介[J]．中国人才，2009（3）：42.

③ Rossi en el IAF Celebró el Lanzamiento de la Nueva Línea de Préstamos Personales e Hipotecarios para Militares en Actividad, Retirados y Pensionistas [N/OL].（2020-10-22）[2021-06-21]. https://www.argentina.gob.ar/noticias/rossi-en-el-iaf-celebro-el-lanzamiento-de-la-nueva-linea-de-prestamos-personales-e.

④ 同②.

退役后可凭借在军队获得的相关证书在劳务市场上找到工作。2013 年，国防部与劳动、就业和社会保障部更新了相关协议。

三、阿根廷退役军人家属的权益

阿根廷法律规定，退役军人去世后，符合法律规定的家庭成员可领取人身保险金、葬礼费补贴、墓地费补贴等一次性费用以及最重要的一项权益——每月发放的抚恤金。《军人法》对抚恤金作出了详细的规定。

（一）享受抚恤金的家庭成员构成

《军人法》规定的家庭成员包括：退役军人的妻子；退役军人超过 70 岁以上的或丧失工作能力的丈夫；未成年的子女，含婚生、非婚生和领养的；已成年但完全丧失劳动能力的子女；失去父母的、单身的、合法出生的孙子、孙女，或已成年但完全丧失劳动能力的孙子、孙女，或已成年但小于 26 岁正在上学的孙子、孙女；婚生、非婚生和领养的未婚女儿，在死者生前或去世前 10 年，经常、持续地与死者同住的；因男方过错而被主管机构裁定离婚、分居的女儿或丧失劳动能力的女儿，无论其是婚生、非婚生还是领养的；年龄超过 50 岁且未婚或丧偶或无过失离婚、分居的女儿；未婚或成为寡妇的死者母亲，或是无过错离婚、分居的死者母亲；年龄超过 70 岁或丧失劳动能力的死者父亲；未成年的兄弟姐妹，或已成年但未婚、丧失劳动能力的兄弟姐妹；丧偶且丧失劳动能力的姐妹。

（二）抚恤金的分配

阿根廷《军人法》对退役军人去世后抚恤金的分配区分各类情况作出了明确规定。（1）如果其在世配偶与婚生或领养的子女及孙辈共同生活，则配偶享受 50%，其他子女平分另外的 50%，孙辈则有权继承其父亲或母亲对应的份额，并平等分配。如果为非婚生子女，也有权享受抚恤金。（2）如果其在世配偶与孙辈共同生活，则配偶享受 50%，孙辈按照血缘关系分配另外的 50%。同等血缘关系的，按平等原则分配。（3）如果其在世配偶与逝者父母共同生活，则配偶享受 2/3，父母享受 1/3。（4）如果只有其配偶在世，配偶享受全部抚恤金。（5）如果共同生活的只有其在世父母，父母享受抚恤金，并平均分配。（6）如果共同生活的只有孙辈，则按照血缘关系分配抚恤金。

同等血缘关系的，按平等原则分配。（7）如果共同生活的只有其兄弟姐妹，兄弟姐妹平分抚恤金。

退役军人死亡后，如果其亲属中有配偶、子女和孙辈，抚恤金为其退休金的75%，如果亲属中没有配偶、子女和孙辈，抚恤金为其退休金的50%。

（三）退役军人家属保障的特色

第一，强调对退役军人抚恤金的法律保护。《军人法》规定，军人抚恤金是个人的、神圣不可侵犯的，不得转让给无关他人，不得用于偿还死者欠下的债务，所欠的食品费用和税费、对国家应尽的义务除外。如果现役军人去世时，符合退役条件，其家属仍可享受每月发放的退役军人抚恤金。

第二，阿根廷对退役军人家属的涵盖面比较广泛。由前文略显冗长的家庭成员构成可以看出，从军人婚内配偶到符合条件的同居者，从父母、兄弟姐妹到子女、孙辈，从婚生到非婚生、领养，从未成年到成年但无劳动能力，均可享受抚恤金，最大限度地保障了军属权益。

第三，涉及女性的条款较多，而且很多条款对男性的要求明显高于女性，体现出对女性的尊重和保护。

第四，条款规定较细，比如考虑到了与逝者共同生活的各种可能情况，并对其作出了明确的规定。针对亲属的构成，对抚恤金的额度也作出了相对具体的规定。

第五，对军属的要求比较宽松，如对仍在上学的成年人年龄上限设为26岁，其他国家一般要求仅为18岁。

第三节　墨西哥

墨西哥合众国位于北美洲南部，领土面积196.44万平方千米，2020年人口数为1.26亿。[①]

---

① 中华人民共和国商务部. 对外投资合作国别（地区）指南：墨西哥（2021年版）[EB/OL].（2019-12-19）[2022-06-20]. http://www.mofcom.gov.cn/dl/gbdqzn/upload/moxige.pdf.

一、墨西哥退役军人的基本情况

墨西哥军队建于1821年，始称国民军，1913年改称宪制军。国防部和海军部是最高军事行政机关和军事指挥机构。长期以来，墨西哥军队基本上没有对外作战，主要担负维护国内安定的任务。

墨西哥实行义务兵和志愿兵相结合的兵役制度。法律规定，义务兵役年龄为18周岁；义务兵服役期为1年，志愿兵服役期为3至9年。墨西哥军队由正规军和准军事部队组成，军衔大致分5等15级：将官3级（上将、中将、少将），校官3级（上校、中校、少校），尉官4级（一级上尉、二级上尉、中尉、少尉），军士3级（上士、中士、下士），兵2级（上等兵、列兵）。[①] 2019年墨西哥武装部队总人数为32.8万，[②] 2021年墨西哥的国防预算为1480.33亿墨西哥比索，占国内生产总值的0.6%。[③]

墨西哥规定，每年9月16日为独立节，2月19日为陆军节，6月1日为海军节，9月16日为空军节，在此期间，政府和军队会邀请退役军人参加纪念活动，军人在国内的重要地位可见一斑。

二、墨西哥退役军人管理保障历史沿革

在拉美国家中，墨西哥的社会保障制度建立较早且较完善。墨西哥有关社会保障的规定于1917年载入宪法，1943年颁布了第一部社会保障法，后经过多次修订，在1997年开始实行旨在建立个人账户的新养老金法案。针对公务员的养老金体系则源自1960年通过的《政府雇员社会保障法案》，2007年此法案再次修订。关于军人退休政策的法案源于2003年颁布的《墨西哥军人社会保障法》，军人的退休年龄及待遇计算方式均与社会保障法案中的相关内容不同。[④]

---

① 邓宝双．墨西哥军官退役制度简述［J］．中国人才，2009（8）：36.

② 国际战略研究所．军事平衡［EB/OL］．［2022-11-14］．https://data.worldbank.org.cn/indicator/MS.MIL.TOTL.P1?locations=MX.

③ ARISTA LIDIA. En nueve años, el Ejercito Multiplica Tareas e Incrementa 96% su Presupuesto［EB/OL］.（2021-07-26）［2022-11-14］. https://politica.expansion.mx/mexico/2021/07/26/en-nueve-anos-ejercito-multiplica-tareas-e-incrementa-96-su-presupuesto.

④ 高庆波．墨西哥养老金制度的发展与完善［J］．拉丁美洲研究，2014，36（4）：40-43+72.

维森特·格雷罗总统在1829年10月16日批准通过《国家伤残军人院条例》，为那些为了国家荣誉和利益作出贡献和牺牲的军人提供庇护所。1926年墨西哥颁布《国家陆军海军退休和养老金法》。1929年为军人建立的强制保险制度，在墨西哥社会保障发展史上具有重要意义。1936年创建陆军和海军国家银行。1953年出台《军人人寿保险法》。1955年修订《军人退休和养老金法》，并成立管理养老金、补偿金和退休资产的军人养老金管理委员会。1961年军队人寿保险法废止，并颁布《军队社会保障法》。1976年颁布《军人社会保障组织法》，并于同年成立了墨西哥军人社会保障局，负责墨西哥全国军队退役军人的管理。同时废止了1955年修订的《军人退休和养老金法》，以及1961年颁布的《军队社会保障法》，撤销了1955年创建的军人养老金管理局。2003年8月9日新的《军人社会保障法》生效；2006年此法经过修订，提高了军人福利发放效率；① 2015年的修订明确了此法案中的永久丧失工作能力的认定机制。②

三、墨西哥退役军人管理机构及职责

墨西哥社会保障制度实行各险种相对分散管理、单项目集中监管的办法，③ 公共养老金制度还存在着与多数拉美国家相似的问题，即养老保险制度碎片化。④ 针对不同人群特点出台不同社会保障法，海军、国防部、国家石油独营公司等部门（机构）拥有自己的社会保障制度和管理机构。成立于1943年的墨西哥社会保险局的主要服务对象包括城乡所有公、私企业的职工（包括业主）及其家属和所有私立学校教职员工及其家属等。成立于1959年的国家公务员社会保障和福利局的主要保障对象是国家机关工作人员及其家属、

---

① Instituto de Seguridad Social para las Fuerzas Armadas Mexicanas. Conocenos, Antecedentes, ISSFAM [EB/OL]. (2016-09-14) [2022-11-14]. https://www.gob.mx/issfam/es/articulos/conocenos-antecedentes-issfam? idiom=es.

② MENDIZÁBAL, G. Avances y Retrocesos de la Seguridad Social en México, 2015 [J]. Revista Latinoamericana de Derecho Social, 1 (24), 71. https://doi.org/10.22201/iij.24487899e.2017.24.10812.

③ 陈培勇. 智利和墨西哥社会保障法比较及其启示 [J]. 拉丁美洲研究, 2007 (6): 37-41.

④ 高庆波. 墨西哥养老金制度的发展与完善 [J]. 拉丁美洲研究, 2014, 36 (4): 40-43+72.

公立学校教职员工及其家属等。[①] 墨西哥石油工人工会为国营石油公司职工提供养老金、医疗、教育等服务。

墨西哥军人社会保障局则为现役军人、退役军人及其家属提供社会、经济和医疗福利。该局是以军队为主、政府参与的具有国家职能部门性质的管理机构，由理事会、主席、副主席和工作人员组成。《墨西哥军人社会保障法》第五条规定：理事会共 9 位成员，国防部、海军部以及财政和公共信贷部各任命 3 名成员；主席与副主席由国防部、海军部提名，联邦行政部门任命；若主席由国防部提名，则副主席由海军部提名，反之亦然；除主席、副主席外，理事会的每一位成员都指定有候补成员。[②] 除设置理事会作为最高权力机构，该局还下设监察部门，经济效益部门，社会和健康福利部门，住建部门，工程部门，司法部门，行政部门，财务部门，综合办公室，信息、规划和社会传播技术部门 10 个职能部门，[③] 在各州、市还设有分支机构。

《墨西哥军人社会保障法》第 2 条规定，军人社会保障局的主要职责包括：发放和管理退役军人退役金、补偿费、抚恤金、丧葬费、集体保险金、人身保险等待遇；管理军队福利方面的固定和流动资产；负责退役军人住房保障，管理住房基金、按揭贷款，维修、出售和出租住房；为退役军人及其家属提供综合医疗服务；为现役、退役军官及家属提供子女教育、就业培训、体育娱乐、旅游服务、殡葬服务、儿童福利中心、退役军人社会关怀中心等社会福利方面的服务和指导；确保基金保值增值；办理有关法律手续，签订有关合同，为会员提供法律服务；举办公共工程等。[④]

《墨西哥军人社会保障法》第 3 条规定，军人社会保障局的资金来源主要有：固定资产和有价证券；军人及其家属缴纳的会费；联邦政府的财政转移支付和补贴；投资收益和社会捐赠；管理收入，如房屋租赁、公墓维护费等；军人人寿保险基金、集体保险基金、军人住房基金。

---

① 徐世澄．墨西哥社会保障制度的改革［J］．拉丁美洲研究，1997（4）：30-35.

② Instituto de Seguridad Social para las Fuerzas Armadas Mexicanas. Memoria Anual 2006 ［R/OL］．［2022 - 11 - 14］． https://www.gob.mx/cms/uploads/attachment/file/485232/memoria_2006.pdf.

③ Instituto de Seguridad Social para las Fuerzas Armadas Mexicanas. Manual De Organizaci6n［R/OL］.（2016-01-26）［2022-11-14］． https://www.gob.mx/cms/uploads/ attachment/file/151974/manual_org_issfam.pdf.

④ 邓宝双．墨西哥军官退役制度简述［J］．中国人才，2009（8）：36.

四、墨西哥退役军人的福利待遇

（一）军人的退役标准

《墨西哥军人社会保障法》第 24 条、第 25 条、第 174 条和第 183 条规定，军官的退役条件为：（1）达到军人服役最高年龄限制。一般士兵 50 岁；少尉 51 岁，中尉 52 岁，二级上尉 53 岁，一级上尉 54 岁；少校 56 岁，中校 58 岁，上校 60 岁；少将 61 岁，中将 63 岁，上将 65 岁。（2）因战致残的。（3）因公致残的，包括军人上下班途中所受伤害。（4）非因公致残的，须由至少 2 名国防部或海军部指定的专业医生签署证明。（5）因病不能履行军事义务超过 6 个月的（可延长 3 个月），须由至少两名现役军医证明恢复可能性。（6）服役满 20 年的。但本科及以上学历者、军事专家、技术人员等在达到以上年龄限制后，若国防部及海军部认为有留任必要，可继续工作 5 年。本国国籍、因病不能履行军事义务超过 6 个月而退出现役者，被专业医生证明已治愈后，可返回现役；在国家产生紧急需要时，也可重返现役。截至 2016 年底，墨西哥共有 72142 名退役军人。①

（二）经济待遇

一是退休金。墨西哥军人服役满 20 年退休的，可根据法案规定军衔级别领取终身退休金。其标准按本人工资的百分比计算：服役满 20 年的，为本人月工资的 50%；服役满 30 年的，为本人月工资的 60%；服役满 45 年及以上的，为本人月工资的 90%。其中，服役在 20 至 30 年，每增加一年，增加 1% 的退休金；服役在 30 至 45 年，每增加一年，增加 2% 的退休金。墨西哥军官服役满 20 年退役的，可提高一级军衔领取退役金。飞行员、伞兵等特殊专业军人退役还可获得津贴；立功、授勋人员也会提高退休金的比例。在特别情况下，可领取本人月工资 100% 退休金的，包括：（1）因战致残的；（2）飞行员、伞兵等特殊专业军人因公致残的；（3）其他军务因公致残，符合法案第 226 条的第一类残疾的；符合第二类残疾且服役满 14 年及以上的。若符合

---

① Instituto de Seguridad Social para las Fuerzas Armadas Mexicanas. Memoria Anual 2016 [R/OL]. [2022-11-14]. https://www.gob.mx/issfam/documentos/programas-planes-e-informes.

第二类残疾但服役未满 14 年的，满 10 年可获得 80% 的退休金，满 13 年获得 95% 的退休金，服役在 10 至 13 年，每增加一年，增加 5% 的退休金。此外，达到最高年龄限制，非因公致残的、因病不能履行军事义务超过 6 个月退役的、自愿退休的军人，退休金发放标准是：服役满 20 年的，为本人月工资的 60%；服役满 21 年的，为本人月工资的 62%；超过 21 年后每年递增 3%；服役满 24 年的，为本人月工资的 71%；服役满 25 年的为本人月工资的 75%，超过 25 年后每年递增 5%，超过 29 年后不再递增。

二是补偿金。服役 5 年及以上但未满 20 年的，符合以下条件可以获得补偿费：（1）达到军人服役最高年龄限制；（2）非工作期间致残的；（3）因病不能履行军事义务超过 6 个月退役的；（4）退出现役或预备役中未重新入伍的；（5）退出现役的辅助民兵人员。补偿金发放标准是：服役 5 年可获得 6 个月工资收入；服役 7 年可获得 8 个月的工资收入；服役 19 年可获得 32 个月的工资收入；服役在 7 至 19 年，每增加 1 年，增加 2 个月的工资收入。军人退役金、补偿金等免征税。

三是死亡抚恤金。因公死亡军人的家属，有权领取军职月工资 100% 的抚恤金，再加上已授予勋章的补充奖金和技术津贴。非因公死亡的军人的家属有权领取军职月工资 80% 的抚恤金，再加上已授予勋章的补充奖金和技术津贴。因战死亡军人家属所得抚恤金不得低于 180 天的联邦最低工资水平。军人在上下班途中发生意外死亡的，视为因公死亡。已故军人的家属可以获得军人 4 个月的生前月工资数的抚恤金。法定亲属主要包括：配偶；未成年或 18 周岁以上、25 周岁以下但因上学无生活费来源且由该军人生前供养的子女和兄弟姐妹；已满 18 周岁但因疾病丧失工作能力的子女和兄弟姐妹；与军人生前有 5 年同居关系或育有子女的父母。若有多名亲属有领取资格，抚恤金在多名亲属间平均分配。2016 年，军人社会保障局共发放死亡抚恤金 1080 份。另外，《墨西哥军人社会保障法》第 31 条规定，退休金、补偿金和抚恤金由联邦财政支付，待遇随现役军人工资的增长同步提高。

四是丧葬费。军人死亡后，家属可获得 4 个月津贴作为丧葬费用。若家属不参与已故军人葬礼的，国防部或海军部负有丧葬义务。若由非亲属承办葬礼，则丧葬费用补助由承办人享有。军人家属死亡后，将军等军官可以获得 20 天的工资，外加津贴作为丧葬费用补助；士兵与海员等可获得 40 天的工资，外加津贴作为丧葬费用补助。2016 年，军人社会保障局共发放丧葬费补助 1542 笔。①

（三）基金与保险

一是工作基金。自军人入伍或再次加入现役时起，工作基金便由联邦政府为其缴纳，直到军人退役或升为军官，缴费标准为月工资的 11%。

二是储蓄基金。现役将军等军官必须每两周缴纳相当于其工资 6% 的金额，连同联邦政府缴纳的相同金额作为储备基金。工作基金和储蓄基金均由国家陆军、空军和海军银行依法管理。

三是人身保险。人身保险是向军人指定受益人（不一定具有亲属关系）、因第一类或第二类残疾退役军人提供的福利待遇。因不当行为永久退出现役的人员无权享有这项待遇。获得特别休假或有权享受补偿金的军人，需要在退役或休假 30 日内向军人社会保障局提出加入自愿保险的申请。人身保险费由联邦政府按现役军人工资和超额收入的 2.0% 缴纳，或者按有关标准核定的公务员基本工资的 2.0% 缴纳；自愿制度保费由个人缴纳。军人在退休后死亡的，人身保险总额为：40 个月的军人最后所得养老金月收入；军人在现役中死亡的，目前的赔偿金额为 51216.54 墨西哥比索。② 保险金额向已故军人的受益人一次性支付，可以有多个受益人；在军人残疾情况下，应支付给同一被保险军人或其合法授权人。人身保险基金由军人社会保障局管理，基金的 1% 可用于机构运转。2016 年，因退役军人死亡支付的保险费约占总支付额的 75%，因现役军人死亡支付的保费约占 18%，因残疾退役支付的保额约占 5%，自愿制度支付的保费占 2%。

四是集体保险金。墨军军人服现役时，个人按月缴纳本人月工资收入的 3% 作为集体保险金。退役时，一次性领取集体保险金。保险金计算规则为月工资加超额收入的总和，乘以不同服役年限对应的月系数。如服役满 20 年，月系数为 16 个月；服役满 50 年，月系数为 50 个月。因不当行为永久退出现役的人员无法享有集体保险金。符合第一类、第二类残疾的军人，因公死亡

---

① Instituto de Seguridad Social para las Fuerzas Armadas Mexicanas. Memoria Anual 2016 [R/OL]. [2022-11-14]. https://www.gob.mx/issfam/documentos/programas-planes-e-informes.

② Instituto de Seguridad Social para las Fuerzas Armadas Mexicanas. Seguro de Vida Militar [EB/OL]. (2017-06-30) [2022-11-14]. https://www.gob.mx/issfam/documentos/seguro-de-vida-militar? state=published.

军人的受益人，不管军人实际服役年限如何，保险金月系数均为 50 个月。集体保险金年度缴款总额的 2% 可用于基金运营管理。

（四）住房保障

军人社会保障局提供的住房保障包括：建立住房基金；向军人发放住房贷款用以购买、建造、维修住房；购买土地，建造住房并以合理价格出售给军人；管理、修缮住房；为现役军人提供临时占用住房等。住房基金来源于联邦政府缴纳的军人薪金 5% 的缴款；以其他名义获得的财产和权利；投资回报收益。退役军官可租住或购买军人社会保障局修建的住房。退役军官买房时，可将住房基金作为抵押，不足的部分可向军队银行申请优惠贷款。授予抵押贷款时，要考虑：军人的服务年限；除军人死亡、第一类或第二类残疾外，需向基金缴款六年；背景情况；配偶情况等。为确保住房基金收支平衡，其下拨款还包括抵押贷款自我保险，使军人或其受益人免除因完全丧失工作能力或死亡而产生的债务。军人退役或死亡时，住房基金将返还给退役军人或其受益人。如果军人从住房基金获得抵押贷款，则应在扣除支付抵押贷款的金额后返还存款。

（五）教育和培训

为了解决军人子女的教育问题，墨西哥军人社会保障局需要向现役军人子女提供教育补助金，包括每月给付的生活补助金；支付教育费的奖学金；支付给暂时或永久性残疾儿童的特殊奖学金。

为了改善军人的家庭条件、提高文化与身体素质、扩展社交关系，社会保障局为军人建造了培训发展中心、体育和娱乐中心。

（六）综合医疗保障

医疗保障方面，墨西哥军队退役军人享受综合性的医疗保障，包括外科、医疗护理、产科、骨科、残疾人康复、预防以及卫生教育等方面。退役军人的配偶、未满 18 岁的未婚子女、25 周岁以下（攻读学士及以上学位的可延长至 30 岁）但因上学无生活费来源且由该军人生前供养的未婚成年子女、残疾儿童以及父母，享受军队免费医疗，一般在军队医院就医。女军人、军嫂、军人未婚伴侣、未成年女儿可享受产前咨询、分娩护理、婴儿护理等母婴服务。女军人可在产前一个月、产后两个月（若婴儿需住院治疗可延长两个月）享有带薪休假的权利。除此之外，社会保障局根据预算，为军人及其家属建立了廉价药房。

（七）其他福利

在生活方面，墨西哥也给予退役军人及其家属许多优待。如低价销售生活必需品；建立农场供应系统，改善军人及其家属的食品供应；根据军人需要设立洗衣、理发等服务中心；提供低成本旅游服务；设立儿童福利中心，为45天以上、7岁以下军人的子女提供照顾服务；在退役军人聚居区建立教堂、为退役军人及其家属提供殡葬服务等。

第四节　古巴

古巴是西半球唯一的社会主义国家，实行全民计划性保障制度。在这套被称为“从摇篮到坟墓”的保障制度中，军人群体也是受益者。鉴于革命武装力量在古巴革命、抗击美国入侵和封锁禁运、开展社会主义建设等方面发挥了不可替代的重要作用，古巴军人在国内享有很高的政治和社会地位，在古巴能够参军入伍被视为一种崇高的荣誉，是众人向往的一种职业追求。国家对退役军人的管理和保障机制经过多年的摸索和实践日渐成熟和完善。

一、古巴退役军人管理保障的相关法律和机构设置

由于美国政府采取敌视古巴的政策，从未彻底放弃改变古巴政权和社会主义性质的战略目标，长期保持在关塔那摩基地的驻军，古巴因此始终将国防和军队建设置于重要位置。古巴军队全称为古巴革命武装力量，国家元首担任革命武装力量总司令，通过革命武装力量部管理和指挥军队。古巴现役总兵力为4.9万人，其中，陆军3.8万人、海军0.3万人、空军0.8万人，共设东部、西部和中部三大军区。古巴实行义务兵役制，服役期为2年。古巴预备役准军事力量112万人，其中，劳动青年军7万人、民防部队5万人、民兵100万人。为保持部队的稳定性和延续性，让广大官兵安心服役，革命武装力量部每年安排大约3%的军官、到期的义务兵和一定数量的士官退出现役。

（一）相关法律法规

古巴《宪法》和《第75号国防法令》是其国防体系的法律基础。为保障古巴军队退役工作有序开展，古巴中央和各部委在遵循《宪法》和《第75号国防法令》的基础上，都依据职能和职权制定了一系列政策法规和法律文件。在马里奥·加西亚·梅诺卡尔就任总统伊始的1913年，就开始为社会保险立法，即建立军人养老金制度。这是古巴历史上的第一部社会保险法。① 1959年古巴革命成功后，于1963年4月颁布了第一部《社会保障法》，该法于1979年8月、2008年12月进行了两次修订。目前，主要适用于退役军人保障的法律法规，包括2004年全国人民政权代表大会通过的第140号《军人转业安置法》，2008年12月修订的《社会保障法》，2016年12月国务委员会颁布的第344号《革命武装力量社保特殊机制法令》，2016年12月革命武装力量部颁布的《关于革命武装力量社保特殊机制法令的规定》等。政府会根据经济和社会的发展状况与时俱进地更新相关法律规定。例如，2008年对《社会保障法》的修订就是要改变过去过于强调平均主义而导致某些人产生不劳而获思想的错误倾向，缓解社保负担超过国家承受能力的问题；再比如2016年《革命武装力量社保特殊机制法令》就是在1998年2月24日和2001年8月14日颁布的《革命武装力量社保法》基础上修改完善而来的，根据国家经济发展水平的改善，提升了对现役和退役军人的保障标准。

（二）管理机构与职责分工

古巴退役军人管理机构主要包括革命武装力量部、劳动和社会保障部与教育部。革命武装力量部负责拟订退役计划、审批退役人员、办理退役手续等工作，其中军官的退役审批由革命武装力量部干部部门具体负责，士兵的退役审批由总参谋部人事部门具体负责。军队干部部门负责为每名退役军官出具一份综合鉴定和工作推荐意见，供劳动和社会保障部门参考。劳动和社会保障部负责统筹安排退役军人的工作岗位，提供一定的岗位职业培训，为伤残军人和死亡军人家庭提供抚恤帮助等。教育部主要为军人退役后接受中

---

① 毛相麟．古巴社会保障制度的建立和完善进程［J］．当代世界社会主义问题，2016（2）：58.

高等教育提供政策保障和学习机会。例如退役士兵如果入伍前尚未完成大学学业，可以回到原学校继续学业；入伍前没考上大学的优秀退役军人可直接进入大学学习等。

1999 年，古巴在国家服务保障局的基础上，成立了国家军人服务办公室，以及直属于地方“人大”管理委员会的省、市两级军人服务办公室。国家军人服务办公室下设登记局、服务局、社会保障局、转业安置局和财政处，负责为参加起义军、秘密战争、剿匪斗争、吉隆滩战役、防御活动和执行国际主义任务的健在老战士和烈士家属协调提供经济、社会和医疗保障服务，为体系内去世的老战士及现役军人举行葬礼，对墓地进行管理等。[①] 省市两级军人服务办公室既负责与军人所属单位的干部、组织和人事部门的对接，也负责对退役军人的接待和业务办理。政府还设立了从中央到地方的各级古巴革命军人协会，主要负责 85 岁以上高龄老战士、伤残军人和烈士家属的服务保障以及对青年人的价值观和爱国主义革命教育。

二、古巴退役军人的管理保障机制

古巴政府和军队经过多年的实践和改进，形成了一套具有古巴特色的退役军人管理和保障机制。

（一）军人退役条件

根据古巴《军人转业安置法》的规定，符合下列条件的军官，可以申请退役：达到现任职务最高服役年龄，不能晋升职务的。如少将 63 岁，上校 58 岁，中校 55 岁，职务最低的少尉军官 40 岁；服役满 25 年的，以及因病不适宜军队工作的。有特殊贡献的军官和专家型的军官，可以在达到现任职务最高服役年龄后继续服役。对有犯罪行为或犯有严重错误不适宜继续服役的军官，勒令退役。对未达到法定服役年限自行要求退役的军官，取消干部身份。[②]

---

① 中华人民共和国退役军人事务部．一分钟读懂古巴退役军人管理保障体系［EB/OL］．(2019-12-19)．［2012-06-20］．http://www.mva.gov.cn/fuwu/xxfw/wgtyjr/202003/t20200309_36767.html.

② 陆振兴，陈晓明．古巴、加拿大退役军官安置制度概况［J］．中国人才，2005（12）：35.

义务兵在完成两年服役期后如果不转为士官继续服役则退出现役。士官根据不同级别对应的服役年限和最高年龄要求退出现役，满足退休条件的直接办理退休，不满足退休条件的，安排其退役后到地方岗位继续工作。

（二）退役后就业安排

古巴退役军官和退役士兵的工作安排机制有所不同。军官退役工作每年安排两次。军官主要通过计划安置模式就业。由于古巴实行计划经济制度，政府掌握大量就业岗位资源，因此国有企业、政府机构是退役军官安置的主要去处。其中军事指挥类军官主要转到政府机关和企业的行政管理类岗位工作，专业技术类军官主要根据专业到相关对口单位就业，如法律、医疗、会计等行业。不少退役军官安排在革命武装力量部下属的地方单位。这些单位共有 4 类，涉及约 12 万个就业岗位，其中，属预算单位的有 3.7 万个，属劳动青年军的地方单位 0.3 万个，属军办企业 5 万个，属后勤保障服务机构 3 万个。[①] 退役军官转到地方工作后，新工作岗位与原来职级不直接挂钩，主要依据本人实际工作能力、技能水平确定工作。由于古巴每年退役军官数量较少，且军官综合素质、学历文化水平都较高，一般都能得到妥善安置。

退役士兵主要通过岗位竞争的方式就业。劳动和社会保障部门会将所有适合的岗位公布出来，退役士兵与地方求职者共同提出就业申请，通过竞争的方式入职。在竞争过程中，拥有优秀士兵证书的退役军人在同等条件下享有优先权。随着古巴经济改革的推进，外资企业、合资企业、私营企业逐渐增多，且这些单位的工资待遇较高，吸引力较大，选择到这些单位工作的退役军人逐年增多。古巴退役士兵就业安排基本遵循区域分配原则。退役士兵一般在入伍地安排就业。来自农村的士兵如果选择回家务农，国家会给予相应的优惠政策支持。

（三）退役军人的职业培训

古巴较为重视对退役军人的职业培训。军官退役时，军方一般会提前 6 个月确定退役人员名单，在安排其正式退役前，革命武装力量部、劳动和社

---

① 陆振兴，陈晓明．古巴、加拿大退役军官安置制度概况［J］．中国人才，2005（12）：34.

会保障部会为退役军官组织职业培训，帮助其更好地适应转到地方工作。有的专业性培训班长达 6～10 个月，对于军官退役后再就业发挥了重要作用。一旦被地方单位录用后，用人单位还会组织岗前培训。劳动和社会保障部也为退役士兵组织职业培训，例如组织旅游业、机械修理等培训，为参训人员将来到相关行业工作提供便利。在正式办理退役手续之前，参加培训的军人依然领取军队发放的薪金。

三、古巴退役军人福利待遇

古巴退役军人管理保障的内容全面，待遇较高，包括退役金、家庭成员福利、医疗保障以及住房等多个方面。

（一）退役金

为鼓励军官长期服役、献身国防，古巴对不同服役年限的退役军人，实行有明显差别的退役金标准。根据原有的退役军人社会保障规定，军龄 20 年以下的退役军官，领取退役时工资 30% 数额的退役金；军龄 20～24 年的，达到或超过少尉最高年龄 40 岁的退役军官，退役金在原工资 30% 数额的基础上，每多服役一年，增发 2%，最高不超过 40%；服役 25 年以上的，退役金计发基数是原工资的 50%，每多服役一年，增发 3%，最高不超过 90%。对原在地方工作，后来到军队服役的军官，在计发退役金时，在地方的工龄与军龄合并计算。[①]

2016 年古巴第 344 号《革命武装力量社保特殊机制法令》对服役年限、退役年龄等相关内容作了调整和细化，只有满足以下条件的几类人员才能领取按年限计算的退役金。一是服役满 25 年的军人；二是服役满 20 至 24 年且退役时年龄超过 40 岁的军人，或者是累计服役满 20 年，因健康原因离开岗位的飞行员、潜艇员，对他们没有年龄要求；三是军龄和工龄累计 30 年，且军龄不少于 15 年的退役军人。

退役金发放标准上也有变化。服役 25 年以上，退役金计发基数由原工资

---

① 中华人民共和国退役军人事务部．古巴退役军人事务服务保障机制一览［EB/OL］．（2019-12-19）．［2012-06-20］．http://www.mva.gov.cn/fuwu/xxfw/wgtyjr/202003/t20200309_36767.html.

的50%提高至60%，超过25年后每多服役一年，增发3%，最高不超过90%。服役20至24年的分为两种情况：如果不是出于个人意愿退役的，退役金计发基数为原工资的40%，每多服役一年增发2%，累计至24年；如果是出于个人意愿退役的，计发基数为原工资的30%，每多服役一年增发2%，累计至24年。军龄和工龄累计30年，且军龄不少于15年的退役军人，退役金计发基数是原工资的50%，超过30年后每多服役一年，增发3%，最高不超过90%。从总体看，军人的退役金领取比例和增长比例高于地方退休人员。以工龄在25年以上的职工为例，退休金按年平均工资的50%计算，超过25年者，每超过1年加平均工资的1%，特殊工种加1.5%。

古巴对伤残退役军人的退役金也有明确规定：如果服役期间因战、因工致残，完全残疾可领取原工资75%退役金，部分残疾领取40%退役金；如果是非因战、非因公致残，完全残疾可领取60%退役金，部分残疾可领取30%退役金。如果伤残军人服役期达到5年，退役金增加5%，超过5年后每多服役一年，增发1%，完全残疾者最高不超过90%，部分残疾者最高不超过60%。对于因公致伤、致残的士兵，退役后政府会尽力把他们安置到力所能及且非常有保障的岗位。对于丧失劳动能力的退役士兵，则可以在家休养，由政府通过社会救助渠道保障其日常生活。①

（二）住房、医疗等其他待遇

古巴实施住房分配制度。军官在服役期间都会由组织按照对应级别和资历、工作地点等条件分配住房，因此退役时基本都不面临住房问题。但是由于古巴经济发展受限，能够用于改善基础设施的资金不足，导致军人的住房条件相对较差，房屋的维修保养等工作也相对薄弱。

古巴全民均可享受免费医疗。其覆盖面不仅包括在职和退休职工及家属、城市个体劳动者，而且还包括全体农民，即农业工人、合作社社员和个体小农。这一政策使古巴消除了许多别的国家所存在的城乡居民待遇不平等的现象。② 退

① 中华人民共和国退役军人事务部．古巴退役军人事务服务保障机制一览［EB/OL］．(2019-12-19)．［2012-06-20］．http://www.mva.gov.cn/fuwu/xxfw/wgtyjr/202003/t20200309_36767.html.

② 毛相麟．古巴社会保障制度的建立和完善进程［J］．当代世界社会主义问题，2016(2)：64.

役军人也在免费医疗保障范畴之内，既包括治疗费用，也包括住院期间的膳食费用。

政府和军队对参加过革命起义、攻打蒙卡达兵营、地下工作、吉隆滩战役、执行国际主义任务的退役老军人还从多个方面给予特殊优待和抚恤，体现国家对他们历史功绩的尊重和认可。古巴每个城市都设有专门的军人公墓，全国大约有 200 多座。保障体系内的军人去世后一般安葬于公墓内。其中包括著名的圣伊菲赫尼亚革命公墓，打响古巴独立斗争第一枪的塞斯佩德斯，第二次古巴独立战争的领导者、古巴独立运动的精神导师何塞·马蒂，古巴伟大领袖菲德尔·卡斯特罗等都埋葬于此。礼兵每半小时举行一次换岗仪式，体现出对革命者、革命军人的无限敬仰。

（三）退役军人家属保障

按 2016 年 12 月革命武装力量部颁布的《关于革命武装力量社保特殊机制法令的规定》，军人和享受退役金的退役军人死亡后，其家人享受一次性抚恤金和逐月发放的退役金。这些家人包括其合法妻子、经过市级军人服务办公室认定的共同生活或有共同子女的同居者，合法丈夫、经过市级军人服务办公室认定的共同生活或有共同子女的同居者，无生活依靠的父母、祖父母，未满 17 周岁且未婚的子女、养子、养女、兄弟姐妹。一次性抚恤金为逝者一个月 100% 退役金。按月领取的退役金，则根据其上述家属的数量确定。家属为 1 人，可领 80% 退役金；家属为 2 人，可领 90% 退役金；家属为 3 人及以上，可领 100% 退役金；父母双亡、年满 17 周岁、因精神病等原因无法独立的孤儿，可以领取 1 年的退役金，在此期间必须为其安排法定监护人。

第九章

退役军人管理保障政策国际比较

世界各国因政治制度、军事制度、经济发展阶段和文化不同，退役军人管理保障制度模式、政策规定和服务实践各有不同。但各国退役军人管理制度框架都是由退役条件、福利待遇、就业安置、教育培训、管理体制等几个方面构成的。横向比较各国在这些方面不同的政策，有助于揭示退役军人管理保障的内在规律。

第一节　退役制度国际比较

退役一般是指从部队退出现役。从不同的角度划分，退役军人可以划分为不同的类别。按退役身份划分，分为退役军官和退役士兵；按退役方式划分，分为复员、转业和退休等；按退役性质划分，分为荣誉退役、一般退役和非荣誉退役。各国的国防战略不同，军队规模和军人数量也不同，年度退役军人占现役军人的比例也差别较大。美国 2019 年退役军人人数超过 1742 万，① 英国军队 2005 年则有 1.4 万名士兵从军中退役②。

一、外国军人退役类型与条件

铁打的营盘流水的兵。军人服役一定年限后就要退出现役，这既是保证部队年轻化和战斗力的需要，也是对老兵的尊重。

（一）主要退役类型

因原因和条件的不同，退役主要分为以下几种类型。

---

① DUFFIN E. Veterans in the U. S. －statistics & facts［EB/OL］. https://www.statista.com/topics/1279/veterans/.

② 固山．英国军队士气低落去年 1.4 万人退役［EB/OL］. https://news.sina.com.cn/w/2006-08-20/09519797725s.shtml.

1. 法定退役

法定退役是军人在达到最高服役年龄、军龄、衔龄等而不能继续晋升的情况下，必须退出现役。因组织编制方面的限制和裁军的需要而要求退役，也属于法定退役。

2. 伤残退役

伤残退役则是军人因伤残不适合继续服役而退出现役。

3. 自愿提前退役

国外军人退役是有法律规定的，一般来说不能随意让军人退役。自愿提前退役是在有关规定内可以选择退役，经申请批准后退役。

4. 法定退休

法定退休是指军人达到法定年龄，按退休方式退出现役，具体退休条件根据年龄、军衔和年限而定。法定退休和法定退役的不同在于，前者要求达到退休年龄，后者则未达到退休年龄；前者领取的是退休金，后者则只能领取退役金。

5. 伤残退休

因伤残不能继续服役者，可办理退休。凡与服役有关的致伤致残，伤残退休对服役期没有最低要求。与服役无关的致残，服役期必须达到一定年限。

6. 预备役退休

美国有明确的预备役退休计划，但大多数国家没有预备役退休。

从退役的性质上来划分，又可以分为荣誉退役、一般退役和非荣誉退役。在美国，荣誉退役的条件是退役军人在服役期间的表现总体上较好，档案中无不良记录；一般退役的条件是退役军人在服役期间的表现基本上令人满意，但出过问题，不宜作为荣誉退役者退役。荣誉退役和一般退役的官兵占退役官兵总数的95%以上。服役期间表现较差，出现过重大问题和有过失者，按非荣誉退役，此类人员不得享受退役军人的有关福利待遇。

（二）退役条件

1. 美国

美国军队实行职业化制度，军官退役除因身体伤残或裁军需要外，一般均要达到法定的服役年限或最高服役年龄。一是已满规定的服役年限。美国规定，经过军队正规院校培养毕业的军官，陆军军官至少服现役满 5 年，海军军官至少服现役满 6 年，空军军官至少服现役满 7 年，方可提出申请，经批准后自愿退役；凡服现役满 20 年（部分人员 15 年）以上的军官可提出申请，经批准后自愿退休。二是达到规定的最高年龄、军龄、职龄、衔龄而不能再继续晋升。美国规定初级军官，中尉 29 岁、军龄满 7 年，上尉 35 岁、军龄满 14 年，若不能再晋升，则被勒令非自愿退役；中高级军官，少校 42 岁、军龄满 20 年，中校 49 岁、军龄满 28 年，上校 52 岁、军龄满 30 年，准将 52 岁、军龄满 30 年，少将 56 至 60 岁、中将 60 至 64 岁、上将 62 至 64 岁、军龄满 35 年，若不能再晋升，则被勒令非自愿退休（或命令退休）。三是伤残不宜继续服现役。美国规定，不是因胡作非为或玩忽职守而造成永久性肉体和精神损伤，且损伤度达 30% 以上，则应退役。非因公致残者，按伤残退役处理；因公致残者，可按伤残退休处理。为了裁军需要，美鼓励服现役 6 至 18 年，但未满最高服役年限的少校以下军官自愿退役，鼓励部分接近退休年龄的军官提前退休。

2. 俄罗斯

俄罗斯军官的最高服役年龄：俄联邦元帅、大将或相当于此军衔者为 65 岁；中将、少将或相当于此军衔者为 60 岁；上校或相当于此军衔者为 55 岁；其他军衔者为 50 岁。女军人最高服役年龄为 50 岁。达到最高服役年龄且掌握一门军事专业技术者，可以签订延期 5 年的服役合同书。

3. 法国

法国军官实行正常和延期两种退休制度。正常退休年龄规定为：上将 61 岁，中、少将 60 岁，准将 58 岁，上校 57 岁，中校 54 岁，尉官 52 岁。空军飞行员比同等级同军衔的军官提前 4 至 6 年退休。延期退休的原则是，军官达到规定的退休年龄后，确因工作需要，经批准可在本级军衔内延期服役一段时间。具体为，校、尉官 2 至 3 年（技术军官可达 5 年），将官半年至 1 年。延期退休的军官为数不多，主要是担负特殊工作任务暂时不能离开的，这部分人仅占退休军官总数的 5% 左右。对有伤残疾病的军官，其退休年龄可适当提前。

4. 德国

德军规定，各级军官凡达到最高服役年龄或一定的服役年限，都必须按期退休或申请退出现役。军官退休通常分为法定退休、伤残退休以及自愿提前退休三种情况。职业军人的一般年龄限制是 62 岁，将军和上校是 65 岁；

中校是61岁，中尉是56岁，职业士官是55岁，军事飞行员是41岁。法定退休带有强制性，一般不考虑本人意愿。因公伤残不宜继续在军队服役的军官，其退休年龄不受限制。自愿提前退休是德军为解决德国统一之后，军队数量多，军官比例大的矛盾而制定的一项新规定，旨在鼓励服役20年以上的军官提前退休。

5. 西班牙

西班牙军官退出现役的条件为：军官服役满25年未超过32年，或者中将满64岁，少将满62岁，准将满60岁，上校满58岁，中校满56岁，少校以下满54岁，均应转入预备役；年满65岁或服役满35年的军官一般直接退休。在裁减员额的特殊情况下，年龄不满65岁而服预备役满15年的，也可自动退休。

6. 葡萄牙

葡萄牙军官服役最高年龄为：四星上将64岁，三星中将62岁，少将59岁，上校57岁，中校以下56岁。达到以上年龄的现役军官应及时转入预备役。服预备役期间因工作需要或现役军官职位出现空缺，可继续担任非指挥职务，也可在非政府部门谋职。当年满65岁、脱离军队5年以上或年满60岁、服役满36年时，可以申请退休。在军队裁减员额的特殊情况下，不满65岁而转服预备役满5年或年满48岁、服役满30年的，也可直接退休。

7. 芬兰

芬兰军官至少服役30年，高级中尉、少校、中校55岁退休，上校至上将60岁退休，国防司令可服役至63岁。飞行员最早不能低于45岁退休。文职人员一般65岁退休。军官中途突然离开部队（没有到服役年限下限），没有退休金，自谋生路。

8. 巴基斯坦

巴基斯坦军官最高服役年限和最高服役年龄分别是：上将35年、60岁，中将32年、57岁，准将28年、55岁，上校27年、52岁，中校25年、50岁，少校以下23年、48岁。军官达到最高服役年限一般应退役，少数因工作需要经批准最长延至最高服役年龄。军官本人一般不得提出提前退役或辞职的要求，如有特殊原因，必须经联邦政府批准，并向政府交付相当数额的赔偿金。在正式获准前，军官不得放弃职责。

二、退役军人事务管理机构的设置与职能

为做好退役军人各方面的工作，许多国家都设立具有权威性的全国退役军人事务管理机构以及各类专门机构。下面重点介绍美国和俄罗斯的退役军人事务管理机构。

（一）美国的退役军人事务管理机构

美国政府和军队都设有各类退役军人事务部门。美国退役军人事务部在全国各地有 57 个办事机构，共有工作人员 24 万人，主要负责 2700 万名退役军人和 7500 万名军人家属和遗属的管理工作。美国退役军人事务部还设有医疗中心、保险中心、物资仓库、公墓管理、档案资料中心等服务机构。美国政府在每年的联邦财政预算中均为退役军人事务部拨出巨额款项。美国退役军人事务部的主要工作内容包括向因公致残和死亡人员提供生活补助和抚恤；为伤残退役军人组织实施职业训练、教育、就业指导、医疗保健、家庭安置、人寿保险、殡葬服务、公墓管理等多项配套服务；协调由政府其他部门和各军种提供的福利项目。美国劳工部下设退役军人就业与就业训练局，专门负责退役军人职业技能培训工作。国会武装部队委员会中的“老兵事务委员会”，负责有关退役军人待遇的立法工作，并监督政府部门执行有关退役军人法律的情况。美国国防部和美军三个军部主管人事的副部长，负责制订军队的退役计划，向政府和国会提出退役军人的安置政策，并为退役军人提供文化教育、就业去向、家属子女安排、法律制度等方面的咨询服务。此外，国防部文职系统部门还制定了优先招收退役军人的规定。同时，通过与国家人事管理办公室建立自动档案系统，把退役军人的个人情况介绍到国家政府部门或私营公司。陆军的“陆军职业与校友计划中心”为退役军人及其家属提供了很大帮助。美国还建立了“军人家庭支援中心”，它在退役军人及其家属的安置过程中也发挥了非常重要的作用，为退役军人提供了大量就业、医疗、住房、生活待遇、子女入学入托等方面的信息和帮助。据统计，目前美军三军固定的“军人家庭支援中心”有 500 处。

美国退役军人依照法律规定可自行组织各种类型的协会、团体等，以维护本身的合法权益，改善自身政治和经济地位。据统计，美国现在联邦政府注册的退役军人组织有 30 多个。其中，成立于 1896 年的犹太人战争退役军

人协会，是美国历史最悠久的退役军人组织，有会员10万人。此外，还有美国陆军协会、空军协会、海军军团、退休军官协会、预备役军官协会、士官协会、美国国民警卫队协会等。其中尤以美国军团和国外战争退役军人协会最为著名和最有影响力，分别拥有会员200多万人和150万人。这些退役军人组织得到了国会、国防部和各军种的支持。

（二）俄罗斯的退役军人事务管理机构

俄罗斯没有像美国那样全国统一的退役军人事务部，而是由政府不同部门分别承担退役军人事务管理职责。

1. 政策指导机构

俄罗斯联邦总统下属的人权委员会为退役军人管理保障的政策指导机构。该委员会有权根据退役军人安置部门所反映的情况表明立场，并就保障退役军人社会及经济权利等问题，向联邦政府及联邦执行权力机关提出解决及改进的建议。

2. 政府协调机构

俄罗斯联邦军人社会问题委员会对退役军人管理保障工作行使政府协调职能。该委员会的主要职责是协调联邦执行权力机关、联邦主体执行权力机关以及社会团体解决军事改革过程中的各种社会问题。由于该委员会的成员多是执行权力机关的分管领导和相关业务部门主管领导，并由政府副总理担任主席，可实施有效的立法保障及行政协调。

3. 计划执行机构

在执行环节，退役军人相关机构分联邦和地区两级。在联邦一级，负责退役军人安置管理工作的联邦执行权力机关主要有：国防部、教育和科学部、卫生和社会发展部、国家高等教育委员会、国家老战士事务局，以及立法规定有兵役义务的其他权力部门。这些机关主要负责出台本部门的规范性法律文件，确定开展退役军人职业定向工作的办法，以及在下属部门中落实退役军人职业定向、培训、就业和社会适应任务的协作方法，指导所属部门（系统）贯彻政府有关退役军人保障的各项政策。必要时，这些部门可联合起草退役军人社会适应纲要，并提交俄联邦政府审议，待批准后分别负责在本部门的贯彻落实。

在地区一级，负责退役军人培训与安置工作的机构是地区性培训中心。在国防部所属训练中心和军事院校的基础上，俄联邦政府组建了43个牵头的培训中心，负责与当地劳动就业机构及国家教育机构共同组织对拟退役和已退役军人的培训及就业指导工作。中心的主要职能是：制定退役军人的培训与就业安置草案；协调本地区内参加退役军人社会适应计划的国家机关和社会团体的工作。①

第二节　退役军人福利待遇国际比较

退役军人因对国家作出过特殊贡献，所以，各国都会向他们提供一定的福利待遇，以体现国家对他们的褒扬和奖励。这些福利待遇包括政治待遇、经济福利、医疗福利、住房福利和社会优待等。福利水平因退役军人的贡献大小和实际需要而异。

一、退役军人的政治待遇②

为了肯定退役军人在保卫国家安全方面曾经作出的贡献，激励现役军人更好地服务国防事业，世界各国普遍给予退役军人比较高的政治待遇，主要有以下几点做法。

一是举行隆重的军人退役仪式。在美国，总统或副总统出席将官的退休仪式，由国防部长宣布总统签署的退役令，并授予“优秀服务勋章”。德国军队高级将领退休时，总统亲自接见；中级以上军官退休时，邀请军政要员、社会名人参加，并到军营检阅仪仗队，由摩托车队护送出军营；少校以下军官退休时，也举行与其身份相适应的仪式。泰国发给退休军官退休证书，印度和巴基斯坦由所在单位、部队设宴欢送退休军官。

二是颁发给退役军官奖章、勋章和荣誉证书等。美国军队将官退休时，授予勋章；校级军官退休时，由部队颁发国防部部长签署的荣誉证书。俄罗斯对参加卫国战争和服过兵役的老战士，普遍授予功勋荣誉章。德国军队高级将领退休时，由总统亲自颁发勋章。法国规定军官服役25年以上退休时，

---

① 中华人民共和国退役军人事务部．走近俄罗斯退役军人管理机构［EB/OL］．https://www.mva.gov.cn/fuwu/xxfw/wgtyjr/201807/t20180720_13982.html.

② 钟青．外军退役军官政治待遇一瞥［J］．中国人才·转业军官，2007（10）：64-65.

一般均可获荣誉勋章。波兰中校以上军官退休时，要在军报上刊登他们的姓名、照片，并简要介绍其生平和功绩；还会根据他们各人服役期的长短和贡献大小授予一枚荣誉奖章。

三是退役军官在重大节日或参加重大活动时可以穿军装、佩戴军衔和勋章。美国军队军官退休后仍具有军官身份，规定在参加重要活动时可以穿军装、佩戴军衔。俄罗斯军队军官退役后，保留原军衔称号，符合预备役条件的，在军衔前冠以“预备役”，超过服预备役年龄的冠以“退役”；军龄满 25 年以及有特殊功勋的退休军官，逢重大节日和重要活动，可以穿军装、佩戴军衔；退休军官还可以应邀参加所在地区部队的演习、军事学术和阅兵等活动。澳大利亚、加拿大政府特别褒扬参战勇士，中小学校举行休战日活动时常邀请退役军官参加并采访他们，让社会和青少年共同分享参战军人的回忆和经历；有时政府举办重大纪念、庆祝活动，也邀请退役军官代表佩戴勋章出席。

四是退役军人享受殡葬荣誉。以美国为例，其国防部、退役军人事务部和部分退役军人团体都有专门的部门负责退役军人死亡后的殡葬事务。美国国防部负责管理阿灵顿国立公墓，退役军人事务部下面专门设立了纪念公墓管理局，管理着全国 119 处国立公墓。退役的军人都有资格安葬在国家公墓，并享受政府提供的墓石、国旗及铭文。加拿大军队人员死亡时，政府负责为他们举办隆重的葬礼；每个阵亡者，建立个人墓碑，刻上名字，永久保存。

二、退役军人的经济福利

（一）退役金

1. 义务兵的退役金

各国发放给义务兵的退役金一般都很有限。如越南规定，除享受政府规定的退役补助外，军队只发给回家途中的车船费和路途补助费等。蒙古国规定，退出现役回原征集地士兵的车船、膳食、住宿费用由当地政府机构负担。朝鲜规定，士兵退役时发给一定的复员费用，并发给一套质量较好的便装。

2. 志愿兵的退役金

为了鼓励服役，各国发放给志愿兵的退役金要高得多，而且一般和役龄呈正相关。美国规定，服现役满 20 年的军人退役处理时，可领取一次性转业费。具体计算方法是年基本工资的 10% 乘以军龄。为鼓励军人自愿退役，美国国会1991年通过《国防授权法案》增设了关于自愿退役鼓励金和特殊退役金的条款，规定发放对象是截至1991年12月5日服现役6年以上、但未满20年的中校以下军官。以服现役18年自愿退役的中校军官为例，每年可领取约相当于同级别现役军官年薪的50%左右的自愿退役奖励金，最多连续领取36年。如果选择领取特殊退役金，可一次性领取14.9万美元。英国规定，服役5年以上不足16年的，发给“提前养老金”和退役金，其中服役9年以上者在离队时发给一笔搬家费；“提前养老金”一次性发放；退役金60岁时才能领取。有病的军官可领取病退金，残疾军人有额外的残疾金。蒙古国规定，男军人服役25年以上，女军人服役20年以上，因身体不佳、超过规定服役年龄和军队精简整编而退出现役的，根据其工作环境、功绩和生活环境，发给相当于其18～36个月工资的一次性救济金。印度规定，在服役期间获得勋章和奖章的退役军人每月可得到15～175卢比的奖励补助金。

（二）退休金

退休金分为军龄退休金和残疾退休金两种。军龄退休金发放给按军龄退休的退役军人，残疾退休金则发放给因残疾退休的退役军人。

1. 军龄退休金

发给符合法定退休条件的退役军人。军龄退休金一般采取收入关联法，计算基数为退役军人退休前的工资，具体是按照退休当时的工资、退休前几年的平均工资，还是整个服役期间的平均工资，各国不同。计发的比例则根据服役年限而定，服役年限越长，计发比例越高。

美国：服役满20年的现役军人，退役后可以享受退休金待遇。服役满20年的退役军人，退役金水平相当于个人服役期间工资最高的36个月的平均工资的40%～50%。之后服役年限每延长一年，计发比例提高2.5%～3.5%。服役满30年者，计发比例可以达到75%。退役军人的退休金和现役军人的薪酬调整办法一样。

俄罗斯：俄罗斯管理退役军人事务的主要机构是国家老战士事务局，其主要职责包括：制订并执行国家和地方退役军人社会保护计划，确保联邦法律规定的权利和优惠得到落实；从联邦预算、俄罗斯联邦主体预算和地方预算中划拨资金；依托大众媒体系统宣传军功和战斗功绩。

英国：英国由国防部与有关部门按职能负责退役军人相关事宜，国防部人事总局的现役军人与退役军人局统一负责英军所有现役、退役军人及其家属、遗属的薪金、补助和各种福利待遇保障管理。英国国防部只负责退役军人相关政策制定和行政监督，退役军人日常服务全部由政府相关部门和慈善机构、非政府机构承担。但英国在各州政府中均专门设置退役军人事务官员，负责监督所在地区退役军人就业、教育培训、社会福利等权益。

德国：德国负责退役军人事务机构主要是国防部人事、社会和中央事务司及国防部联合会。其中国防部联合会是半官方组织，由现役和退役军人组成，主要职责是保证国家出台的各项政策能充分体现退役军人的权益，并通过下属的基金会和地方伙伴单位为退役军人提供生活和就业等方面的帮助。①

法国：法国退役军人管理保障机构主要是退役军人事务部，该部隶属于国防部，退役军人事务由一名内阁成员具体负责，在财政预算上维持独立性。退役军人事务部下辖国家伤残战士院、退役复员局、国家退役军人署、文献财产纪念局等业务部门。并与“法国退役军人战争受难人员暨青少年全国联盟”等非政府组织有着密切的协作关系，也与一些大型企业签订有就业培训和安置协议。②

2. 残疾退休（养老）金

残疾退休（养老）金的领取对象为因残疾退休的伤残退役军人，残疾退休（养老）金的标准一般和伤残程度相关，伤残等级越高，退休（养老）金水平越高。残疾退休（养老）金分为两个部分：一是为参战或因公负伤致残的军人发放伤残抚恤金。二是给牺牲、病故军人的家属发放丧失抚养者养老金或抚恤金。

（1）伤残抚恤金。

俄罗斯：一级和二级因战伤致残者享受相应的军人工资总额 85% 的退休（养老）金，三级因战伤致残者享受 50%；在服役期间因病致残者，一级和二级享受相应的军人工资总额 75% 的退休（养老）金，三级享受 30%。

法国：在服役期间受伤的军人，有 10% 以上伤残度均可享受残疾退休（养老）金，伤残度达到 60% 的军人，可领取不低于基本工资 50% 的残疾退

① 周洲．外国退役军人管理保障机构什么样？[N]．中国青年报，2017-10-26（11）．

② 法国退役军人管理保障机构概览 [J/OL]，中国退役军人，（2018-02-20）[2023-02-02]．https://www.mva.gov.cn/fuwu/xxfw/wgtyjr/201807/t20180721_14007.html.

休（养老）金。退役后，如需抚养未成年子女，再发给一定数额的补助。

加拿大：凡在战争中受到严重伤残不能参加工作、且无其他经济收入的退役老兵，可享受月津贴、医药补助、困难补助等抚恤待遇。

蒙古国：军人在执行作战、巡逻、训练等任务期间受伤致残或由于职业原因而致残的；因执行上述以外其他人为事故而致残的；因与执行任务无关的事故或因一般疾病而致残的；退役士兵在回乡途中致残的，均可领取数额不等的残疾补助金。

（2）被抚养者抚恤金。

俄罗斯：有权享受退休（养老）金者因战伤致残死亡后，给其每个没有劳动能力的家庭成员，发放相当于抚养者工资总额40%的退休（养老）金；有权享受退休（养老）金者因疾病致残后死亡，给其每个没有劳动能力的家庭成员发放相当于抚养者工资总额30%的退休（养老）金。此外，俄罗斯还规定，牺牲军人的没有劳动能力的家属，免缴自然人财产税、土地税、私人交通工具税，并保留其在住房、公共设施、煤、电、气、暖、电话等方面的优惠待遇。

埃及：军人因公殉职的，除按其军衔发给家属900～1200美元的一次性抚恤金外，每月还将牺牲者本人工资的90%作为抚恤费发给家属。

蒙古国：军人在执行公务中死亡的，其家庭有3个以上无劳动能力者，可领取军人月平均工资（士兵在服役前无正当职业的，则根据地方最低劳动工资）100%的“失去抚养人补助金”；家庭有2个及以上无劳动能力者，为75%；家庭有1个无劳动能力者，为50%；在此基础上，还可领取军人月平均工资的10%～15%作为补加的补助金。军人在非公务中或因病死亡的根据军人月平均工资的60%，按上述比例发放给其家属“失去抚养人补助金”。此外，军队还发给相当于政府规定的6个月最低劳动工资的殡葬救济金。

印度：退役军人自然死亡的家庭，可以按规定每月得到一定数额的抚恤金，保证军属的基本生活费用。

三、退役军人的医疗福利

各国都有一些特殊的制度安排方便退役军人特别是伤残退役军人就医。有的国家为退役军人设立单独的医疗服务系统，有的国家允许退役军人继续到军事医疗机构就医。各国一般都会为退役军人就医提供更大的优惠，也有的国家会选择绿色通道方便伤残退役军人就医。

美国。荣誉退役和一般退役的军人可按规定继续享受医疗卫生保险、人寿保险等。退役官兵及其家属可以和现役军人及其家属一样，享受军队的“军职人员健康和医疗”待遇。他们在军队医院和专为退役军人设立的医院、疗养院、卫生所、门诊部、牙科医院和医疗中心等医疗机构看病时，免交门诊医疗费。住院治疗，退役士兵全部免费；退役军官和准尉只缴纳生活费；退役军人家属缴纳伙食费。退役军人事务部为连续服现役超过 2 年的退役军人提供医疗保健服务。凡在服现役期间患病或病情加重的退役军人，均可享受由退役军人事务部所属医院或与其有合同关系的其他医疗机构提供的免费医疗保健服务，包括住院治疗、门诊治疗、体检和家庭护理等。退役军人在治疗服现役期间所患疾病时还有优先住院、治疗的待遇。退役军人事务部在全国设有 1700 余家医院、疗养中心、社区诊所等，为退役军人及其家属提供医疗保健。因与服役期间所患疾病有关联而引患其他疾病时，只有符合下述 3 个条件方可享受免费住院治疗的待遇：（1）经医生诊断必须住院；（2）证明自己无法支付医疗费用；（3）床位许可。判定退役军人的疾病是否与服现役有关并且能够享受免费门诊治疗，须看其是否符合以下 3 个条件：（1）服现役 6 个月以上并正常退役者；（2）自退役之日起 6 个月内提出申请者，或需急诊治疗者；（3）医疗机关暂定该病与服现役有关者。当确诊疾病与服现役期间无关时，即停止享受免费门诊医疗服务。退役军人事务部还为因公死亡人员和因公完全或永久性致残的退役军人家属提供免费医疗服务，包括住院费、门诊治疗费和其他经退役军人事务部规定认可的费用。但往返交通费、例行体检费等不在免费之列。

俄罗斯。参加过战争的军人和因达到最高服役年龄、健康状况、精简整编而退役的公民，有优先获得医疗救护和疗养治疗的权利。退役公民有权在国家或市政卫生系统的机构就医，依法享受义务医疗保险。因在履行兵役义务期间受伤或患病而退役的公民，按合同服役军人的家庭成员，以及在服役期间因患特殊病而退役的公民，可按俄联邦国防部和法定有兵役的联邦其他执行权力机关规定的办法，在军事医疗机构检查和治疗。

印度。退役军人仍可享受军队医院免费医疗。在退役军人集中的居住地开设专门诊所，并对其所需进口医疗设备和用品实行免税。

四、退役军人的住房福利

外国退役军官的住房，主要由自己解决，解决形式和地域不受限制，面积与职衔基本无关。由于外国军官工资水平普通较高，绝大多数在服役期间已拥有私人住宅。对异地安置需解决住房的，政府有相应措施。

美国。退役军人可以从退役军人事务部得到住房贷款，从而获得低价现款购买住房的机会。根据规定，几乎所有自1940年9月16日以来曾服过役的退役军人以及现在仍在服役并连续服役满181天的军人，都有资格获取退役军人事务部提供的住房贷款。

俄罗斯。退役军人有多种途径获得自己的住房或与住房相关的福利。一是军人退役后拥有个人住房或在服役地继续排队分房。如：在整个服役期间享受公用住房保障的军人，如军龄满20年或20年以上，或者因达到最高服役年龄、健康状况和精简整编而退役时军龄满10年或10年以上，有权在所选择的常住地获得国家提供的属于个人的住房。二是参加集资建房或获得建造私人住宅的土地。如：按合同服役军人根据个人愿望有权参加住宅建筑集资或获得修建私人住宅的土地。三是获得无偿财政资助。如：按合同服役的军人，如果没有可供长期居住的住房或者需要改善居住条件，参加了住宅建筑集资，或者计划按俄联邦主体社会标准规定的普通居住面积，并考虑到联邦法律和其他规范性法律文件为个别类别的军人给予其共同生活的家庭成员提供的补充居住面积，在俄联邦境内的服役地点建造（购买）私人住宅（单元房），那么，将以无偿财政资助的形式向这些军人提供补助金，数额取决于军人军龄的长短。因达到最高服役年龄、健康状况或精简整编而退役的公民，如果没有可供长期居住的住房或需要改善居住条件，计划建造（购买）私人住宅（单元房），可根据本项规定的军龄，获得上述数额的无偿财政资助。四是搬家支付住房费用。按合同服役军人、因达到最高服役年龄或因健康状况和精简整编而退役的军龄在20年或20年以上的公民、军龄在25年或25年以上的退役公民，以及与上述人员共同生活的家庭成员，按半价支付租金、公共设施（供水、排水、运输生活垃圾和其他垃圾、供气、供电和供暖）费用、无线电广播和公用电视天线用户使用费等费用。五是实施住房积金储蓄计划。俄罗斯自1998年起开始实施军人住房积金储蓄计划，以保障军人退役或转入预备役时能在所选定的居住地获得固定住房。住房积金按平均每户3.5人计算。军人个人住房积金每月为57万卢布，或每年680万卢布，15年后军人可获得固定住房。

巴基斯坦。军官住房实行官邸制。军官退役后“人走家搬”，住房由军官自己安排解决。从军官被授予少尉军衔起，可自愿参加“军官住房工程计划”。先以分期付款的方式缴纳基本工资的5倍作为加入计划费用，每月再缴纳月薪10%的住房基金，退休时军队负责为其建一套3~4个卧室的住房。地皮由政府划拨，军官仅支付营建费，费用一般不超过其退休时一次性获取的退休金。如中校以下军官建3个卧室住房，个人约支付100万卢比（折合人民币20.8万元）。军官服役一定年限，也可提取住房基金，并由军队贷款一部分，预先购买住房，允许先用于出租。

印度。采取政府解决和自建相结合的方法解决退役军官的住房。对住房有困难的退役军官，政府或军方可提供建房贷款担保或购房保险。向自愿建房的退役军官发放低息贷款，并以优惠价格提供地皮和建筑材料。还在一些大中城市专门建造退役军官住宅，房租较低。

朝鲜和越南。退役军官的住房由国家解决。越南规定退役军官到达居住地3个月之内，地方政府必须为其解决住房。若自建住房，政府提供地皮协助建房。朝鲜规定，转业军官分配工作，有关单位必须在6个月内解决其住房。

五、退役军人的社会优待①

各国规定，退役军人在出行、娱乐、游览等方面享受一定的优待。

美国。政府规定退出现役的军官及随行家属，经允许可搭乘军事海运局船只或国防部飞机出国旅行。退役军人可继续在军人超市购物。退役军人及家属可以在军队商店和信用社免税购物，免费使用军队的体育、教育和娱乐设施。

俄罗斯。对退休军官规定了诸多的社会保护和社会优待。在交通上，退休军官可免费乘坐市内各种交通工具和市郊列车，在农村地区可免费乘坐州内公共汽车，住院、疗养均免费乘车往返。荣获苏联、俄罗斯英雄和光荣勋章的军官退休后，每年可免费乘坐火车双人包间、或轮船一等舱、或飞机、长途汽车往返旅行一次。

法国。政府规定退休将官可享受火车票减价75%的优待。

意大利。政府规定在服役期间获得金奖的退休军官可以免费乘坐火车，乘飞机优惠20%。在一些城市还设有退休军官俱乐部，退休军官到那里聚会、

---

① 钟青．外军退役军官政治待遇一瞥［J］．中国人才，2007（10）：64-65.

娱乐、就餐，价格优惠。

巴基斯坦。政府规定退休军官及配偶在国内乘坐飞机和火车，享受半价(每年各3张)；到电影院、戏院收半价；旅游参观公园、博物馆免费。

印度。政府对部分退役（退休）军人和家属的国内旅行费用实行免除和补助。其中，最高英雄转轮勋章、大英雄勋章、阿育王一级勋章和阿育王二级勋章获得者，战争伤残军官和亲属以及印度独立后的战争寡妇，国内航空旅行享受半价优待。战争寡妇（包括维和部队牺牲人员的妻子）报销75%的铁路旅行费用。此外，勇敢奖章获得者的家属，铁路旅行也可享受半价优待。

为提高退役军人的社会地位，体现对退役军人的尊重和优待，一些国家还设立了专门的退役军人节日。如美国将每年的11月11日定为退役军人节，放假一天。这一天，各城市举行盛大的庆祝游行，退役（退休）军人身着军装参加游行，市长还要接见他们。泰国政府规定，每年2月3日是退役军人日，政府在节日期间举行纪念活动，退休军官均可参加。

六、其他待遇

（一）税收优惠

俄罗斯规定，军人免交工资、奖金和由于履行义务而获得的其他补贴的所得税，免交土地税和自然人财产税。军龄满20年或20年以上的因达到最高服役年龄、健康状况、精简整编而退役的公民，免交土地税和自然人财产税。军人以及因达到最高服役年龄、健康状况、精简整编而退役的公民及其家庭成员，可按照地方自治机关作出的决定，全部或部分免除地方税收。

（二）土地所有权

俄罗斯规定，军龄满20年或20年以上的因达到最高服役年龄、健康状况、精简整编而退役的公民，在服役地点或所选的居住地，可无偿获得一块土地归个人所有或终身继承，按个人愿望修建私人住宅，从事私人副业、庭院经济、农户（农场）经济或私人（集体）园艺业。从属于国家或市政所有的土地中划拨出土地，为军人修建住宅和从事私人副业、庭院经济或私人（集体）园艺业，标准为：城镇不少于1000平方米，农村不少于2500平方米。军人退役后如从事农户（农场）经济，按联邦法律和联邦主体其他规范性法律文件规定的标准拨给土地。军龄满 20 年或 20 年以上的军人和退役公民，有权根据磨损程度和联邦税法提供的优惠，按折旧价格购买多余的军用物资。

第三节　退役军人就业安置与教育培训国际比较

就业是大多数退役军人从军人身份向平民身份顺利转化的关键，即使退休军人，因部队退休年龄通常远低于地方退休年龄，所以仍然存在找工作的问题。然而，由于军事知识和军事经验通常难以直接转移到地方劳动力市场，加之两者在价值观、生活方式等方面都有很大差别，所以，退役军人就业在每个国家都是一个很有挑战性的问题。世界各国因此而出台了各种政策来帮助退役军人就业。一般而言，劳动力市场化程度越高的国家，越倾向于通过培训和就业优先政策提高退役军人的就业率；劳动力市场化程度低的国家更倾向于采用工作安置的方式。但无论哪种国家，现在都越来越认识到教育培训对提高退役军人人力资源水平的作用，进而保证帮助退役军人就业和促进地方经济发展的双重价值。

一、退役军人就业安置国际比较[①]

根据政府与市场在退役军人安置过程中所发挥作用的不同，退役军人就业形式可以分为以市场发挥作用为主的自谋职业型、以政府发挥作用为主的国家安置型以及政府与市场共同发挥作用的双轨制三种基本类型。每种类型都与本国的政治、经济体制相适应，呈现出不同的特点。

（一）自谋职业型

自谋职业型是指退役军人退役后，政府一般不安排工作，主要遵循“双向选择、择优录取”的市场机制实现就业的形式。不过，在退役军人自谋职业型国家，政府也不是完全不管，而是通过就业培训、在公共部门就业享有优先权以及就业援助等方式对退役军人就业提供帮助。英、美、澳等国家是

① 梁齐勇．外军军官退役制度的特点及启示［J］．政工学刊，2006（4）：59-60.

实行这一制度的典型国家。

美国。美国退役军人就业安置的基本原则是以自谋职业为主，政府优待为辅，社会各界大力协作，多方帮助安置就业。美国军人实行职业退休制度，大多数军人 40 多岁就要退役，虽然退役金和退休金还是比较丰厚的，但一般仍会选择第二次就业。退役军人如果选择在政府和其他公共部门就业可以享有录取加分优待。另外，联邦、州、军队以及社会组织都有专门机构，为退役军人提供就业信息、求职辅导等各类帮助，以协助其再就业。

英国。英国军人退役后有就业意愿的绝大多数也都是自谋职业。虽然英国部队和政府都没有类似美国那样的帮助退役军人就业的专门机构，但军方和民间机构会对那些就业有困难的退役军人提供各种形式的帮助。

澳大利亚。澳大利亚军人一旦退役，就成为社会普通的一员。他们的养老、医疗、住房等直接纳入地方相关保障体系，有就业需求的退役军人也都是实行市场化自谋职业。

俄罗斯。苏联解体后，俄罗斯选择了市场经济体制，俄罗斯的退役军人就业也走向了市场化。俄罗斯军人退役后，政府不会为退役军人安排工作。但俄各级职能部门和社会团体会经常组织就业咨询、人才交流和择业推荐等活动，努力为退役军人就业提供机会。

波兰。与俄罗斯类似，波兰对退役军人的安置从计划分配改为提供退役金和住房等待遇保障与政府扶助就业相结合的办法。波兰对领取退休收入的退役军人就业有专门规定，当就业收入低于退役军人退休金的 70% 时，不影响退休金发放；高于退休金 70% 的，国家要适当降低发放标准。

（二）计划安置型

朝鲜和越南退役军人就业实行的是计划安置型。朝鲜军队和地方各级党组织都对退役军人的安置工作负责，从中央到地方、军队各级党组织都设置有完备的安置机构和专职人员。退役军人经培训后一般会被安排到各级党政机关和社会团体中工作。原在部队司法、检察、保卫部门工作的退役军人则通常被分配到地方的对口部门。到工矿企业的转业军官一般以增设副职的办法来安置。越南的军官转业安置与朝鲜类似，军官转业基本由国家负责安排工作，少数不符合条件的作复员处理。

（三）自谋职业和计划安置相结合的双轨制

有些国家将自谋职业和计划安置结合起来，实行双轨制。实行双轨制模式的典型国家主要有印度、韩国和意大利等。

印度。印度采取政府安置与鼓励自谋职业并举的方式解决退役军官的就业问题。印度在政府机关、国有企业和国有银行等单位中专门预留编制名额给退役军人。近年来，印度在私营部门也实行了这一政策，使之成为“法定空额”。放弃政府安置的退役军人可以领取退役金。军队、政府和民间团体通过对退役军人进行培训，以及提供低息贷款、生产资料等优惠措施来帮助退役军人实现再就业。

韩国。韩国的退役军人以自谋职业为主，政府安置为辅。一般来说，退役军人服役时间越长，获得的退役金越丰厚，政府帮助其就业的力度越小；反之亦然。服役 20 年以上的退役军人，政府只提供退役金，对其就业不负责。这部分退役军人退役后可领取终身退役年金或一次性退役金。领取终身退役年金的，退役后如有固定收入则将自动取消退役年金，领取一次性退役年金的则不受此限制。服役 10 年以上的退役军官，部分由国家负责安置就业，大部分自谋职业。这部分军官中符合一定条件的，国家依法保障再就业，通常安排在与国防有关的预备役部队，也有一部分改文职，还有一部分进政府机关或国企任职。其余不符合条件的退役军官，国家为其提供低息贷款，帮助其再就业。

意大利。意大利的退役军人就业安置大部分由政府负责安置，少数选择自谋职业。意大利退役军人数量少、素质高，国家规定政府部门招收公务员必须留出一定比例，用于安排退役军人。因此，意大利退役军官不存在就业安置困难。除一些退役军官自愿到收入高的企业工作外，其他退役军官都可以到政府部门工作。

（四）各国政府支持退役军人就业的举措

1. 分配工作

俄罗斯。《俄罗斯联邦军人地位法》规定，居民就业机构、国有企业、事业单位或团体自退役军人申请安置之日起一个月内，应按专业分配工作；入伍前在国有企业事业单位工作的士兵，在退役后 3 个月内保留复工的权利；

义务兵和应当服现役 2 年的预备役军官，保留不低于入伍前职务的任职权利；国家为因健康原因退役的士兵提供免费职业教育；为退役军人购买最低生活必需品提供物资支持。

2. 给予优先就业权

优先就业权或称就业优先权，是指通过优待性制度安排，帮助退役军人优先就业的权利。优先就业权在国外主要有两种形式：一是为退役军人保留特定岗位的名额，二是在就业考试中规定退役军人加分政策。

美国。根据《退役军人优待法》，退役军人及符合条件的配偶和幸存者优先在政府部门工作；在职业竞争性考试中，为退役军人多加 10 分；残疾率超过 30% 的，只要符合基本工作要求，可以免试；当政府雇用保安、电梯司机、记者、经理和其他勤杂人员时，首先从退役军人中招募。只有在招聘不到足够的退役军人时，才会考虑非退役军人。

英国。政府机构和国有企业应为退役军人保留一定的安置配额，并放宽招聘年龄；私营工商企业应当将劳动岗位空缺的 5% 预留给退役军人就业；退役军人报考政府文职人员，在年龄和考试科目上都有所照顾。

法国。政府为退役军人提供就业便利，并优先将其转为国防部文职官员；退休军官可以提前半年带薪离岗，自谋职业。

印度。政府机构和国有企业被要求为退役军人的安置保留配额。中央国家机关为退役军人保留的名额比例为 10% ~ 20%；国有企业和国有银行的预留名额比例为 14% ~24. 5%；每个联邦政府保留名额的比例从 2% 到 20% 不等。一些州政府在招募州武装警察时为退役军人保留 60% 的名额。现在，印度中央后备警察部队、边境安全部队、工业安全部队和海岸警卫队已经吸收并安置了大量退役军人。在全国 149 家国有和私营企事业单位的安保部门中，安保人员主要来自退役军人。

朝鲜。当地大学招收学生时，30% 的名额是留给退役军人的。退役军人考大学不用参加全国统一考试，考题是分开出的，录取分数方面也有照顾。

3. 设立专门机构协助再就业

各国普遍高度重视退役军人的就业问题。为此，不少国家设置了专门机构，负责管理和协调退役军人就业事务。

美国。美国联邦政府设有退役军人事务部，是政府内阁的 14 个部门之一，在所有州都设有地区办事处。参议院设有退役军人事务委员会，劳工部设有退役军人就业与培训服务局，国防部设立了各种组织和机构来协助退役军人就业，并在全国设立了300多个军转民办公室，为退役军人提供服务。服务项目包括提供咨询和各种帮助，协助评估职业能力，进行就业市场调查，撰写简历，建立就业互助关系，介绍退役军人的权利和各种福利，职前培训，提供互联网就业信息，协助安排工作面试、协商工资，等等。

俄罗斯。俄罗斯由国家劳动就业机构及国家教育机构共同组织对拟退役和已退役军人的培训和就业指导工作。

印度。国防部领导的退役安置总局是退役军人安置的最高领导机构，负责制定安置政策，部署和实施安置工作。安置总局下设就业部、自谋职业部等部门，直接领导按地区划分的五大地区退役军人安置局。每个州都有一个州退役军人安置和福利局，由国防部退役军人安置总局和州政府双重领导。此外，印度各州有200多个地区退役军人福利局，以及各种福利机构，如红十字会、军队医院、残疾军人协会和退役军人家庭组织，为退役军人就业和退役军人及其家庭福利提供服务。

4. 鼓励自谋职业

美国。退役军人就业安置的总原则是自谋职业，辅之以政府推荐，并积极与社会各界合作，尽可能帮助退役军人找到工作。军队和政府都会关照失业的退役军人。美国军方规定，退役15个月后仍找不到工作的退役军人可以继续使用军用房屋和设施。劳工部规定，退役几周后找不到工作的人可以享受政府提供的失业援助，直到他们找到工作为止。退役军人事务部对职业培训后未找到工作或重新安置的退役军人进行后续调查和援助，有时还对他们进行职业再培训。该部还为无家可归的退役军人制订了一项支持计划，在福利局设立了一个无家可归退役军人工作组，为无家可归的退役军人建立庇护所。

俄罗斯。随着国家私有化政策的实施，企业的自主权有所扩大，对接收退役军人持消极态度；由于经营机制和管理不善等原因，许多企业处于关闭或半关闭状态，导致失业人员增加，难以接收退役军人；法律制度不健全，政府法令落实不到位，致使一些地方和单位执行政府现行的安置政策不到位。在这些情况下，许多退役军人被迫组织起来寻找职业。主要做法：一是成立各类经贸公司，从事工业生产或经营活动；二是建立农场。许多在城里找不到工作的退役军人把注意力转向了广袤而人口稀少的农村。政府对在农村工作的退役军人给予了支持，一些州拨出土地供退役军人建造农场。

印度。鼓励银行向自谋职业的退役军人提供低息贷款，鼓励退役军人个人从事运输、服务和旅游职业。

二、退役军人培训国际比较

世界普遍高度重视退役军人的教育培训工作，并在法律、体制、制度、机制等方面给予全方位保障。①

（一）退役军人培训的组织管理②

外国退役军人培训一般都是采取政府主导、市场提供的模式。政府负责制订培训计划、提供培训经费、监督培训质量，学校、培训中心等按合同提供培训。

美国。美国退役军人培训采取以联邦政府为主、地方政府为辅、社会团体参与监督、其他部门互相配合的运行体系。美国退役军人事务部负责全国退役军人培训工作的管理。退役军人事务部的各派出机构负责审核和发放教育培训补助，并委托州退役军人办事机构审核评估学校的资质。退役军人自己选择上哪所学校，学校会指定专人负责与退役军人事务部联系，报告退役军人的学习等有关情况。美国劳工部退役军人就业与培训局优先为退役军人提供就业咨询和机会，并组织进行上岗前职业培训。

德国。国防部有一个国防军人联邦人事办公室，下设联邦国防军职业发展服务中心，全面负责退役军人的培训和再就业。德国各军区兵役局共设立了16个职业发展服务中心，全国各县兵役局设立了110个职业咨询办公室。这些职业发展服务机构专门负责退休军官的登记、学历和职业技能培训以及职业介绍，并将军队提供的培训资金分配给各种培训机构。全国有37所地方职业培训学校和55个行业协会下属的职业培训中心，可以为退役军人提供职业技能培训。一些军事院校还开设了平民课程和职业技能培训。14所军事院校和联邦政府的所有地方院校都可以对退役军人进行学历教育。

① 于京天，郭静．加强部际协同　系统开展退役军人教育培训——国际经验与本土思考［J］．中国职业技术教育，2018（22）：38-43.

② 刘妍．聚焦外国退役军人职业培训［J］．中国人才，2012（14）：32-34.

意大利。退役士兵和士官的培训纳入欧盟“欧洲社会基金”资助的国家培训计划，职业技能培训和类似大学学位认证的专业培训按照欧盟确定的统一标准和方法进行，由全国20个地区组织实施。退役士兵就业办公室还邀请政府部门、企业和商业协会参与指导培训。这种培训具有高度的专业性和针对性，合格的人才通常可以实现就业目标。

俄罗斯。为了加强对退役军人的培训，政府专门成立了退役军官培训协调委员会，下设全俄军官培训中心，负责领导和协调各培训中心的工作。全俄军官培训中心在各个地区设有十几个行政分支机构和区域培训中心。

（二）退役军人培训的资源与体系①

各国大部分或全部退役军人培训资金都由政府负责。例如，俄罗斯和美国退役军人培训资金就由政府或军队统一资助，对退役军人实行免费培训。然而，为了提高培训质量，一些国家，如匈牙利和法国，会对培训资金做奖励性分配，对那些更好地完成了培训任务的机构和退役军人给予奖励。

各国退役军人培训体系包括计划强制性培训体系和市场化培训体系。计划强制性培训体系主要由国家支持的专门负责退役军人教育和培训的各类培训中心实施。市场化培训体系则通过政府采购，委托高校、科研院所等学术机构设立的具有企业性质的非官方培训中心，专门从事退役军人培训工作。政府有关部门和国防部定期对培训机构进行检查和评估。合格者继续承担培训任务，不合格者淘汰。大多数国家都有同时运行的双轨训练系统，如俄罗斯、美国、印度、韩国等；德国、西班牙、匈牙利等少数国家则完全依赖市场培训体系。

俄罗斯实行双轨制。退役军人的培训可分为国有培训体系和非国有培训体系。国有培训体系通过培训中心、科研院所和大学进行培训，最低时间为500小时，并可获得职业证书。培训机构可以从政府获得预算拨款。非公有制培训体系是在高等院校、科研院所和其他学术机构之下设立的非公有制企业培训中心，专门培训退役军人。政府有关部门和国防部定期对培训机构进行检查和评估。合格者继续承担培训任务，不合格者淘汰。

德国实行单轨制。职业培训学校和职业培训中心由企业或行业协会创办，

① 江力平．中国转业军官培训模式研究［D］．北京：中国地质大学，2013.

经费由企业出资，直接为企业服务。新入职员工必须经过职业培训，取得相应的职业资格证书，方可上岗。在服役期间，退役军人接受军队资助的职业培训，相当于提前取得企业就业证，为企业免费培训合格员工。职业发展服务机构和即将退休的军人一般采用个人谈话的方式，共同讨论职业培训计划和实施计划，提供专业参考建议，并进行个性化的职业生涯设计，使参与的军人能够明确自己的职业目标，尽快确定职业培训内容和方法，实现培训与就业的完美结合。

（三）退役军人培训的内容

1. 军地两用人才的培训①

许多国家很重视现役军人的社会技能培训和社会认可的学历教育。为了培养军民两用人才，军队在军队院校的教学内容中增加了自然科学和社会科学课程的比例，使所学知识尽可能实现军民通用。此外，还采取加强专业技术培训、开展业余文化教育、接受函授教育等多种方式，提高现役军人的文化水平，使他们获得国家统一颁发的证书或文凭，退役后可直接受雇于地方部门。以美国为例，为了让更多军人成为复合型人才，鼓励现役军人学习经济、工商管理、国际关系、信息工程、生物化学或医学学位。目前，美军许多中高级军官的学位都是非军事专业。美军早就提出了指挥官“第二职业岗位”的概念。指挥官要成为“第二职业军官”，必须攻读硕士或博士学位，学习科学技术、管理、经济、国际政治等课程。很少有美国军官退休后找不到工作，除了一些制度因素外，他们自身知识面广、适应性强也是重要原因。

外国军队还采取了许多措施，例如鼓励军官在当地大学和专业技术学校学习普通课程，如医学、汽车驾驶、无线电维修、商业、行政和教师培训。学期时间从半年到几年不等。在美国，地方院校每年为军队培养 1 万多名此类人才。在美国函授教育中，10% 的学生是现役军人。在印度，最大的英迪拉·甘地国立开放大学、政府电台和电视台都为印度军官和士兵举办民用技术讲座。

一些国家还鼓励军人自学成才。有的国家由军队来组织，也有的国家则完全由当地的自学和考试机构组织。例如，美国现役军人自学考试有自己的

① 孟李，孟水军．外国退役军官培训扫描［J］．中国人才，2006（20）：12-14.

制度，有单独的命题和国家认可的各种文凭。组织者是国防部及其下属的各基地办公室内的非传统教育支持机构，并提供特别奖学金鼓励自学。

2. 社会适应性培训①

为了帮助退役军人更好地适应地方生活，军队和地方都会安排一些针对性的培训，帮助退役军人了解社会现实，解答他们的疑问，化解他们的心理问题。

俄罗斯。在军队方面，国防部负责全面协调退役军官的社会适应问题；在政府方面，由军人社会问题委员会负责全面协调。政府有关部门和地方机构建立了退役军人社会适应常设机构。各部委、军兵种、军事教育机构和兵役委员会建立了退役军人社会适应中心，其主要职责是为退役军官提供指导、职业培训、再就业选择帮助和心理援助。

澳大利亚。特别强调退役军人就业和社会生活与地方融合的模式。政府已采取各种措施，为退役军人尽快适应当地工作和生活创造条件。例如，退役军人服务机构负责为他们恢复身心健康和融入社会提供辅助服务。服务机构利用互联网发布信息，定期在各地举办退役问题专题介绍会，并向现役军人和准备退役的军人解释应考虑的问题，包括转服预备役、个人所得税、寻找新工作等。

3. 职业培训②

职业培训是退役军人培训的重要内容，它可以在比较短的时间内通过培训使退役军人掌握一技之能，从而尽快实现社会化就业。各国普遍高度重视退役军人的职业培训并作出了一系列的制度安排。

德国。德国历来重视职业技能培训，社会上有着非常丰富的培训资源，企业也是积极参与培训。德国的地方和军队职业培训机构开设的所有专业都向退役军人开放。职业培训结束后考核合格，退役军人就可以获得国家认可的职称证书、执业资格证书、专业证书等。持有该证书后，他们将不再参与雇主的相关评估，直接进入雇佣程序。

韩国。韩国士兵在服役期间就可以参加国家举办的各种职业培训，主要课程包括机械、电子电器、通信、航空、建筑、土木等。参加培训的士兵毕

---

① 刘妍．聚焦外国退役军人职业培训［J］．中国人才，2012（14）：32-34.

② 同①.

业后参加国家统一组织的全国技术人员资格考试，通过就可以获得“国家技术人员资格证书”。这个证书与社会人员所持有的证书是一样的，这极大地提高了他们的就业竞争力。

法国。军人在部队所获得的职业资格证书不被地方认可是各国面临的一个普遍问题。法国为了解决这个问题采取了多项措施：一是积极申请将国防部颁发的部分证书纳入国家汇编，确保军队颁发的职业资格证书在地方一级具有同等效力；二是鼓励符合条件、具备一定素质和能力的士兵通过一定程序确认后申请职业资格证书；三是主动与社会专业机构签订协议，采取合作形式，提高国防部部分下级机构的注册资格水平。①

印度。退役军人的职前培训主要是提高他们在某些方面的工作能力。培训的主要方式是参加当地高校提供的职业课程，以获得学历证书。此外，印度军队还与当地高校合作，为士兵提供函授教育，使他们能够获得相关的学历证书。印度士兵的培训科目已达500多个，其中政府批准的培训科目有300多个，其余200个培训科目通过动员社会力量和广播电视教育进行。此外，印度还成立了残疾士兵培训机构，专门负责残疾士兵的就业培训，国防部退役军人安置总局负责提供各种培训资金。

4. 学历教育②

许多国家对军人退役后进入当地普通高校学习给予不同程度的优惠。例如，根据俄罗斯的规定，退出现役的军官和延长服役的士兵可以不经考试进入大学和中专，军事院校的毕业生可以进入当地高校的相应年级直接学习，中学毕业生可参加为期10个月的高考考前班培训，初中以下学历可进入中等专业学校一年级。目前，美国正在实施的《蒙哥马利军人权利法案》是一个由国防部、士兵和军官共同参与的资助项目，目的是为军人退役后参加高等教育筹集资金。具体做法是：军人服现役期间，要缴纳一笔钱作为个人基金，退役后进入大学、技校或职业学校学习、函授、在职培训和参加飞行训练，则可获得连续36个月的补助金，补助金额远高于退役军人服现役期间所缴纳的费用。另外，一些国家允许退役官兵参加地方高考，并给予适当的优待。

---

① 郭传宣．法国退役军人安置与培训概况［J］．中国人才，2011（20）：42-43.

② 孟李，孟水军．外国退役军官培训扫描［J］．中国人才，2006（20）：12-14.